CABIN OPERATION MANAGEMENT

항공객실학개론

진성현·홍영식

Profile

진성현

가톨릭관동대학교 항공운항서비스학과 교수
항공보안포럼 전문위원
항공서비스교육연구회 이사
전) 대한항공 객실안전팀장
대한항공 수석사무장
대한항공 총괄운영그룹장
대한항공 국제그룹장
대한항공 사무장 진급시험 출제위원
대통령특별기 승무원

홍영식

인하공업전문대학교 항공운항과 교수
한국항공경영학회 이사
국제관광레저학회 이사
NCS 항공객실서비스 대표집필
NCS 직업교육지도사
전) 대한항공 수석사무장
대한항공 객실승원팀장
대한항공 객실훈련원강사
2014 인천장애인아시안게임 공로 대통령 표창

항공객실학개론

2017년 2월 20일 초판 1쇄 인쇄
2017년 2월 25일 초판 1쇄 발행

지은이 | 진성현 · 홍영식
펴낸이 | 김종욱
펴낸곳 | 지식인
등 록 | 제301-2013-134호
주 소 | 서울시 도봉구 도봉로 476, 415호(삼성쉐르빌퍼스티)
전 화 | 02)2266-8606 (대)
팩 스 | 02)2266-8607
E-mail | jisikin2013@naver.com
홈페이지 | www.jisikinbook.co.kr

ISBN 979-11-88105-00-7 (93320)

값 18,000원

항공객실학개론

Cabin Operation
Management

객실승무원의 세상 :

우리나라 항공사의 수가 점점 증가 추세에 있다. 현재까지 8개의 항공사가 하늘에서 치열한 서비스 경쟁을 치르고 있으며, LCC항공사의 거침없는 약진에 국내 항공시장의 규모가 점점 커지고 있다. 해가 거듭될수록 국내 항공사들은 비행기를 대거 도입하고 노선을 확대하고 있다. 특히 LCC항공사들은 동남아 노선을 경쟁적으로 늘려가고 있으며, 심지어 호주, 미국 등 장거리 노선으로까지 확대해 나가고 있다. 이러한 추세라면 국내 항공시장의 규모는 지금보다도 더욱 커질 것이 분명하다. 여기에 2~3개의 LCC항공사가 더 생겨날 전망이다. 항공사의 비행기 추가 도입과 노선 확대는 인력을 더 필요로 하는 요인이 된다. 전체 국내항공사의 객실승무원에 대한 인력 채용은 한 해에만 3천여 명을 훌쩍 넘어섰다. 보잉사는 앞으로 20년 후까지 항공사 객실승무원은 전 세계적으로 무려 80만 명이 더 필요할 것이라는 전망을 내놓기도 하였다.

현재 객실승무원에 대한 인력 수요는 지속적으로 상승하는 추세에 있다. 항공사들은 저마다 우수한 인재를 채용하려 보이지 않는 신경전을 벌이고 있다. 그러나 항공사가 추구하는 인재상에 맞는 잠재력을 갖춘 사람들을 선별하기란 결코 쉬운 일이 아닐 수 없다. 항공여행객이 1억 명이 넘는 시대에 승객이 바라보는 능력 있는 객실승무원의 조건이 변하고 있다. 그럼에도 일부 항공사들은 여전히 승무원 채용 면접에서 외향적인 이미지만을 우선으로 하여 선발하고 있는 경향을 보이고 있다. 심지어 신입승무원 채용 면접에 참여하는 항공사의 일부 임직원은 항공사가 신입승무원에 대한 교육훈련을 시키기 때문에 항공승무원 지원자는 항공지식이 없어도 된다는 심각한 오류에 빠져 있다. 마치 항공사가 다 가르치니 지원자가 사전 항공지식이 없어도 된다는 것이다. 이러한 오류와 자만으로 뽑은 사람들이 얼마나 빠른 시기에 객실승무원답게 기내에서 일을 하고 직무에 적응을 하는지 사후 검증하는 시도조차 하지 않는다.

항공사객실관리자로 일하던 시절의 경험담이다. A330-200 항공기에 객실승무원이 휴식을 할 수 있는 Crew Rest Area가 있다. 이곳에서 휴식을 취하려던 1년차 승무원이 Crew Rest Area에 들어가는 문을 여는 방법을 몰랐다. 문을 열려고 주변에 있던 스위치를 발견했다. 승무원은 이 스위치를 올리면 문이 열리지도 모른다는 생각에 스위치를 올렸다. 순간 '뻥' 하는 굉음이 울렸다. 승무원은 무서운 생각에 그 자리를 피했다. 기내에는 화재경고음이 울리기 시작했다. 일부 승무원들이 Crew Rest Area로 달려왔다. 그리고는 Crew Rest Area 문을 열었다. 그 안에는 연기가 자욱했다. 이 연기의 정체는 소화기가 터지면서 나온 연기였다. 다행히 진짜 화재는 발생하지 않았다. 이 사태의 원인은 Crew Rest Area에 들어가려던 1년차 승무원이 올린 스위치 때문이었다. 이 스위치는 Crew Rest Area에 화재가 났을 시 불을 끄기 위한 자동소화기 스위치였던 것이다. 이 사고를 조사하면서 알게 된 것은 이 승무원은 자동소화기에 대해 배워 본 적이 없다는 것이다. 객실훈련원에 알아보니 훈련강사들조차도 Crew Rest Area의 자동소화기 스위치의 존재 자체를 알고 있지 못하고 있었다. 이 사건은 객실승무원 훈련체계가 잘되어 있으니 승무원 지원자는 항공지식을 몰라도 별로 문제될 것이 없다는 그릇되고 고정화된 편견에서 벗어나야 한다는 것을 실증적으로 보여주는 실화이다.

객실승무원의 세상 :

항공사들도 이제는 객실승무원을 바라보는 시각이 달라져야 한다. 무릇 객실승무원은 담당해야 할 일이 일반적으로 알고 있는 서비스에만 국한되는 것이 아니라, 항공기 운항 중에 발생되는 모든 것들을 하늘 위에서 회사의 도움 없이 스스로가 해결하고 책임을 지는 역할을 맡고 있다. 따라서 객실승무원은 항공기 운항과 연계된 업무들, 즉 객실정비, 고객운송, 기내식, 운항절차, 영업 등 항공사 여러 부서의 업무들을 철저하게 이해하고 숙지하여 다양한 요구와 질문을 하는 승객을 만족스럽게 응대하여야 한다. 한마디로 객실승무원은 개개인 자체가 회사를 대표하는 위치에 있다. 단순히 외모만 가지고 쉽게 상황을 처리하는 그런 일들은 기내에 없다. 객실분야 뿐만 아니라 일반항공 업무에 대한 실무 능력과 전문지식을 보유하지 않고서는 이제는 객실승무원이 될 수 없는 시대가 온 것이다. 이른바 객실승무원이 그다지 전문지식이 없어도 미소와 친절로만 승객을 응대하던 일차원적인 서비스시대는 갔다. 최첨단의 성능을 갖춘 신형 비행기들이 속속 도입되고 있으며, 고도로 민감하고 세밀한 부분까지 질문하고 응답을 원하는 승객들이 늘고 있다. 이렇듯 승객들마저 항공기 이용에 경험이 많아지고 요구사항이 다양해지는 이런 환경의 변화 속에서 객실승무원이 항공 업무의 전문성을 갖지 아니하고는 승객의 요구사항을 정확하게 해결할 수가 없게 된 것이다.

성수기라 할 수 있는 여름철에는 항공기마다 승객이 만석으로 운영되고는 한다. 이런 비행에서는 승무원 각자가 맡은 업무에 소홀함이 없어야 그나마 다행스럽게 큰 문제없이 비행근무를 마칠 수가 있다. 문제는 성수기 여름철 비행기에 부족한 기성승무원의 수를 보충할 신입승무원들이 교육을 마치고 대거 현장에 투입된다는 것이다. 한 비행기의 일반석에 근무할 승무원 중 절반 이상이 신입승무원으로 채워지는 경우도 있다. 이런 상태의 비행기에서 승무원 간에 손발이 맞을 리가 없다. 더구나 비행시간이 짧은 단거리 노선에서는 경력승무원이 신입승무원을 가르치고 도와 줄 시간이 없다. 각자가 자신의 역할에 대해 신속하고 정확하게 여러 일들을 척척 해내야 한다. 신입승무원이 Door Mode 변경은 잘 할 수 있는지, 입국서류는 잘 안내할 수 있는지, Side Order에 즉시 응대는 하는지, 기내면세품 판매에 도움이 되는지 등 사무장은 불안할 수밖에 없는 생각을 자연히 갖게 된다. 신입승무원의 잘못되거나 미숙한 승객 대처 하나가 전체 기내서비스 흐름에 큰 장애가 되는 일이 비일비재하기 때문이다. 이러한 서비스 문제는 신입승무원만의 잘못은 아닐 것이다. 더 큰 문제는 신입 때부터 충분한 전문지식을 갖지 못하고 경력만 쌓은 기성승무원이 세월이 갈수록 승객의 불만을 야기시키는 경우가 많이 발생한다는 것이다. 결국은 객실승무원이 되고자 하는 사람은 항공사에 지원하기 전부터 객실승무원 직무와 항공 업무에 대한 기초적인 지식을 갖추어야 한다는 것이다. 객실승무원에 필요한 소양은 직무능력이라 할 수 있다. 직무를 수행할 능력과 객실지식이 없는 사람을 객실승무원으로 선발한다면 고객의 안전과 서비스 생산성은 떨어질 것이고 동시에 항공사의 이미지는 하락하여, 결과적으로 항공사 수익에 타격을 입힐 것이 분명하다.

객실승무원의 세상 :

항공사 고객은 비행기에서 만나게 되는 객실승무원이 자신의 요구를 정확하게 들어주는 여러모로 항공 업무에 능통한 사람이기를 기대할지도 모른다. 마침 항공사들도 이러한 고객의 변화에 맞춰 신입승무원 선발에 직무능력을 면밀하게 알아보는 면접을 시행하고 있다. 승무원이 되기 위한 학생들은 달라지는 항공사 면접에 부응하기 위해 또한 준비된 능력 있는 객실승무원이 되기 위해 항공객실 전문지식에 관한 학습을 부단히 해나가야 한다. 이 책은 객실승무원의 정의에서부터 객실승무원이 알아야 할 업무의 범위와 내용들을 상세하게 기재하고 있다. 나아가 최근의 달라진 항공 업무지식들과 항공사 규정, 절차 등을 총망라하여 객실승무원이라면 알고 행하여야 할 전문지식이 담겨져 있다. 이 책을 통해 충실하게 공부하여 객실승무원의 직무를 미리 이해하고 객실지식을 섭렵한 학생들은 어느 항공사에 채용이 되었든 간에 분명한 것은 그 항공사의 미래를 이끌어나가는 객실인재가 될 것이라는 점을 강조하고 싶다. 이 책이 전하고 싶은 메시지는 이렇다. '항공사 객실승무원이 되고자 하는 사람은 객실승무원처럼 생각하고 행하고 배우라'라는 것이다.

끝으로, 이 책이 학생들 책상에 오르기까지 같이 고민하고 물심양면으로 도움을 주신 학계 관계자 여러분과, 특히 이 책을 같이 만들어가며 귀중한 자료와 아이디어를 주신 홍영식 교수님께 고마움을 전해 드립니다.

진성현

C O N T E N T S

Cabin Operation
M a n a g e m e n t

C H A P T E R 01

객실승무원의 역사

Cabin Operation
M a n a g e m e n t

객실승무원의 역사

1. 항공사 출현

1) 초기 항공사의 흐름

세계 최초의 항공사는 1909년 11월 16일 만들어진 독일의 DELAG(독일 비행선 운송사)이다. DELAG는 체펠린이라는 비행선을 운영하였다. 독일은 이 비행선의 이름을 백작Graf 체펠린이라 불렀다. 백작 체펠린은 1928년 10월 사상 최초로 승객을 태우고 대서양 횡단 비행기록을 세웠다. 승무원 40명과 승객 20명을 태운 백작 체펠린은 독일 프라이드릭샤펜을 출발하여 111시간 44분을 비행하여 미국 뉴저지주의 레이크허스트에 도착하였다. 다음해 1929년에 백작 체펠린은 다시 한 번 세계적인 비행기록을 갖게 되었다. 61명의 승객을 태우고 세계일주 비행을 한 것이다. 비행 여정은 미국 뉴저지주 레이크허스트에서 출발하여 독일 프라이드릭샤펜, 일본 동경, 미국 로

▶ 백작(Graf) 체펠린 독일 비행선

스엔젤레스, 독일 프라이드릭사펜으로 돌아오는 것이었다. 세계 언론들은 백작 체펠린의 세계일주 비행을 대서특필하였고, 미국인들은 이 비행이 미국에서 시작하여 미국에서 끝을 맺었다고 자랑하였다. 반면, 독일인들은 세계일주 비행은 독일에서 시작되어 독일에서 비행이 끝났다고 각기 주장하는 일까지 벌어졌다.

백작 체펠린은 제1차 세계대전 동안에는 미국으로 비행할 수가 없었다. 전쟁이 끝나고, 1933년 미국은 시카고 세계박람회를 맞아 백작 체펠린이 시카고로 비행하기를 원했다. DELAG는 비행을 조건으로 기념우표를 발행해 줄 것을 미국에 요청했다. 당시 미국대통령 프랭클린 루즈벨트는 처음에는 이를 거절했다. 그러나 나중에 미국우체국에서 이를 승인하여 백작 체펠린은 1993년 10월 세계박람회가 열리는 미국 시카고로 비행을 하게 되었다.

DELAG는 세계 최초로 남승무원[1]을 고용하기도 했다. 그의 이름은 하인리히 쿠비스Heinrich Kubis였다. 쿠비스는 1912년 3월 비행선에서 승객들을 처음으로 돌보기 시작했다. 승무원으로 비행선에 탑승한 초기에는 혼자 일을 하였으나, 나중에 20명 승객이 탑승하는 백작 체펠린 비행선에서는 보조승무원과 요리사를 거느리는 수석승무원이 되었다.

1 비행선이 아닌 항공기에서의 최초의 남승무원은 1922년 영국의 Daimler Airway(지금의 브리티시항공)가 채용한 14세 소년 잭 앤더슨(Jack Anderson)이다.

▶ 최초 남승무원 하인리히 쿠비스

DELAG가 첫 항공사란 기록이 있음에도, 오늘날의 민간항공으로서의 면모를 갖춘 세계 최초로 유료승객을 태우고 상업비행을 한 것으로 받아들이고 있는 역사적 사실은 1914년 1월 1일 미국 '세인트 피터스버그 - 템파 수상비행기 라인'이란 회사가 비노이스트Benoist란 이름의 복엽 비행수상기에 승객 한 명을 태우고 플로리다의 세인트 피터스버그에서 템파로 비행한 것이었다. 풍선 형태의 비행선이 아닌 날개가 달린 제대로 된 비행기로 운항한 것과, 정기노선을 갖춰야 하는 것을 이유를 내세워 국제항공운송협회IATA는 이 날을 공식적인 세계 최초 상업비행의 효시로 기록하고 오늘날까지 기념하고 있다. 이 날의 첫 승객은 세인트 피터스버그의 전직시장 아브라함 페

▶ 비노이스트(Benoist) 복엽 비행수상기

일로이다. 그는 5달러짜리 항공권을 경매에서 400달러를 지불하고 수천 명의 시민들이 지켜보는 가운데 수상비행기의 나무의자에 앉아 비행하였다. 이 두 지역을 자동차로 갔을 때 20시간이 걸리던 것을 물 위를 불과 5피트 높이로 23분간 비행한 이 일은 월스트리트 신문에 획기적인 사건으로 보도되어 이후 많은 유사한 항공사가 생겨나는 계기가 되었다.

지금까지 현존하는 최고로 오래된 항공사는 네덜란드의 KMLRoyal Dutch Airlines이다. KLM은 1919년에 창설되었으며, 지금은 프랑스의 에어프랑스와 합병되어 그 명맥을 유지하고 있다. 영국은 기존의 임페리얼항공사와 브리티시항공사를 통합하여 1940년에 국영항공사 BOACBritish Overseas Airways Corporation를 설립했다. BOAC는 세계 최초의 제트여객기인 하비랜드 코멧deHavilland Comet을 운항한 기록을 가지고 있다. 1953년에는 엘리자베스 영국여왕 등 영국 왕실 가족들이 하비랜드 코멧 제트항공기를 탑승한 것을 계기로, 공식적인 영국 왕실 전용비행기로 지정되기도 하였다. 제트엔진 4개가 달린 하비랜드 코멧 제트여객기는 당시 미국에서 주력기종으로 운영되던 피스톤식 엔진의 프로펠러 여객기인 DC6보다 운항 성능이 훨씬 뛰어났다. 하비랜드 코멧은 영국 런던에서 일본 동경까지 9개 도시를 경유하는 비행을 36시간이 걸렸으나, DC6는 86시간 36분이 소요되는 것으로 비교되었다. 이러한 뛰어난 성능 덕분에 하비랜드 코멧 제트여객기는 프랑스, 미국, 인도, 일본, 브라질 등 각국의 항공사들로부터

▶ 최초의 제트항공기 하비랜드 코멧

구입 주문을 받는 등 각광을 받았다. 이와 반면에, 하비랜드 코멧 여객기는 예상치 않은 사고가 잇따라 발생하였다. 사고는 항공기 동체와 날개 등 구조결함 때문이라는 사고조사 결과가 나왔다. 그 중 흥미로운 것은 구조결함의 원인 중에 하나가 네모난 창문 때문이란 것이 밝혀졌다. 이 후 타원형의 창문으로 구조변경을 하였다. 지금은 퇴역하여 볼 수 없는 비행기가 되었지만, 하비랜드 코멧은 사고를 예방하기 위한 항공기 디자인 개선에 커다란 영향을 끼친 항공기로 기억되고 있다. 미국은 영국에서 최초의 제트항공기 하비랜드 코멧이 개발되자, 이에 고무되어 제트여객기 개발에 박차를 가하여 1958년에 미국 최초의 제트여객기인 보잉707기를 내놓기 시작했다.

1910년대 세계 항공분야는 미국과 유럽의 양상이 뚜렷하게 달랐다. 미국은 여객기보다는 항공우편을 주로 하는 항공사들이 많았으나, 유럽은 여객기 위주로 항공사들이 속속 세워졌다. 1916년 지금의 영국 브리티시항공사의 모태가 되는 AT&TAircraft Transport & Travel 설립을 시작으로, 독일과 프랑스에 여객운송을 위한 항공사들이 출현했다. 미국의 거대한 비행기 제작업체 보잉은 1916년 설립 초기에는 비행기를 제작하는 회사로서 뿐만 아니라 항공우편 운송사업을 병행하였다. 보잉이 최초로 제작한 비행기는 모델40으로 불렀다. 1927년에 이르러서는 '보잉항공운송회사Boeing Air Transport' 명의로 항공우편용 비행기에 처음으로 2명의 승객을 태우고 시카고에서 샌프란시스코를 운항하였다. 이후 승객들의 반응이 좋아지자, 보잉은 여객기 전용의 12인승 모

▶ 모델307 스트라토항공기(Stratoliner)

델80을 개발하여 본격적으로 여객운송시장에 뛰어들었다.

미국은 1934년 항공사와 비행기 제작업체가 동일한 회사에서 운영되는 것을 금지한 「항공우편법Air Mail Act」을 제정하였다. 이에 따라 보잉은 비행기 제작을 전담하는 보잉사와 여객운송을 전담하는 유나이티드항공사, 그리고 기술을 담당하는 유나이티드 항공기술회사 등 3개 분야의 조직으로 나누어져 오늘날에 이르게 되었다. 보잉은 1940년대에 들어서 세계 최초로 2만 피트(6,096미터) 상공을 날 수 있는 성층권 비행기를 개발하였다. 모델307 스트라토항공기Stratoliner로 명명된 이 비행기는 4개 엔진으로 세계 최초의 기내 여압장치를 갖춘 비행기가 되었다. 스트라토항공기는 여압장치 덕분에 더 높이 성층권 상공에서 비행할 수 있게 되었고, 기내 공간도 넓어져 33석 승객 좌석과 5명의 승무원이 탈 수 있는 비행기가 되었다. 1930년대의 다른 비행기들보다 승객을 더 많이 태우는 스트라토항공기의 등장은 스튜어디스Stewardess라 부르기 시작한 객실여승무원을 본격적으로 많이 채용하게 되는 시대를 열게 하였다.

2. 객실여승무원 시대

보잉항공운송회사는 1930년 5월 15일에 간호사 출신의 엘렌 처치Ellen Church를 승객들을 돌보는 역할을 위해 객실여승무원으로 채용하였다. 이것이 세계 최초의 여자승무원이 탄생하는 계기가 되었다. 엘렌 처치는 간호사였을 뿐만 아니라 조종사 자격도 가지고 있었다. 그녀는 당초 보잉사에 조종사로 취업하길 희망했지만 거절당하자, 끈질긴 요구 끝에 타협안으로 객실에 탑승하게 된 것이다. 보잉사는 그나마 1개월 조건부라는 시험 탑승으로 그녀를 고용했다. 당시 비행기들은 5,000m의 낮은 상공을 날아다녀 기체가 심하게 요동치는 경우가 많아 승객들

은 멀미로 고생하여야 했다. 간호사 출신의 엘렌 처치는 그런 승객들을 돌보는데 적임자로서 승객들로부터 호평을 받았다. 이에 보잉사는 7명의 간호사 출신 여성들을 승무원으로 더 채용하였다. 당시 보잉사는 그들을 스카이 걸Sky Girl로 호칭하였다.

항공 역사에서 1940년대는 기내서비스가 도입되기 시작한 시대였다. 스튜어디스의 출현은 그동안 승객서비스까지 맡아서 일을 해야 했던 조종사들에게는 반가운 일이 아닐 수 없었다. 그 후로 수십 년 동안 스튜어디스의 이미지는 바로 항공사의 이미지로 인식되어 왔다. 1960년대에 들어서 객실여승무원은 항공기 기내서비스 근무에만 국한되지 않고 항공사들의 홍보 및 광고 등 마케팅 수단으로도 활용되었다. 전 세계 항공사들은 객실여승무원의 뛰어난 지적인 용모를 대내·외에 알려 승객 유치에 경쟁적으로 적극 나섰다. 미국의 대표적인 항공사 팬암Pan American Airlines은 1970년 세계 최초로 보유하게 된 대형 항공기인 보잉747 항공기의 첫 취항에 객실승무원을 내세워 홍보에 열을 올리기도 하였다.

▶ 세계 최초 보잉747 항공기

3. 우리나라 초기 항공사와 객실승무원

1948년 10월 우리나라 최초의 민간항공사인 대한민국항공사KNA가 설립되면서 10여 명 안팎의 여승무원이 채용되어 비로소 우리나라 최초 객실승무원들이 탄생하게 되었다. 우리나라에서는 1948년 노스웨스트항공이 한국에 취항하면서 한국인 여승무원을 처음 채용하였다. 채용된 한국인 여승무원은 미국 미네소타주에 있는 트레이닝 스쿨에서 2개월간 스튜어디스 훈련을 받았다. 서울과 미국, 홍콩, 일본 등을 비행근무하였으며 한 달 비행시간은 170여 시간에 달했다. 그 당시에 우리나라에서는 객실여승무원을 '스츄어데스'로 표기하며 불렀다. 지원자격은 25세 미만의 대학졸업자로 157cm 이상의 신장을 가져야 했다.

1969년 3월 대한항공이 창립되면서 본격적으로 객실여승무원을 채용하는 시대가 열렸다. 대한항공 초창기에는 여승무원을 위주로 채용해오다가, 1969년 12월 대한항공 소속 YS-11기가 북한에 납치되는 사건을 계기로 안전과 보안의 중요성이 사회적으로 인식이 높아지자, 국가 차원에서 경찰관을 기내에 탑승토록 하는 보안근무제도가 도입되었다. 항공보안 임무를 지닌 경찰관을 보조하기 위해 대한항공은 객실남승무원을 처음으로 채용하게 되었다. 그 이후 항공기 보안경찰관을 기내에 탑승토록 하는 제도가 폐지되면서 민간항공사인 대한항공이 그 역할을 대신할 전문적인 보안승무원을 채용하기 시작하였다. 보안승무원제도는 무술과 운동을 특기로 하는 지원자를 상대로 6회에 걸쳐 모집을 해오다가 1993년 2월에 완전히 폐지하였다. 지금은 「항공보안법」에 따라 객실승무원 모두가 보안업무를 담당하는 것으로 역할이 바뀌었다.

객실여승무원은 초기부터 입사하는 순서를 근거로 기수를 부여하여 관리, 통제하였으나, 2000년도에 들어서면서 기수의 문제점이 많아지게 되자 기수제도를 폐지하였다. 대한항공은 '90년대 중반에 항공사 경력승무원을 처음으로 채용하여 다양한 인재를 확보하는 것을 목적으로 객실승무원으로의 길을 넓히는 인사제도를 시행하였다. 1988년 국내에서 두 번째로 민간항공인 아시아나항공사가 설립되면서 객실승무원의 채용은 범위가 더욱 넓어지고, 오늘날에는 저가항공사의 대거 출현으로 국내항공사가 10여 개로 늘어나면서 국내에 1만여 명이 넘는 객실승무원이 있는 것으로 알려졌다. 시대의 변화에 따라 그동안 채용에 제한적으로 적용하던 연령과 신장의 제한조건이 없어지고, 항공시장의 급속한 팽창으로 객실승무원의 수는 2만 명을 넘어설 날이 멀지 않았다.

Cabin Operation
M a n a g e m e n t

C H A P T E R 02

항공기의 구조

Cabin Operation
Management

항공기의 구조

1. 항공기의 발달사

세계 최초 동력 항공기는 1903년 미국 라이트형제가 개발한 플라이어1호가 효시이다. 라이트형제가 만든 항공기는 12초 동안 비행을 하여 36m를 날아간 것이 최초의 비행기록이다.

이후 백년이 지난 오늘날에는 A380과 같은 최첨단 항공기가 개발되었다. 1900년대 당시만 해도 항공기 개발은 미국보다 유럽이 앞섰다. 처음으로 제트여객기의 시대를 연 것은 영국이었으며, 1953년 영국은 세계 최초의 제트엔진 항공기인 코멧Comet항공기를 개발하였다.

영국은 1949년부터 비밀리에 제트엔진 항공기 개발을 시작하였다. 스피드버드라 불리운 코멧항공기는 인기를 얻어 미국, 인도, 일본 등에서 구매할 정도로 각광을 받았다. 그러나 몇 번의 대형사고를 일으켜 점차 안전성과 신뢰를 잃어 역사에서 사라지게 되었다. 미국은 코멧의 영향을 받아 1955년에 자체적으로 제트여객기를 개발하기에 이른다. 그것이 새로운 제트항공기 시대를 연 B707기종이다.

제트엔진은 과거에 비해 진동이 적어 기체의 수명이 길어질 뿐만 아니라, 휘발유 대신 가격이 싼 항공유Kerosene를 사용함으로써 경제성도 높일 수 있었다. B707로부터 시작한 보잉의 여객운송제트기는 727, 737, 747 등으로 발전되어 왔다. 가장 획기적인 항공기의 등장은 1970년에 처음 비행을 하게 되는 2층 형태의 B747 비행기이다.

민간항공기의 발달은 B747 개발 이후 급속도로 성장하게 되는데, 유럽의 에어버스가 항공기 개발에 미국의 보잉사와 경쟁구도를 만들면서 항공기의 발전은 더욱 빠르게 진행되고 있다. 에어버스의 최신작인 A380이 대표적인 사례이다.

보잉과 에어버스 양대 세계항공기 제작사들은 지금도 인간의 상상을 뛰어넘는 항공기 개발에 전력을 다하고 있다. 지구 온난화 현상과 맞물려 새로 제작되는 항공기는 이산화탄소 배출량을 극소화하는 기준을 충족해야 한다. 그리고 항공사들은 연료절감이 뛰어난 항공기를 원하고 있고, 적은 연료를 가지고 장시간 비행을 할 수 있는 효율성이 높은 엔진을 갖춘 항공기를 바라고 있다. 그리고 기내소음이 적은 항공기 개발에 몰두하고 있다. 이산화탄소 배출량 감소, 연료절감형 엔진, 소음이 적은 항공기 등 3가지 기대치를 충족하는 신형 항공기가 각광을 받고 있다. 이 3가지 요소를 골고루 갖춘 대표적인 최첨단 항공기가 B787과 A350기종이다.

2. 국내 항공산업의 태동과 발전

우리나라 최초의 비행사인 안창남은 1922년 12월 10일 '금강호'란 이름을 붙인 영국제 뉴포트 단발쌍엽 1인승을 타고 여의도 비행장을 이륙하여 남산을 돌아 창덕궁 상공을 거쳐 다시 여의도 비행장에 착륙했다. 이것이 우리나라 최초의 비행기록이다.

해방을 맞은 우리나라는 1948년 10월 첫 민간항공사인 '대한국민항공사KNA'가 창립되었다. KNA는 창립 이듬해에 미국 스틴슨사에서 5인승 스테이션왜건 소형여행기 5대를 도입하여 서울-부산 간 여객운송사업을 개시하였다. 한국전쟁이 끝나고 KNA

는 DC-3와 DC-4를 보유하면서 일본 도쿄와 대만, 홍콩을 오가는 국제선 사업을 하였다. KNA는 1958년 2월 16일 DC-3 창랑호가 북한으로 납치되는 사건을 계기로 위기를 맞이하다가, 경영악화까지 겹쳐 1962년 폐업하게 되었다.

KNA의 몰락으로 국내에 항공사가 하나도 없게 되자, 정부가 나서 대한항공공사를 설립하였다. 대한항공공사는 초기에는 국책항공회사의 면모를 갖추어 네덜란드 포커사의 F-27 비행기를 신규 도입하고, 일본항공과 상무협정을 맺어 서울－오사카 정기 한 · 일 노선을 개설하는 등 국제선 진출에 활기를 띠었다. 대한항공공사는 우리나라 항공사상 최초로 제트여객기 DC-9을 도입하였다. 획기적으로 도입한 DC-9 비행기는 운항 2개월 만에 기체결함으로 불시착하는 사고를 겪는 불운을 안기도 했다. 대한항공공사는 창설 직후부터 누적된 국영기업의 폐단과 경영상 문제점이 겹치면서 파산의 길로 들어섰다. 결국 정부는 대한항공공사를 민영화하기로 결정하고, 1969년 2월 당시 한진상사가 인수토록 하여 오늘날의 대한항공이 탄생하게 되었다.

▶ 1969년 3월 KAL의 대한항공공사 인수식

대한항공공사를 인수한 '대한항공'은 활발한 노선개척과 효율적인 경영으로 우리나라의 항공산업은 엄청난 발전을 이루게 되었다. 1988년 서울올림픽을 계기로 늘어난 항공수요에 부응하고 경쟁체제에 의한 효율성을 추구하고자 하는 정부산업 정책에 따라 제2 민항사업자를 선발하게 되었고, 그 결과 금호그룹의 '아시아나항공'이 설립되었다.

 초창기 항공이야기

우리나라 항공사상 최초로 개척된 국제항로는 서울과 대만, 홍콩을 연결하는 동남아 노선이었다. 항공회사는 1948년 신용욱이 설립한 '대한국민항공사'로 약칭은 KNA라 했다.

KNA의 첫 취항은 1954년 8월 24일이었다. 이 비행기는 좌석수 72석의 DC-4기로 미국 더글러스사에서 제작한 것이다. 당시 국내엔 KNA가 취항했던 서울, 강릉, 군산, 광주 노선 등이 있었고, 맨 먼저 외국에서 들어온 노스웨스트와 자유중화민간항공사도 있었다. 그런데 비행장은 각기 달라 국내선은 서울공항인 여의도비행장이었고, 국제선은 김포공항이었다. 김포공항은 그때까지도 미군 제5공군이 사용했는데, 노스웨스트가 들어오면서 국제선에 한 해서 개방되었다. KNA의 국제선 첫 취항도 그래서 김포공항에서부터 출발했다.

처녀비행에 임했던 DC-4기는 제2차 세계대전에 참전했던 비행기였다. 장거리 공수를 목적으로 제작된 군용기로 종전 후 민항기로 개조하여 불하한 것으로, 그 중 한 대가 한국으로 도입된 것이었다. 따라서 비행기의 도입에는 전문가가 필요하였으나, 당시에는 불가능하였다.

더구나 가격이 2배로 뛰자 엄선보다 입수가 우선이었다고 한다. 어떤 신문에서는 그 비행기를 가리켜 '하늘을 나는 궁전'이라고 표현하기도 했다. 국제선 처녀비행의 취항시간은 8시간이었다.

자료 | 경향신문, 1996.1.16

3. 항공시장의 다변화(LCC 출현)

대형항공사 체제의 우리나라 항공시장이 변화하기 시작하였다. 1989년의 항공여행자유화 정책이 도입하고, 1998년 체결된 한 · 미 항공자유화 협정으로 1990년대 초부터 연평균 20% 이상 성장률을 보여 국내 · 외 항공여행객 1천만 명 시대를 맞이하였다. 2001년에는 고정익항공기를 이용한 부정기항공사 설립이 등록제로 바뀌는 규제완화 조치에 힘입어 저비용항공사LCC : Low Cost Carrier가 출현하기 시작하였다.

2005년 8월 31일 국내 최초의 저비용항공사LCC '한성항공'의 ATR 72-200이 승객 46명을 태우고 청주공항을 이륙했다. 당시 한성항공이 보유한 항공기 ATR 72-200은 프로펠러와 제트엔진이 동시 장착된 터보프롭형 항공기로 1995년 제작되었다. 당시 한성항공이 보유한 비행기는 1대 뿐이었다.

이듬해인 2006년 6월 취항한 '제주항공' 역시 터보프롭형 항공기인 봄바디어사의

Q400으로 첫 비행을 했다. 한성항공은 이후 폐업되었으나, 저비용항공사의 도약은 급속도로 진전되어 지금은 국내에 6개의 저비용항공사가 취항하고 있다. '진에어'가 2015년 12월 인천-호놀룰루 노선에 신규 취항하며 우리나라 LCC업계 최초로 장거리 노선에 취항을 시작했다. 가장 최근에 창립된 저비용항공사는 아시아나항공이 100% 출자한 '에어서울'이다.

LCC 경영전략은 다음과 같다.

- 항공노선의 단순화Fly Point-to-Point
- 단거리노선 위주 및 지방공항 활용
- 가격에 민감한 순수여행객 대상
- Mono 클래스 운영
- 상용고객우대 프로그램제도 없음
- 기내식음료 유료화
- 최저항공운임제
- 인터넷기반 항공권 판매 및 체크인
- 항공기 운항 가동률 제고(지상 주기시간 최소화)
- 단일기종 보유
- 의사결정의 단순화(복잡한 본사조직의 과부하 현상 없앰)

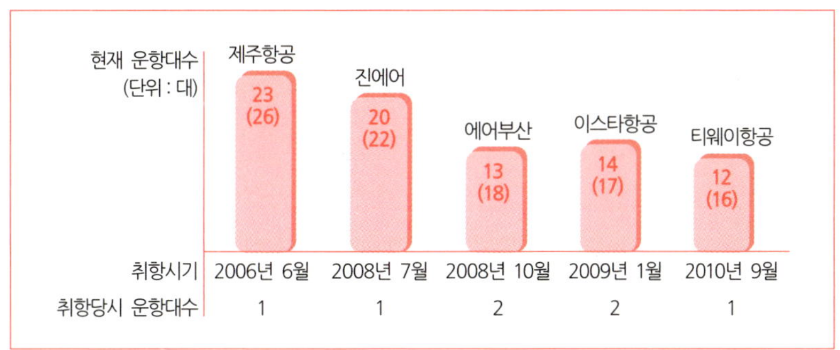

▶ 저비용항공사(LCC) 항공기 운항 현황

LCC 항공기 · 노선 운영 현황 (단위 : 대, 노선, 명)

항공사	보유 항공기	올해 신규 도입 예정 항공기	운항노선 (국제선 / 국내선)	직원수
제주항공	26	6	41(36/5)	1,700
진에어	22	3	33(30/3)	1,440
에어부산	18	4	26(22/4)	960
이스타항공	17	2	29(24/5)	1,104
티웨이항공	16	4	36(32/4)	1,137
에어서울	3	2	10(10/0)	250

* 직원수는 지난해 말 기준

4. 항공기 구조

민간항공기는 크게 Wide Body 항공기와 Narrow Body 항공기로 구분하고 있다. Wide Body 항공기는 기내에 승객통로가 두 개인 비행기를 지칭한다. 보통 좌석이 200석 이상인 중 · 대형 항공기가 해당된다. 항공역사에 있어 최초의 Wide Body 항공기는 1970년 출시된 보잉사의 B747 비행기이다. 이와 반대로, 기내통로가 하나인 소형 비행기는 Narrow Body 비행기라 불린다. 좌석이 200석 이하인 소형 비행기를 말한다. 대표적인 Narrow Body 항공기는 B737과 A320이 있다.

1) 보잉사의 주력기종(B787)

꿈의 항공기로 불리는 B787은 2개의 엔진을 장착하고 약 250석 규모의 중형 항공기로, 기존 항공기보다 연료 효율을 20% 개선하여 장거리 노선에 적합하다. 또 기체의 50% 이상을 첨단 탄소복합 소재로 제작하여 가볍고 견고하다. 첨단소재 덕분에 B787은 고도를 6,000피트로 낮춤으로써 승객들이 적절한 객실 기압과 습도로 편안하고 안락한 비행을 즐길 수 있도록 해준다. 독특한 날개 디자인으로 마하 0.85의 속도로 대형 항공기 B747보다 더 긴 거리인 1만6,000km를 비행할 수 있다.

2) 에어버스사의 주력기종(A350XWB)

차세대 친환경 중대형기인 A350은 기체의 70% 이상이 첨단소재인 '신탄소섬유 강화플라스틱CFRP'으로 동체를 만들어 가볍고 타 경쟁기종 대비 연료 효율이 25% 정도 높으며, 동급 중대형항공기 대비 더 넓고 쾌적한 객실공간과 뛰어난 연료 효율성, 그리고 소음과 탄소배출이 적은 항공기이다.

XWB는 'Extra Wide Body'의 약자로, 기체의 폭이 매우 넓다는 뜻으로 이름이 붙여졌다. 동체의 폭은 221인치(561cm)이며, 좌석 하나의 폭은 18인치(46cm)이다.

항공기 기내는 서비스 클래스를 구분하는 Bulkhead을 기준으로 Zone으로 구분되어진다. 기내 앞에서부터 A Zone이라 하고 뒤로 갈수록 비행기 크기에 따라 B, C, D Zone으로 구분한다. 예를 들면, 비행기 기내 맨 앞의 A Zone은 퍼스트클래스로 하고, 바로 뒤의 B Zone은 비즈니스클래스로 하는 것이 항공사들의 일반적인 기내 구조이다. 일반석의 경우는 항공기 규모에 따라 C, D Zone 모두를 일반석으로 지정하여 운영하고 있다. 클래스마다 겔리가 있는데, 일반석의 경우는 승객 수가 많기 때문에 하나의 겔리로는 부족하여 Zone별로 겔리를 두게 된다. 따라서 일반석의 겔리는 C Zone 겔리, D Zone 겔리라고 지칭하는 것이 일반화된 객실구조에 따른 현상이다.

2층 구조의 A380의 경우에는 Main Deck는 다른 기종과 동일하게 기내 앞에서부터 알파벳순으로 A, B, C, Zone으로 구분하며, Upper Deck는 기내 앞에서부터 U, V, W Zone으로 구분한다.

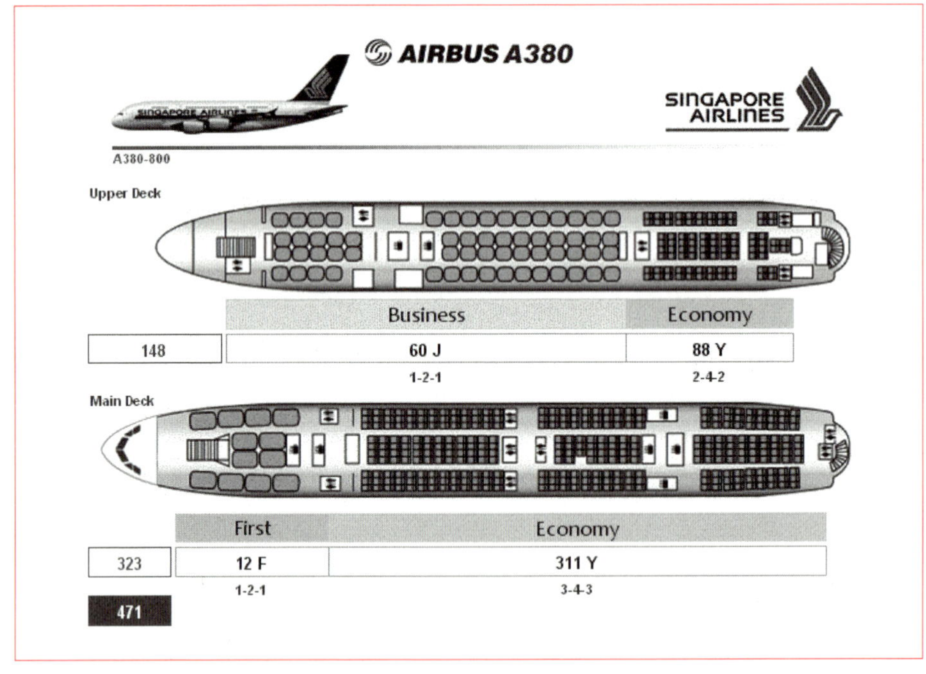

▶ 싱가포르항공사 A380 기내 구조

5. 운항 용어 및 약어

- ATCAir Traffic Control : 항공교통관제
- ATC Clearance : 항공관제 허가, 승인
- Auto Pilot : 자동조종장치
- CATClear Air Turbulence : 청천난류
- Cockpit : 조종실
- Cockpit Crew : 운항승무원
- Cockpit Auth : 조종실 출입허가증
- Cross Wind : 측풍
- CVRCockpit Voice Recorder : 조종실 음성기록장치
- De-icing : 제빙
- Ditching : 바다, 강 또는 호수에 불시착
- Divert : 회항(목적지 공항 이외의 공항으로 착륙)
- En-route : 순항 중
- FDRFlight Data Recorder : 비행데이터 기록장치
- Ferry Flight : 유상승객이나 화물을 싣지 않는 비행
- Fuel Jettison : 항공기 중량을 줄이기 위해 연료를 방출하는 것
- Go-around : 복행
- GPWSGround Proximity Warning System : 지상충돌방지시스템
- Gust : 바람 관측시간 10분 안에 최대풍속이 평균풍속보다 5m 이상으로 갑자기 부는 바람
- Head Wind : 정풍
- Holding : 체공(상공에서 선회하면서 착륙을 기다리는 비행)
- ILSInstrument Landing System : 계기착륙시설
- Jet Stream : 대류권 상부에서 거의 수평축에 따라 불고 있는 강풍대
- NOTAMNote to Airman : 항공고시보

- PICPilot In Command : 지휘기장
- Ramp : 주기장
- Reject Take-off : 이륙단념
- Runway : 활주로
- Tail Wind : 배풍
- Taxi : 지상에서 항공기가 자력으로 이동하는 것
- TCASTraffic Collision Avoidance System : 공중충돌방지시스템
- Towing : 지상에서 특수차량으로 비행기를 앞 · 뒤로 끄는 행위
- V1 : 이륙결심속도
- Wake Turbulence : 항공기가 지난 간 직후에 생성되는 난기류
- Windshear : 갑자기 풍향과 풍속이 바뀌는 돌풍

6. 항공기 비행원리

1) 비행기 날개 단면(에어포일)

날개를 수직으로 자르면, 유선형의 단면을 볼 수 있는데, 이러한 날개의 단면 현상을 '에어포일Airfoil'이라 한다. 에어포일은 항공기 성능에 직결되는 매우 중요한 부분이다. 에어포일 주변의 공기흐름 및 그 결과 발생하는 현상을 살펴보면, 날개가 적당한 각도로 공기와 부딪히면 뒷면에 흐르는 공기의 속도가 아랫면에 흐르는 공기의 속도보다 빠르다. 이 현상을 바탕으로 양력원리를 알 수 있다.

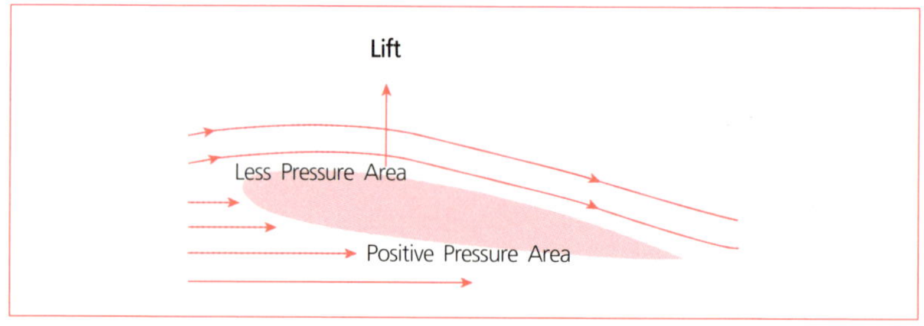

2) 양력원리

날개에서 양력이 생기는 원리는 베르누이 정리에 의해서 설명할 수 있다. 베르누이 정리란, 공기와 같은 유체가 흐를 때 속도와 압력에 대한 관계를 나타낸 것이다. 베르누이 정리에 의하면, 공기의 속도가 빨라질수록 공기의 압력이 낮아지고, 공기의 속도가 느려질수록 압력이 높아진다.

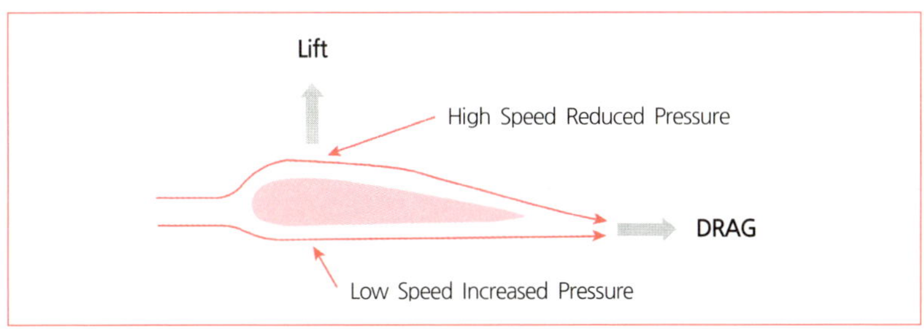

위 그림을 베르누이 정리에 의거해 보면, 날개 윗면을 지나가는 공기의 속도가 주변 공기보다 빨라질수록 압력이 낮아지게 된다. 이 때문에 날개 윗면은 상대적으로 주변의 공기보다 압력이 낮게 된다. 반면, 날개 아랫면을 지나가는 공기의 속도는 주변 공기보다 느리다. 역시 베르누이 정리에 의해 공기의 속도가 느려질수록 압력이 높아지게 된다. 이 때문에 날개의 아랫면은 상대적으로 주변의 공기보다 압력이 높아지게 된다.

공기의 경우, 압력이 높은 곳에서 압력이 낮은 곳으로 흐르려는 특성이 있다. 날개 아랫면 공기의 압력이 상대적으로 크고 윗면 공기의 압력이 작기 때문에, 공기는 아랫면에서 윗면으로 움직이려는 힘이 작용한다. 결론적으로 날개 위, 아랫면 공기의 속도차에 의해 발생한 압력 차이가 양력을 발생시키는 것을 알 수 있다.

3) 비행기에 작용하는 4가지의 힘

- 날개에서 생기는 양력Lift

- 비행기 무게에서 생기는 중력Weight
- 엔진에 의해 생기는 추력Thrust
- 공기마찰에 의해 생기는 항력Drag

중력 혹은 비행기의 무게는 지구가 비행기를 아래로 끄는 힘으로, 양력과 정반대로 작용한다. 비행기가 이륙 시 중력보다 더 큰 양력이 작용해야만 비행기의 이륙이 가능하다.

추력은 비행기가 앞으로 나아가게 하는 힘을 말한다. 추력으로 인해 날개가 일정한 속도로 공기를 지나가게 하며, 이 때문에 날개가 양력을 생성할 수 있다.

항력은 추력에 반대방향으로 작용하는 힘이다. 항력이 작아질수록 필요한 추력이 작아지며, 추력이 작아지면 연료소모율이 적어져 더욱 경제적인 운항이 가능해진다. 이를 위해 비행기는 공기마찰이 적은 유선형으로 설계된다.

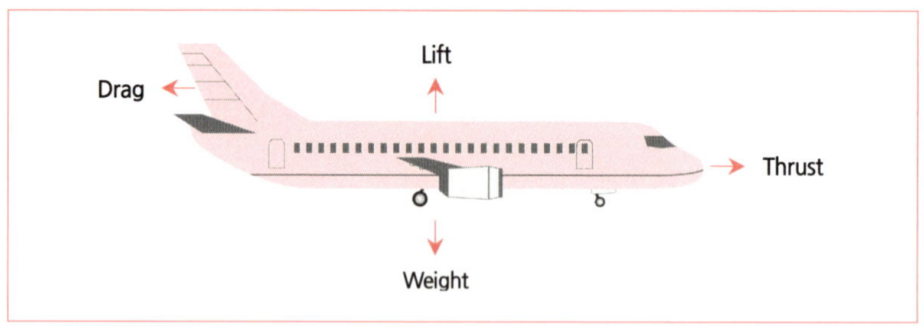

4) 비행기의 3가지 기본원리Rolling, Pitching, Yawing

Rolling은 가로운동이라고도 불리며, Pitching은 비행기의 앞 · 뒤가 위 · 아래로 흔들리는 현상이며, Yawing은 비행기의 앞이 좌 · 우로 흔들리는 현상으로 이들 현상을 항공기의 3대 기본운동이라 한다. 보조날개(비행기 주 날개의 좌 · 우 · 뒤 · 가장자리에 있고, 가로방향의 조정에 이용되는 날개)의 변위를 조정하여 제어한다.

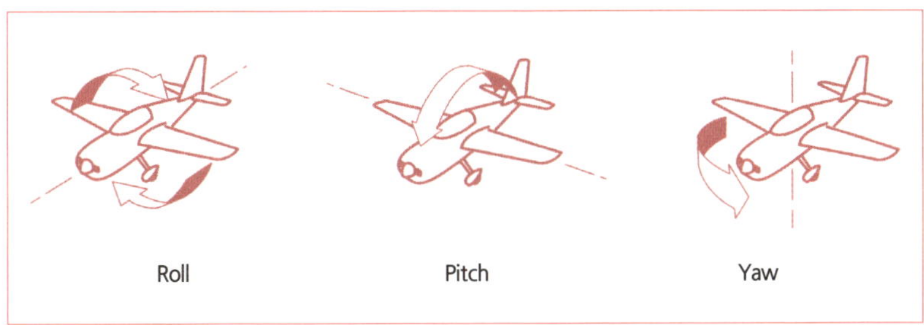

7. 항공기 운항단계

항공기는 승객을 탑승하고 출발하여 목적지 공항에 다다를 때까지 여러 형태의 운항단계Flight Phase를 거치게 된다. 항공기 운항단계별로 반드시 준수하여야 할 안전 규정이 수립되어 있으며, 아울러 기내서비스에도 영향을 주고 있기 때문에 객실승무원은 항공기가 운항하는 단계별 절차를 인식하고 있어야 한다. 항공기 운항은 7단계를 걸쳐 이루어진다.

1) 항공기 운항단계

① Stand : 항공기가 게이트 등에 주기되어 있는 상태이다. 이때에는 항공기 엔진이 꺼져있고, 여객기의 경우 승객이 탑승하는 상태이기도 하다.

② Push Back : 항공기가 외부의 동력장치Towing Car에 의해 게이트, 램프 등 주기되어 있는 장소에서 뒤로 움직여 나가는 상태이다.

③ Taxi : 항공기가 엔진을 시동하여 자력의 힘으로 이륙할 지점까지 움직여가는 상태이다. Taxiway에서의 항공기 속도는 보통 시간당 9~37km로 비교적 느리게 간다.

④ Take-off : 항공기가 이륙을 위한 Power를 가하는 시점부터 고도 35피트에 도달되기까지 또는 항공기의 착륙기어를 완전히 접을 때까지의 상태이다.

⑤ Climb : 항공기가 이륙하여 고도 1,500피트에 도달할 때까지 상승하는 상태이다.

⑥ CruiseEn-route : 초기상승이 끝나고 순항고도에 이르러 비행 중에 있다가, 다시 항공기가 목적지에 접근하여 하강하는 시점까지 순항하는 상태이다.

⑦ Descent : 항공기가 목적지 공항에 접근을 시도하여 하강하는 상태이다.

⑧ Approach : 항공기가 활주로에 착륙하기 전에 고도를 낮추며 강하하는 상태이다.

⑨ Landing : 항공기가 활주로에 착륙하여 활주로를 벗어나기까지의 상태이다.

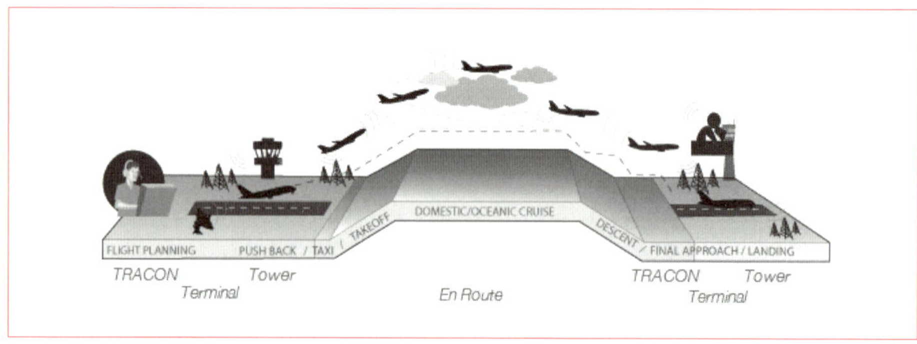

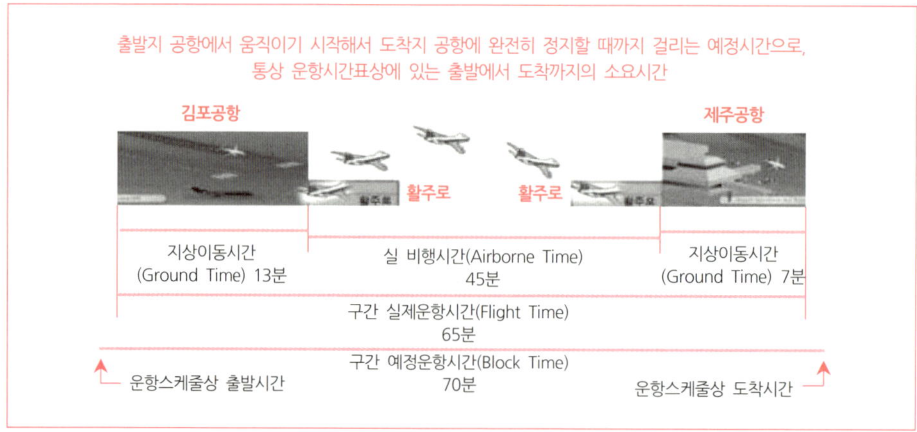

▶ 구간 예정운항시간(Block Time) 개념

2) Sterile Cockpit Procedure

항공기가 지상이동 및 비행고도 1만 피트 이하에 있을 때를 '비행중요단계Critical Phases

of Flight'라고 하는데, Sterile Cockpit Procedure는 비행중요단계에서는 운항승무원의 업무에 방해를 줄 수 있는 객실승무원의 어떠한 행위도 금지하는 것을 말한다. 즉 객실승무원은 운항승무원과 인터폰으로 통화를 하거나 조종실에 출입하는 행위를 하여서는 안 된다.

【주】 만약에 비행중요단계에서 기내에 안전과 관련한 위급한 상황이 발생 시에는 운항승무원에게 긴급신호를 통해 연락을 취할 수 있다. 이 때 기장은 안전측면을 고려하여 객실승무원과의 통화여부를 결정할 수 있으며, 즉각 응답이 어려울 경우 가능한 빠른 시점에 객실승무원에게 연락한다.

3) 객실승무원 호출표지판ACP : Attendant Call Panel

항공기 내에는 객실승무원을 호출했을 때 불빛Light으로 알려주는 표지판이 있다. 객실승무원 호출은 운항승무원이 할 수도 있고 동료승무원 간에도 할 수 있으며, 승객이 승무원을 호출하기도 한다. 이와 같이 여러 가지 호출에 대해 객실승무원이 누가 호출을 하였는지를 알게 해주는 신호표지판이 기내에 장치되어 있다. 객실승무원을 호출했을 때 누구로부터 호출되었는지 알려주는 표지판이 ACPAttendant Call Panel이다. ACP는 항공기의 각 Door 부근 천정에 달려있으며, 겔리 천정에도 장착되어 있다. ACP는 기내 Communication시스템의 하나로 운영되고 있다. ACP는 호출되었을 때 불빛Light이 들어오고 동시에 Chime이 울리는데, 호출한 대상에 따라 색깔을 달리하여 호출상대가 누구인지 구별할 수 있도록 기능이 설정되어 있다.

(1) ACP 신호 불빛기능

- 운항승무원 또는 객실승무원 상호간 호출 : 붉은Red or Pink 불빛
- 승객 호출 : 파란Blue 불빛
- 화장실에서 승객 호출 : 황색Amber 불빛

(2) 호출 불빛에 따른 객실승무원 행동준칙

- Red : 가장 가까운 Handset을 들어 통화를 한다. 이 때 제일 먼저 자신의 위치를

상대에게 알려준다(예 : "L3 ○○○입니다.").

- Blue : 호출을 한 승객 좌석을 파악하여 응대한다.
- Amber : 불빛이 들어온 화장실에 가서 노크를 하고 승객의 호출여부를 파악한다.

【주】 보잉항공기는 L1, L2, R4 도어에 있는 FAP창에 호출승객 좌석번호가 모두 뜬다. 반면, 에어버스 기종은 각 도어 부근에 호출승객 좌석번호가 뜨는 Indicator 창이 있지만, 단 한 승객의 좌석번호만이 뜨기 때문에 다른 승객이 호출하였을 시에는 동시에 알 수가 없다.

4) 기내 표준신호Standard Communication Signals

구 분	표준신호	발신자	행동준칙
승무원 호출	• Red Light & Chime 1회	전승무원	• 가까운 수화기를 신속히 받는다.
Take-off	• Fasten Seat Belt Sign 3회 점멸 후 'On'	기장	• 전 승객 착석 확인 • 객실승무원 착석
상승 중 10,000피트 통과	• Fasten Seat Belt Sign 'OFF'	기장	• 좌석벨트 상시착용 방송 실시
	• Fasten Seat Belt Sign 'ON' 상태에서 Chime 1회		• 객실승무원 이석 가능 • 승객 착석 유지
	• Fasten Seat Belt Sign 'ON' 상태에서 Chime 2회		• 승객 및 객실승무원 착석 유지
Approaching	• Fasten Seat Belt Sign 3회 점멸 후 'OFF' or 'On' • 기장방송 "Cabin Crew, Prepare for Landing"	기장	• 객실 내 착륙준비
Landing	• Fasten Seat Belt Sign 3회 점멸 후 'On'	기장	• 승객 및 객실승무원 착석

CHAPTER 03

객실승무원의 정의 및 일반 규정

Cabin Operation
Management

객실승무원의 정의 및 일반 규정

1. 객실승무원의 정의

1) 객실승무원의 법적 정의

객실승무원에 대한 정의는 크게 명문화된 정의와 포괄적으로 인지된 정의로 구분하여 나타낼 수 있다. 첫 번째 명문화된 정의는 국내 항공법에 수록되어 있다. 「항공법」 제2조(정의) 5항에는 '객실승무원이란 항공기에 탑승하여 비상시 승객을 탈출시키는 등 안전업무를 수행하는 승무원을 말한다.'라고 되어 있다.

국제항공운송협회IATA가 명기한 객실승무원의 정의[2]는 다음과 같다. '객실승무원은 운항승무원과 다르며, 항공사 및 관련 당국으로부터 기내에서 승객의 안전업무를 수행하도록 임무를 받는다. 객실승무원은 필요 시 안전을 확보할 수 있는 절차를 수행하고, 비상시에는 승객을 질서 있게 탈출시키는 기능을 수행하는 자격을 가지고 있어야 한다.'라고 정의하였다. 우리나라 「항공법」과 국제항공운송협회IATA가 정의한 내용에서 공통점은 객실승무원은 안전업무를 수행해야 한다는 것이다. 반면에, 차이가 있다면 우리나라 「항공법」에는 언급되지 않은 객실승무원의 안전수행과 관련하여 '자격Qualified'에 대한 것을 국제항공운송협회(IATA)는 명기하고 있다는 것이다.

우리나라 「항공법」에는 국가가 규정한 항공자격 증명을 갖춘 자를 항공종사자[3]라

2 IATA의 객실승무원 정의 : Crew members that are not Flight Crew members and are designated to perform safety duties in the passenger cabin in accordance with the requirements of the operator and the Authority; qualified to perform cabin functions in emergency situations and enact procedures to ensure a safe and orderly evacuation of passengers when necessary.

3 자격증명을 받으려는 사람은 국토교통부령으로 정하는 바에 따라 항공업무에 종사하는 데에 필요한

하여 조종사, 부조종사, 항공정비사, 항공교통관제사, 운항관리사 등을 일컬으며, 여기에는 객실승무원은 제외되어 있다. 즉 객실승무원이 되고자 하는 사람은 어떠한 항공 관련 자격과는 무관하게 지망할 수 있는 것으로 되어 있다. 다만, 국가가 항공사에 위임하여 객실승무원으로 채용된 자에 대해서는 소정의 안전훈련을 반드시 이수하도록 하여 자격을 부여하는 형식을 취하고 있다.

항공사는 객실승무원의 자격유지를 위한 승무원 개인별 정기적인 안전훈련을 매년 실시하도록 규정하고 있다. 객실승무원 자격유지를 위한 안전훈련에는 초기훈련과 정기훈련 그리고 재보임훈련 등이 있다.

2) 객실승무원의 포괄적 정의

두 번째 객실승무원 정의에는 명문화되지는 않았지만 널리 인식되어 포괄적으로 인지하고 있는 정의가 있다. 이른바 사회통념적 정의라 할 수 있는 것으로 '객실승무원은 항공기 내에서 비상시와 일상적인 안전업무를 수행하는 동시에 항공사가 규정한 서비스 절차를 수행하고, 승객의 요구를 충족하는 업무를 수행하는 등 승객의 편안함을 책임진다.'라고 정의할 수 있다.

객실승무원은 승객이 예약 단계에서부터 기내에 탑승하여 목적지에 도착하는 과정에 항공사가 제공하는 여러 유형, 무형의 서비스 중 가장 중요한 역할을 담당하고 있다. 그 이유는 승객의 입장에서 항공사 직원 중 가장 오랜 시간 동안 직접 마주하며 서비스를 제공하는 사람이 객실승무원이기 때문이다. 승객은 지상에서부터 경험한 항공사의 불편 및 애로사항과 항공여행과 관련하여 궁금해 하는 모든 것에 대해 비행시간 동안 기내에서 마주치는 객실승무원에게 표출한다.

이렇듯 객실승무원은 안전을 포함하여 기내서비스, 기내설비 조작, 기내 방송, 승객 개별적 요구, 기내 청결 등 기내에서 이뤄지는 모든 인적 · 물적 · 심적인 부분까지 포함한 여러 일을 전문으로 하는 승무원이라고 포괄적으로 정의할 수 있다.

지식 및 능력에 관하여 국토교통부장관이 실시하는 학과시험 및 실기시험에 합격하여야 한다(「항공법」 제29조).

객실승무원의 정의에 대해 요약하여 기술하면, 먼저 법에 규정한 명문화된 정의는 객실승무원의 자격에 관하여 안전과 연계하여 정의하고 있는 반면, 인지화 된 포괄적인 정의는 기내에서 발생하는 모든 업무와 관련하여 객실승무원의 직무에 대해 정의하고 있다고 볼 수 있다.

객실승무원의 정의에서 보듯이, 객실승무원의 자격이든 객실승무원의 직무이든 결국은 객실승무원의 역량에 따라 항공사의 이미지 및 브랜드 가치가 달려있다 해도 과언이 아닐 것이다. 항공사는 부단하게 객실승무원의 역량 강화를 위해 각종 교육과 훈련을 정기적으로 또는 수시로 실시하여 승객을 응대함에 있어 부족함이 없도록 하고 있다.

2. 객실승무원의 신체 및 건강 조건

1) 객실승무원은 항공기 탑승 근무에 적합한 신체 및 건강을 유지해야 하며, 그 조건이 미비하거나 미달되는 경우에는 승무원 자격이 일시정지 또는 상실된다.
2) 발병, 부상 등 신체 건강상의 사유로 근무에 적합지 않은 경우, 승무원 자격이 일시정지 또는 상실되며, 회복 후 근무복귀 시에는 항공보건팀의 점검을 필해야 한다.
3) 타인에게 혐오감을 주는 외적 손상 및 병리적 훼상이 있을 경우, 회복 시까지 자격이 일시 정지된다.

3. 객실승무원의 일반 규정

1) 객실승무원 태도 및 표정

항공사가 객실승무원을 채용할 때는 자질과 역량을 중점으로 심사한다. 객실승무원에게 필요한 자질은 큰 틀에서 보면 승객을 대하는 태도와 표정이라 할 수 있다. 실제로도 객실승무원이 고객으로부터 받는 불만의 주요 원인이 승무원의 태도와 표정으로 나타나고 있다.

국내항공사는 면접과정에서 이러한 태도와 표정을 파악하려는 의도의 질문을 통해 누가 더 객실승무원으로서의 자질과 역량을 가지고 있는지 확인하고 있다. 외국항공사의 경우는 객실승무원 채용기준 중의 하나로 서비스업에서 종사한 경력을 요구하고 있다. 외국항공사들이 이러한 서비스경력을 채용기준으로 삼는 것은 서비스태도와 표정은 배워서 머리로 알고 있는 것이 아니라, 경험으로 몸에 익혀야 나올 수 있는 것이기 때문이다. 객실승무원의 태도와 표정이 다른 물질적인 서비스보다도 서비스만족도에 미치는 영향이 매우 크기 때문에, 신입승무원을 채용할 때 제일 중요시하게 여기고 있는 것이다.

서비스의 태도와 표정은 객실승무원으로 근무하는 동안 지속적으로 잘 유지되어야 한다. 기성승무원의 경우에도 서비스태도와 표정은 근무평가에 중요하게 작용하고 있기 때문에 한시라도 흐트러짐이 없는 일관성 있는 직업의식을 가지고 있어야 한다.

(1) 승객응대 자세

① 용모복장

- 용모복장은 항상 정해진 규정에 따라 청결하고 단정하게 상태를 유지한다.

② 표정

- 승객을 맞이할 때는 승객의 얼굴을 보고 밝은 표정으로 Eye Contact를 하며, 환영의 인사말을 한다.
- 승객응대 시 친근감을 주는 밝은 표정을 유지하며, 승객의 기분이나 상황 등에 맞추어 적절한 표정연출을 한다.
- 승객응대 시 곤란한 상황에서도 찡그리는 표정은 삼간다.
- 비행에 지친 표정이나 힘들어 하는 표정을 승객에게 보여주지 않도록 한다.
- 장거리 비행근무 또는 야간 비행근무 시 피곤해하거나 하품을 하는 등의 표정은 짓지 않는다.

③ 말씨

- 표준어, 경어, 정중한 어휘를 사용하여 공손하게 표현한다.
- 승객응대 시 반토막의 말이나 은어, 승무원 간 사용하는 용어는 금한다.
- 정확한 발음과 말의 속도, 밝고 긍정적인 어조를 구사하도록 한다.
- 승객 휴식시점과 기내판매 시 목소리를 크게 하지 않는다.
- 승객이 보이지 않는 Galley에서 승무원끼리 큰소리로 대화를 나누지 않는다.
- 상위클래스에서는 승객의 직함을 호칭한다.
- 어린이 승객이라도 반말을 하지 않는다.
- 승객이 보는 통로에서 객실승무원끼리 반말을 하지 않는다.
- 기내통로를 사이에 두고 승무원끼리 대화를 나누지 않는다.

④ 태도

- 승객 가시권에서의 자세와 동작은 바르고 공손하게 한다.
- 모든 승객에게 예절바르고 공손한 태도로 응대한다.
- 통로에서 승객과 마주칠 경우 가볍게 목례를 하며, 승객이 먼저 지나가도록 비켜 준다.
- 방향을 안내할 때는 직접 해당하는 장소까지 안내하거나, 손가락을 가지런히 모아 손바닥을 위로 오도록 하여 방향을 안내한다. 방향을 안내할 때 손가락만으로 가리키지 않도록 한다.
- 겔리 커튼 등 기내 커튼을 열고 다닐 때는 커튼이 심하게 펄럭이지 않도록 커튼을 살짝 열도록 한다.
- 승객에게 서비스아이템을 Tray Table에 놓아드릴 때 소리가 나지 않도록 한다.
- 승무원이 제공하는 음료컵을 승객이 손으로 받으려 할 때는 승객이 완전히 음료컵을 집을 때까지 승무원은 음료컵에서 손을 미리 떼지 않도록 한다.
- 기내에서 통로를 사이에 두고 승무원들끼리 승객의 머리 위로 물건을 주고받지 않는다.

(2) 승객응대 준수사항

- 업무지식에 능통하여 승객의 물음에 정확한 답변을 할 수 있어야 한다.
- 해당편 비행정보를 숙지하여 승객과 대화에 활용한다.
  - 비행시간, 비행경로, 목적지 도착 예정시간 등
- 담당구역의 승객과 간단한 정도의 의사소통을 하며, 승객이 말할 때는 관심 있는 태도를 취하며, 가급적 토론식 대화는 피한다.
- 적은 수의 단체승객이나 특정승객과 장시간 대화는 피한다.
- 객실승무원은 승객으로부터 어떠한 금품을 받아서는 안 된다.

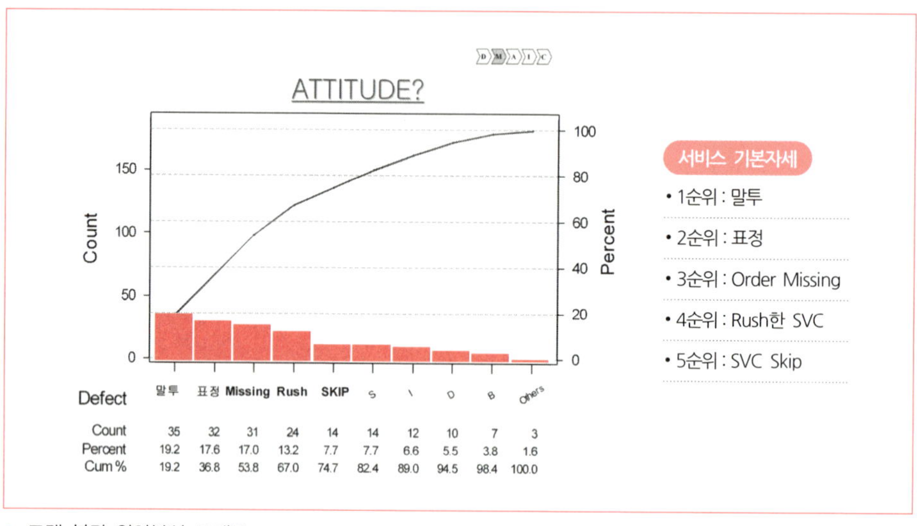

Defect	말투	표정	Missing	Rush	SKIP	S	\	D	B	Others
Count	35	32	31	24	14	14	12	10	7	3
Percent	19.2	17.6	17.0	13.2	7.7	7.7	6.6	5.5	3.8	1.6
Cum %	19.2	36.8	53.8	67.0	74.7	82.4	89.0	94.5	98.4	100.0

▶ 고객 불만 원인분석 그래프

(3) 동료승무원과의 업무 협조

- 동료승무원에게 예의를 갖추고 협조적인 자세를 갖는다.
- 기내에서 승무원 상호간 가능한 많은 정보를 교환하고 공유한다.
- 업무를 시작하기 전 겔리별로 간단히 브리핑을 실시한다.
- 자신의 임무를 철저히 수행하고, 자신의 힘으로 감당하기 어려울 경우에는 동료의 도움을 받도록 한다.

- 승객 앞에서 동료승무원의 개인적 사정 및 상황을 표출하지 않는다.
- 인지된 승무원 간의 문제점을 알게 되는 경우, 상급자나 객실사무장에게 보고하고 문제를 해결하는 데에 노력한다.

2) 객실승무원 이미지메이킹

(1) 유니폼 착용 규정

① 착용 시 수칙

- 유니폼은 회사에서 지급한 것에 한하며, 그 형태나 규격을 임의로 변경할 수 없다.
- 유니폼은 매매, 교환, 기부 또는 제3자에게 양도할 수 없다.
- 유니폼은 완전한 상태로 착용하고, 오염이나 얼룩이 없도록 청결하게 유지한다.
- 유니폼은 반드시 다림질하여 착용한다.
- 유니폼 착용 시 규정된 부착물(명찰, 윙 등) 이외의 개인적인 부착물을 패용하여서는 안 된다.

② 착용 시 유의사항

- 승무원은 유니폼을 착용하고 주류를 판매하는 장소에 드나들어서는 안 된다.
- 유니폼을 착용하고 껌을 씹어서는 안 된다.
- 유니폼 착용 시에는 안경을 끼어서는 안 된다(출 · 퇴근 시는 허용).
- 유니폼 착용상태에서 근무를 위한 이동 중에 공항에서의 휴대폰 사용은 안 된다.

▶ 이미지 메이킹 체크(남 · 여 공통)

3) 편승근무 규정

(1) 근무 절차

- 편승승무원에 대한 객실브리핑은 2가지 형태로 나누어 실시한다.
  - 편승승무원 중에 객실사무장이 있는 경우 : 편승승무원끼리 브리핑한다.
  - 편승승무원 중에 객실사무장이 없는 경우 : 편승으로 탑승할 항공편 브리핑에 참여한다.
- 편승승무원은 해당편 합동브리핑에 참여하지 않는다.
- 출국 시에는 해당편 승무원에 이어 출국수속을 받으며, 항공기 탑승도 해당편 승무원이 탑승하고 난 후에 하며, 하기 시에는 승객이 모두 내린 후 해당편 승무원보다 먼저 내린다.

(2) 편승 시 기내 준수사항

- 항공기에 탑승할 때까지는 유니폼을 착용한다(단, 해외에서 타사 항공기를 이용할 시에는 해당 공항 규정에 따라 유니폼 또는 사복을 착용한다).
- 기내에서는 사복으로 갈아입으며, 신분이 노출되지 않도록 주의한다(국내선 또는 짧은 단거리 노선에 한해 유니폼치마 및 바지를 착용해도 된다).
- 기내 착용 사복은 승무원의 품위를 유지하며, 현란한 색상이나 노출이 심한 복장, 몸에 끼는 바지, 청바지는 금한다(정장, 세미정장, 칼라가 있는 셔츠, 블라우스, 카디건 등을 착용한다).
- 기내에서는 승객과 동일하게 해당편 승무원의 지시에 따르며, 노골적인 승무원 행색을 드러내서는 안 된다.
- 해당편 승무원과 아는 사이를 이유로 승객이 보는 가운데 개인적인 잡담을 주고받지 않도록 한다.

4) 해외체제 규정

(1) 회사재산 반출금지

- 객실승무원은 기내에 탑재된 물품을 개인 목적으로 사용하기 위해 반출하여서는 안 된다.

(2) 숙소이탈 금지 및 숙소 귀환시간 준수

- 해외체류 시 지정된 숙소 이외의 장소에서 객실사무장의 허가 없이 숙박해서는 안 된다.
- 장시간 외출 시에는 사무장에게 보고하고 허가를 득한다.
- 사무장은 행선지, 연락처 및 전화번호, 귀환시간 등을 파악한 후, 다음 근무에 지장을 초래하지 않는 한 외출을 허가한다.
- 다음 근무를 위해서는 호텔 Pick-up 12시간 전부터는 휴식상태를 유지하는 것을 원칙으로 한다.
- 해외체류 시 어떠한 형태의 도박을 하여서는 안 된다.
- 해외에서 쇼핑몰 이용 시 허용된 면세 범위를 초과하여 물품을 구매해서는 안 된다.

객실승무원 잡 디스크립션(Job Description)

- 승객 탑승 환영인사 및 좌석안내
- 기내 안전 및 보안업무 수행
- 특수 승객 케어
- 승객 요구사항 충족
- 승객 입국서류 작성협조
- 승객 하기 후 기내유실물 확인
- 항공기 안전 및 비상장비 소개
- 기내 방송 수행
- 기내 음료 및 기내식 제공
- 환자승객 케어
- 기내면세품 판매
- 기내 비정상 상황보고 업무

4. 객실조직

1) 객실승무 조직 내 부서

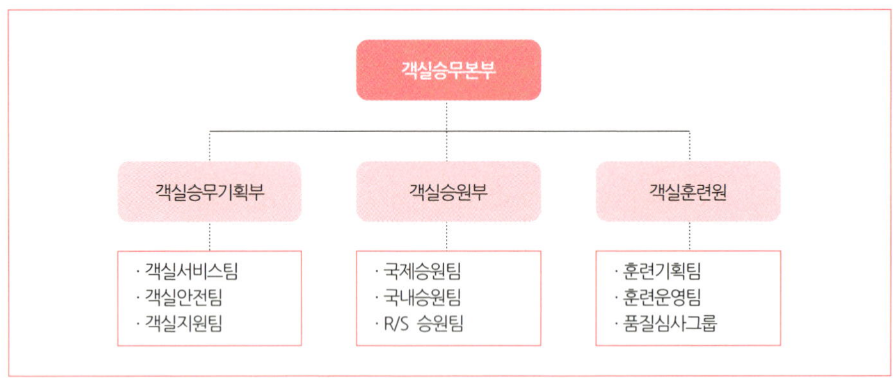

(1) 객실승무기획부

① 객실서비스팀 : 객실서비스 규정과 절차를 수립한다.

- 현장승무원의 Cabin Report 업무를 담당한다.
- 고객의 말씀(칭송 / 불만) 업무를 담당한다.
- 객실서비스 캠페인을 주관한다.

② 객실안전팀 : 객실안전과 보안에 관한 규정과 절차를 수립한다.

- 국토교통부 등 대관업무를 담당한다.
- 대내 · 외 객실 안전점검 업무를 총괄한다.
- 회사 안전회의에 참가한다.

③ 객실지원팀 : 객실승무원 인사 관련 업무를 담당한다.

- 객실승무원 복지업무를 담당한다.
- 객실승무원 근태관리를 한다.
- 객실승무원 유니폼 등 제반 지급품관리를 한다.

- 객실승무원 상벌심위위원회를 주관한다.

④ 품질심사그룹 : 객실승무원의 규정 절차이행을 감독한다.

- 현장의 문제점을 발굴하고 개선업무를 담당한다.
- 안전과 서비스 관련팀과 업무공조를 한다.

(2) 객실승원부

① 국제(국내)승원팀 : 현장승무원의 비행업무에 대해 관리 감독한다.

- 객실브리핑에 필요한 정보를 제공한다.
- 객실승무원의 현장의 목소리를 경청한다.
- 고객칭송과 불만에 관련한 경위조사 및 상벌심사를 한다.
- 객실승무원의 고충상담을 한다.
- 객실승무원 평가업무를 한다.
- 객실승무원의 병가, 공상 등 근태관리를 한다.

② R/S 승원팀 : 외국인여승무원을 관리한다.

- 외국인여승무원 평가업무를 한다.
- 외국인여승무원 비행정보 제공 등 지원을 한다.
- 외국인여승무원 고충상담을 한다.

R/S Regional Stewardess 승무원 업무 특성은 다음과 같다.

- 통역을 담당한다.
- 자국어 기내 방송을 담당한다.
- 자신의 국가노선 위주로 근무한다.
- 일등석 근무를 배정하지 않는다.
- 기내면세품 판매 임무 Duty 에서 배제한다.
- 객실브리핑 시 R/S를 위해 영어브리핑을 한다.

(3) 객실훈련원

① 훈련기획팀 : 객실승무원 신입 및 기성승무원 훈련계획을 수립한다.

- 객실승무원 훈련스케줄을 작성한다.
- 객실승무원 훈련기록을 작성하고 보관 유지한다.

② 훈련운영팀 : 객실승무원 안전 및 서비스 훈련을 담당한다.

- 객실승무원 훈련 결과에 대한 평가를 한다.

2) 객실승무원 직급체계

항공사마다 객실승무원의 직급체계는 다를 수 있다. 특히 해외항공사는 일반승무원과 관리자급승무원으로 크게 양분하여 직급체계를 단순화한 경우도 있다. 우리나라는 대한항공이 처음 설립되었을 때, 일본의 항공사를 벤치마킹하여 직급체계를 도입하여 사용하고 있는 것으로 알려져 있다.

직급이란 직무의 등급을 말하며, 일의 종류 및 난이도, 책임도 따위가 상당히 비슷한 직위를 한데 묶은 최하위의 구분이다. 동일한 직급에 속하는 직위에 대해서는 임용자격, 시험, 보수 등과 같은 인사행정에 있어서 동일한 취급을 할 수 있다. 다음의 직급체계 표는 가장 일반화된 국내항공사의 승무원 직급체계를 보여주고 있다.

객실승무원 지급체계

직 급	직급명	직급코드	일반직 직급명
객실승무 1급	수석사무장	CP	부장
객실승무 2급	선임사무장	SP	차장
객실승무 3급	사무장	PS	과장
객실승무 4급	부사무장	AP	대리
객실승무 5급	남 · 여승무원(대졸)	SD, SS	사원
객실승무 6급	여승무원(전문대졸)	SS	사원

자료 : 대한항공

용어정리 : Duty Purser(DP)

DP는 비행기에 탑승 근무하는 객실승무원들 중에 회사로부터 지명된 승무원에게 부여되는 직책이다. DP로 지명된 객실승무원은 동승한 객실승무원들을 지휘, 통솔하는 위치에 있게 된다. 객실승무원의 기내안전과 보안점검을 지시하고, 서비스 진행상태를 확인하며 승객들의 만족도 등을 파악하는 등 승무원을 관리, 감독, 평가하면서 비행 전반에 걸친 다양한 업무에 최종 책임을 지니고 있다.

Cabin Operation
Management

CHAPTER 04

객실승무원의 역할

Cabin Operation
Management

객실승무원의 역할

1. 기내 안전 역할

객실승무원은 승객의 안전과 편안함을 책임지는 일을 수행하는 항공기에서 없어서는 안 될 존재감을 가지고 있다. 객실승무원의 첫 번째 존재 이유는 승객의 안전을 위한 것이다. 객실승무원의 정의에서 보았듯이, 기내 안전에 관하여서만큼은 전문가적인 지식을 갖추고 있어야 하며, 실제상황에서는 규정과 절차대로 수행하여야 한다. 현행 안전법규상[4]으로 객실승무원은 승객 50인당 한 명씩 기내에 있어야 한다. 승무원의 탑승 인원수를 법으로 규정하는 이유는 객실승무원의 역할에서 가장 크게 비중을 차지하는 것이 기내 안전이기 때문이다.

안전Safety은 '사람이 사망, 상해Harm로부터 자유로운 것'이라고 정의한다. 안전은 위험을 초래할 수 있는 위해요인Hazard을 분석하고 식별하여 사전에 위험을 예방하는 것을 의미한다. 최근에는 위험을 유발하는데 가장 크게 비중을 차지하고 있는 것이 인적 요인Human Factor이라 할 수 있다. 개인의 실수 또는 규정 위반이 안전을 위협하는 위험이 될 수 있다.

미국의 심리학자 제임스 리즌James Reason은 '사람들은 똑같은 상황에서 그들의 생각과 경험 그리고 마음상태에 따라 각자 다르게 대응한다.'고 했다.People react to the same situation differentlybased on their thoughts, experience and state of mind 그는 1990년 사고발생 과정을 치즈를 이용하여 설명했다. 이른바 '스위스치즈 모델'을 만들어, 사고는 개인의 실

4 「항공법」시행규칙 218조(승무원의 탑승 등) 여객운송에 사용되는 항공기로 승객을 운송하는 경우에는 항공기에 장착된 승객의 좌석 수에 따라 객실승무원을 탑승한다(20석 이상~50석 이하 객실승무원 1명 탑승).

수 및 규정 위반으로만 발생되는 것이 아니라고 하였다. 스위스치즈 모델을 살펴보면, 사고를 예방하는 4단계의 방어막에 구멍(실수 또는 실패)이 뚫려 하나로 이어지면 사고가 발생된다는 것을 알 수 있다.

4단계의 방어막에서 첫 방어막은 조직의 영향을 말하고, 다음 단계의 방어막은 불안전한 관리감독, 세 번째 방어막은 불안전한 환경 조성, 마지막 방어막은 개인의 불안전한 행위로 되어 있다. 따라서 사고를 예방하기 위해서는 개인의 실수 및 규정 위반에 대해서만 대응할 것이 아니라, 4단계의 각 방어막에 대한 종합적인 시스템으로 접근하는 것이 더욱 효과적이라 할 수 있다.

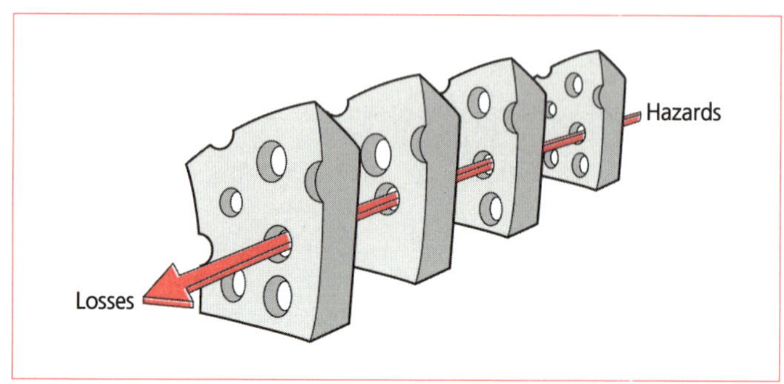

1) 객실승무원 자격

객실승무원은 초기 안전훈련을 이수하였을 때 비로소 자격이 부여된다. 객실승무원 자격은 국가가 인정하는 시험과 같은 별도의 인증과정은 없지만, 항공사에 채용된 후에는 반드시 초기 안전훈련을 이수하여야만 자격이 주어지도록 규정되어 있다. 이후에는 최초 안전훈련을 받은 날부터 12개월마다 한 번 이상 안전훈련을 반복해서 받아야만 자격이 지속적으로 유지된다.

항공사는 객실승무원의 초기 훈련부터 1년 단위로 매년 정기적으로 받은 훈련들에 대한 기록을 보관하여야 한다. 국가로부터 안전점검 시에 객실승무원이 규정대로 훈련을 받은 기록이 있어야만 객실승무원으로서의 자격이 유지될 수 있다.

2) 객실승무원의 안전훈련 종류

객실승무원이 국가로부터 자격을 유지하기 위한 안전훈련은 객실승무원 근무여건에 따라 다르게 적용된다. 다음은 안전훈련의 종류에 대한 설명이다.

(1) 초기 안전훈련Initial Training

객실승무원으로서의 초기자격을 취득하기 위한 최초 훈련과정으로, 신입 객실승무원을 대상으로 하며 '초기 훈련'과 '기종 전문훈련'으로 나뉘어져 있다.

(2) 정기 안전훈련Recurrent Training[5]

신입 안전훈련을 이수한 객실승무원을 대상으로 하는 훈련으로, 승무직을 종료하는 날까지 승무자격을 유지하기 위한 필수교육으로, 이전 훈련을 받은 날로부터 12개월 이내에 받으며, 같은 절차로 매년 1회씩 반복적으로 받는다.

(3) 재임용 안전훈련Re-qualification Training

객실승무원으로 근무 중 휴직 등의 사유로 일정기간 승무직을 이행하지 않다가 다시 복직된 객실승무원을 대상으로 승무자격을 복원하기 위한 훈련이다. 그러나 36개월을 초과하여 복직한 객실승무원의 경우에는 재임용 훈련이 아닌 '초기 안전훈련'을 다시 이수하여야 자격이 복원된다.

(4) 리더십 훈련Leadership Training

처음 객실사무장으로 임무를 부여받은 객실승무원을 대상으로 하는 훈련으로, 객실사무장으로서의 안전업무에 대한 직무수행 능력을 배양하기 위하여 실시한다.

5 최근 12개월 이내에 항공당국으로부터 인가받은 정기 지상학 과정을 이수하지 못한 자는 객실승무원으로서 임무를 수행할 수 없으며, 운항증명소지자 또한 이들에게 임무를 부여하여서는 아니 된다(운항기술기준 8.4.8.35).

초기 안전훈련을 이수한 신입승무원이 최종적으로 자격을 인정받기 위한 절차는 실제로 비행기에 탑승하여 객실승무원으로서의 임무수행 능력을 평가받는 것이다. 항공사는 신입승무원에게 최소한 2편의 비행근무를 지정하여 준다. 그리고 객실훈련원의 운항경험심사관으로 하여금 초기 안전훈련에서 배운 내용들을 바탕으로 신입승무원이 항공기 내에서 안전임무 수행을 해낼 수 있는지를 평가하여 최종적으로 합격여부를 판정하도록 하고 있다. 이 절차는 신입승무원이 실제 비행근무에 앞서 객실승무원으로서의 경험을 미리 익히는 과정이라 할 수 있다.

이러한 비행근무를 운항경험OE : Operating Experience비행이라 하며, 신입승무원은 정규 객실승무원들과 똑같이 객실브리핑에 참석하면서부터 비행근무를 하게 된다. OE 비행을 하는 신입승무원은 해당편 객실사무장으로부터 평가를 받으며, 객실사무장의 평가표는 객실훈련원에서 신입승무원의 자격을 판정하는 자료로 활용된다.

3) 기내 안전활동의 범위

객실승무원의 안전활동은 객실브리핑에서부터 시작된다. 객실브리핑에서 부여받은 임무Duty에 대한 책임을 가지고 기내에서 승객의 안전을 위한 역할을 수행한다. 탑승할 기종의 특성을 미리 파악하고, 기내에서는 안전장비, 보안장비, 응급의료장비의 탑재 위치와 사용 가능여부에 대해 사전점검Pre-flight Check을 실시한다.

기내 안전장비는 다음과 같다.

- 소화기, 산소통, PBEProtective Breathing Equipment
- 손전등, 손도끼, 화재진압용 장갑
- ELTEmergency Locator Transmitter
- ELSEmergency Light Switch
- 메가폰, 구명복 등

객실승무원의 비행근무는 안전활동부터 시작된다. 최초의 안전활동은 객실브리핑부터라고 할 수 있다. 항공기 출발 몇 시간 전에 실시되는 객실브리핑은 항공기와 승객의 안전에 관한 정보와 교육을 진행하며, 객실사무장은 객실승무원들에게 임무를 부여하여 안전 역할 수행에 대한 질의응답식 브리핑을 실시한다. 객실승무원은 부여받은 임무와 관련하여 점검할 안전장비의 종류와 탑재 위치를 안전매뉴얼을 통해 미리 파악하고, 비행기에 탑승해서는 실제로 안전장비 점검을 하도록 하여 안전장비 사용에 문제점이 없도록 하고 있다.

기장이 주관하여 진행하는 합동브리핑에서는 기장이 비상사태 발생 시 객실승무원과 정보를 주고받는 각종 기내 표준신호와 정보교환의 강조와 교육을 반복하여 실시하고 있다. 예를 들면, 비행기가 이륙을 위해 활주로를 향해 이동하는 과정에 예기치 않은 항공기 안전에 위험을 초래하는 위해요인이 발생하면, 기장은 객실승무원들에게 기내 방송을 통해 '승무원 좌석대기Remain Seated'라고 알려주며, 이 상황에서 더 나아가 승객들의 비상탈출이 예상될 정도의 심각한 위험상황이 발생하면, 기장은 객실승무원들에게 정해진 점프시트[6] 위치에 있으라는 의미의 '승무원 지정된 위치에Crew At Station'[7]라고 기내 방송을 한다. 비상상황에 대비한 기장의 기내방송은 객실승무원

6 점프시트(Jump Seat) : 항공기 내 승무원 전용좌석. 점프시트는 규정 상 승무원 외에는 일반 승객들 누구도 앉을 수 없다. 신속한 탈출을 돕기 위해 비행기 출입구 바로 옆에 위치하고 있다.

7 항공기에서의 스테이션(Station)은 객실승무원이 항공기가 이륙, 착륙할 때 앉는 점프시트와 그 옆에 위치한 비상구, 기장과 통화를 주고받는 인터폰, 그리고 승객들에게 비상탈출 지시를 할 때 사용되는 PA 등이 한 곳에 구비되어 있는 지역을 말하는 것으로, 흔히 점프시트가 있는 비상구 구역을 지칭한다. 객실승원은 객실브리핑 시 Duty를 부여받으면서 자신이 착석할 위치, 즉 기내 스테이션을 지정받는다.

들로 하여금 신속하고 정확한 비상시 안전절차를 진행할 준비를 하라는 지시와 같은 성격을 가지고 있다.

객실브리핑과 합동브리핑을 마치고 나면, 비행기에 탑승해서 각종 안전장비, 보안장비, 응급의료장비를 점검한다. 객실사무장은 모든 장비의 이상 유무에 대한 최종적인 책임을 가지고 있으며, 항공기 내의 안전점검이 모두 끝나면 기장에게 통보하고, 기장은 객실사무장의 기내안전 제반에 관한 보고를 토대로 승객이 탑승을 해도 좋다는 최종 결정을 내린다.

객실승무원은 비행기 출발에서 목적지 공항에 도착하여 승객이 내릴 때까지 항공기 내에서 안전 활동을 꾸준하게 하여야 한다. 항공기와 승객의 안전은 객실승무원이 가장 전문성을 가지고 대처해야 하는 영역이라 할 수 있다. 객실승무원의 확고한 안전 전문성을 바탕으로 하여 기내서비스가 이뤄지는 것이 항공사가 객실승무원에게 주어진 역할이다.

2. 기내 보안 역할

기내 안전과 더불어 객실승무원에게 주어진 중요한 역할이 기내 보안을 책임지는 것이다. 기내 보안은 의도적인 범죄와 관련된 사고를 의미한다. 미국에서 발생한 9·11 테러 공격사건 이후 공항과 항공기에 대한 보안 개선대책이 강화되어가고 있는 것이 최근의 추세이다. 우리나라는 2008년 미국의 요청에 의거 항공기내보안요원을 운영하고 있다.

객실승무원은 기본적으로 누구나가 기내보안 역할을 수행하고 있지만, 그 중에서도 선임 객실승무원을 대상으로 일정한 별도의 보안 훈련을 이수한 자에게 항공기내보안요원으로 임명하고 있다. 항공기내보안요원은 항공기내의 질서 및 안전을 해치는 불법행위 등을 방지하는 직무를 담당하는 객실승무원을 말한다. 항공사는 2년 이상의 선임객실승무원 중에서 자체적으로 선발하고 있다.

항공기내보안요원 제도의 도입은 2008년 미국으로부터 우리나라가 비자면제국가로 지정받기 위한 조건으로 수용된 것이다. 미국은 「이민국적법」에 따라 비자면제를 받으려는 국가는 자국으로 들어오는 항공기에 항공보안요원을 반드시 탑승해야 하는 조건이 있었다. 미국의 「이민국적법」은 테러범들이 비자면제 국가로부터 미국으로 자유롭게 들어오는 것을 방지하기 위해 모든 비자면제 국가는 항공기에 항공기내보안요원을 탑승시켜야 한다는 새로운 보안사항을 추가한 법령이다.

항공기내보안요원은 운항 중인 항공기의 안전을 해치고, 승객과 승무원의 인명, 재산에 위해(危害)를 주며, 항공기내의 질서를 문란시키거나 규율에 위반하는 행위를 하려는 자를 체포 등 필요한 조치를 취하도록 되어 있다. 미국과 캐나다, 중국, 일본 등 대부분의 국가는 승객으로 위장하고 무기를 소지한 에어마샬Air Marshal이라는 전문 보안요원을 운영하고 있다. 이들 에어마샬은 항공사가 아닌 국가에서 선발되고 전문적인 대테러 훈련을 받는다는 것이 우리나라 항공기내보안요원 제도와 크게 다른 점이다.

항공기내에서 벌어지는 테러사건은 미국의 9·11 테러사건처럼 항공기를 무기화하여 기내의 승객은 물론 기내 밖의 사람들에게까지 인명사고를 일으키는 것이 새로운 유형의 항공기 테러사건이다. 이와 더불어 항공기내 테러의 추세는 자살폭탄에 의한 항공기 폭발 시도가 대표적이다. 과거의 항공기 테러는 주로 항공기 하이재킹 사고가 일반적이었으나, 지금은 항공기 납치보다 항공기 폭발로 사회적으로 공포의 효과를 극대화하는 경향으로 변화하고 있다.

기내 보안역할 중에 객실승무원의 능력이 가장 요구되고 있는 것이 기내 난동승객을 제압하고 진정시켜 다른 승객들을 보호하는 것이다. 기내 난동은 현실적으로 제기되고 있는 객실승무원과 승객 안전에 가장 큰 위협요인으로 인식되고 있다. 우리나라는 「항공보안법」의 기내 난동승객 처벌조항[8]을 강화하는 조치를 취하였다. 그럼에도 기내 난동 발생건수는 매년 꾸준하게 늘고 있어 항공사와 객실승무원은 기내난동 대응에 적극적으로 나서고 있다. 항공기내에서 발생할 수 있는 테러와 기내 난동 등 불법행위를 제압하고 억제하는 수단으로 이용되는 기내 보안장비는 테이저건, 타

8 「항공보안법」 제50조(벌칙) : 항공기내에서 폭언, 고성방가 등 소란행위 및 술을 마시거나 약물을 복용하여 다른 사람에게 위해를 주는 행위를 한 사람은 1천만원 이하의 벌금에 처한다. 한편 기내에서 흡연을 한 사람은 5백만원 이하의 벌금에 처한다.

이랩, 포승줄, 방폭담요, 방탄조끼, 비상벨 등이 있다.

3. 기내 응급의료처치 역할

기내에서 응급상황 발생 시에 객실승무원의 역할과 임무는 필수적인 응급처치를 실시하는 것이다. 항공기내에는 응급환자 발생 시를 대비한 응급의료 장비가 탑재되어 있다. 객실승무원은 응급환자 조치에 관하여 「의료장비사용법」에 대해 매년 정기 안전훈련을 통해 교육을 받는다.

기내 의료장비는 다음과 같다.

- EMKEmergency Medical Kit
- FAKFirst Aid Kit
- UPKUniversal Precaution Kit
- AEDAutomated External Defibrillator
- 자동혈압계, 전자체온계, 혈당측정기

객실승무원은 기내 응급환자 발생 시 상황판단을 하고, 환자의 의식 및 호흡을 확인하여 위급한 상황인 경우에는 기내에 의료인이 있는지 파악하여 도움을 요청하고 기장에게 통보한다. 객실승무원들은 팀워크를 바탕으로 환자에게 적절한 도움과 처치를 실시한다. 기내 응급환자 발생에 대한 신속하고 정확한 처치에는 객실승무원들 간의 의사소통 및 협조가 매우 중요하다.

4. 기내 설비담당 역할

항공기내에는 승객에게 편안함과 즐거움을 위해 제공되는 여러 종류의 설비가 있다. 객실승무원의 역할 중의 하나가 기내 설비가 작동되는지를 파악하고 문제 발생

시에는 조치를 하여 승객이 사용하는데 불편이 없도록 하는 것이다. 따라서 객실승무원은 기내 설비에 대한 전문지식과 조치능력을 가지고 있어야 한다. 요즘은 최첨단 전자설비시스템으로 이뤄진 기내 설비가 늘고 있는 추세에 있어, 객실승무원은 기내 설비에 대해 능숙하게 다룰 줄 아는 기종친숙화 교육과 훈련을 받고 있다.

1) 기내 좌석

항공기내의 가장 대표적인 기내 설비는 승객 좌석이라 할 수 있다. 항공 고객들은 항공사를 평가하는 여러 요소 중의 하나로 좌석의 편안함을 손꼽고 있다. 좌석의 사이즈, 간격, 배열 등에 관심을 가지고 민감하게 생각하고 있다. 좌석의 등받이 젖힘 상태Recline, 좌석 앞 공간Legroom, 앞좌석과의 간격Pitch 등은 좌석의 편안함을 결정짓는 요소이다. 최근의 항공사들은 저가항공사 출현과 함께 기내 좌석에 따라 부가적인 가격을 매기는 좌석가격 정책이 쏟아져 나오고 있다. 좌석을 둘러싼 대형항공사들의 경쟁은 치열한 실정이다.

일등석과 비즈니스석에 설치되는 좌석은 기내에서 개인의 프라이버시를 보장하는 수준에까지 진화하고 있다. 일등석의 경우는 룸Room 형태의 칸막이를 하여 외부에서 볼 수 없도록 하였으며, 좌석은 고급침대로 변형되도록 만들어졌다. 대형항공사들은 저가항공사와의 차별화된 이미지를 부각하기 위한 수단의 하나로 삼고 있는 것이 최고급의 다기능성 좌석을 제공하는 것이다. 객실승무원은 클래스별 좌석의 특징과 기능에 대한 전문지식을 가지고 좌석 작동에 문제가 발생하였을 시에는 적시에 해결하는 능력을 지녀야 한다.

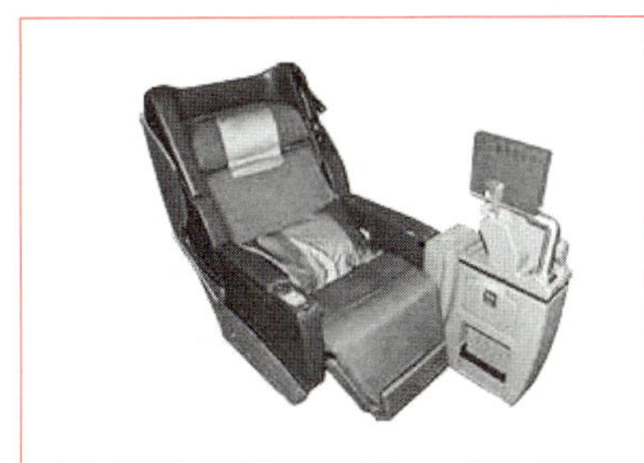

2) 기내 AVOD시스템

AVODAudio & Video On-demand는 기내에서 비행 중 승객이 원하는 시점에 원하는 오락 프로그램을 선택하여 자유롭게 이용할 수 있는 시청각시스템을 말한다. 기내 좌석 스크린은 터치식과 리모트컨트롤을 통해 원하는 프로그램을 선택한다. 스크린은 클래스별로 차별화하여 상위 클래스일수록 스크린의 화면이 크다.

항공사들은 고객의 즐거움을 극대화하기 위해 1백여 편에 달하는 영화와 다양한 장르의 음악을 주기적으로 교체하며 운영하고 있다. 기내 AVOD는 기내식과 함께 승객들이 항공사 평가를 하는 중요한 요소로 삼고 있다. 일등석에는 노이즈 제거 고급형 헤드폰을 제공하는 등 항공사가 고객유치에 가장 활용하고 있는 부문이 기내 AVOD 시스템이다.

객실승무원은 컴퓨터로 운영되는 AVOD시스템 작동법에 대한 지식과 문제해결 능력을 가지고 있어야 한다. AVOD시스템은 기종마다 다른 프로그램을 사용하고 있어 프로그램별 운영 절차를 객실승무원은 알고 있어야 한다. 비행 중에 가장 많이 발생하는 것이 좌석스크린의 작동 불능이다. AVOD 고장 시 해결방법은 고장에 따라 너무 다양하여 객실승무원이 일일이 알고 있기가 어려울 때가 있어, 기내에는 AVOD시스템 문제해결을 위한 대응조치 매뉴얼Trouble Shooting을 탑재하고 있다. 그 중에서도 객실승무원이 조작방법을 잘 알고 있어야 할 것이 승객들이 사용할 좌석마다 있는 AVOD 작동 리모트컨트롤이다. 이 리모트컨트롤에는 좌석의 독서등Reading Light 작동, 그리고 승무원 콜버튼 등 다기능 조작버튼들이 있다. 비행기 출발 전에 객실승무원들이 점검하는 것 중의 하나가 AVOD시스템 작동이 정상인지, 승객 좌석의 리모트컨

트롤이 정상 작동하는지를 확인하는 것이다.

3) 기내 방송시스템

기내 설비 중에 승객에게 적시에 정확한 운항정보를 줄 수 있는 기능을 갖고 있는 것이 기내 방송시스템이다. 객실승무원은 비행기에 탑승하여 기내 방송의 작동 여부를 반드시 점검하여야 한다. 기내에 나오는 방송의 볼륨은 적당한지 모니터링을 한다. 심지어 기장도 조종실에서 방송시스템을 점검하면서 시험방송을 통해 객실승무원에게 기장의 방송이 기내에 정상상태로 잘 나오는지 확인하고 있다.

기내 방송은 비행 중에 방송 담당승무원이 방송을 할 시에도 모든 승무원은 각자의 위치에서 방송이 잘 들리는지 파악하는 기내 모니터링제도를 운영하고 있다. 기내 방송시스템에는 프램PRAM으로 불리는 자동방송Pre-recorded Announcement Module기능이 있다. 자동방송은 사전에 파일 형식으로 방송문을 저장하여 필요 시 해당방송의 번호만 누르면 자동으로 방송이 나오는 것을 말한다.

자동방송의 주요 목적은 안전에 관련한 방송들로 구성되어 위급한 비상상황 시 승무원이 직접 방송을 할 시간이 없고, 신속하게 전달하여야 할 경우를 대비한 방송이다. 예를 들면, 비상착륙 방송, 터뷸런스 방송 등이 있다. 이외에 러시아, 프랑스, 체코, 몽골, 중국, 일본 등 외국어 방송문을 저장하여 해당 국가로 비행을 할 때 그 나라 승객들을 위한 안내방송을 하는 목적으로도 사용되고 있다.

4) 기내 온도 및 조명 설비

비행 중 기내의 쾌적한 환경을 조성하기 위한 설비로 기내 온도와 조명 조절장치가 있다. 승객이 기내에서 예민하게 반응하는 것이 기내 온도이다. 기내 온도와 조명 조절장치는 비행기마다 작동방식이 다르게 적용되어 있다. 기내 온도조절은 조종실의 기장과 기내에 객실승무원이 조절할 수 있는 설비를 갖추고 있다. 기내 온도는 사람마다 느끼는 정도의 차이가 있고, 운항시점별 및 계절별로도 차이가 있어 객실승무원은 비행 내내 가장 관심을 가지고 응대하여야 할 부문이다.

국내 대형항공사는 자체적으로 기내온도 기준을 섭씨 24±1℃로 하고 있다. 기내 온도에 관해서는 객관적이고 과학적으로 인정한 공식적인 기준이 없다. 따라서 항공사마다 기내 온도기준이 다르고 승객에 대한 응대방식도 다르다. 기내는 예측할 수 없을 정도로 덥기도 하고 춥기도 하다. 동일한 일반석인데도 앞좌석 구역은 춥다고 하고, 기내 후미는 덥다고 하는 경우도 종종 발생한다. 또한 같은 좌석 구역에서 어느 승객은 춥다고 하며 기내 온도를 높여줄 것을 요구하기도 한다. 이럴 때마다 객실승무원은 기내상황을 잘 파악하고 적절하게 응대하는 것이 바람직하다. 예를 들면, 특정하게 어느 한 승객만이 춥다고 하면 따뜻한 음료와 담요를 추가로 제공하거나, 아니면 좌석을 변경하는 조치를 한다.

특히 비상구 좌석은 찬바람이 일어나는 현상이 있어 비행 중 승객이 추위를 더 느낀다. 이러한 문제점을 개선한 항공기가 있다. 에어버스사의 A380 비행기이다. A380 기종은 비행기 비상구 주위 바닥에 온열장치를 개발하여 바닥용 별도 온도조절계를 도어에 부착하여 필요시 조절하게 하였다. 반면에, 소형 비행기들은 기내에 객실승무원이 온도를 조절하는 장치가 없어 기내 온도를 변경할 필요가 있을 때마다 기장에게 연락을 하여 온도 조절을 한다.

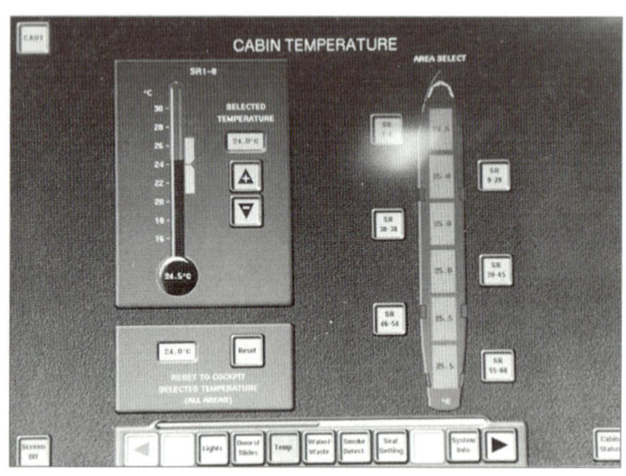

▶ 기내 온도 패널 표시창

온도조절구역

① 1~8열

② 9열

③ 10~33열

④ 34~40열

⑤ 41~8열

⑥ 49~53열

* 9열은 개별 온도조절이 가능

기내 조명은 승객의 심리적인 쾌적함과 편안함을 주는 효과가 있다. 기내 조명을 조절하는 역할은 기내 온도와 마찬가지로 객실승무원에게 중요한 부문을 차지하고 있다. 기내 조명은 승객의 안락함을 주는 기능과 안전을 위해 조절하는 기능도 함께 가지고 있다.

기내 조명은 과거에는 밝음Light에서 중간 밝음Medium, 약간 어둠Dim, 그리고 아주 어둠Night으로 단순하게 4가지로 구분하여 조명 조절단계가 복잡하지 않았다. 현재는 조명 단계를 더 세분화하고 기내 조명의 색상도 다양화하여 기내에서 조명이 승객들에게 미치는 영향을 더욱 극대화하였다. 항공기 기내 인테리어는 LED 조명의 기술발달로 더욱 화려해지고 고급스러워졌다. 지금의 항공기내 조명은 일출, 일몰 조명기능을 만들어 승객들이 기내에서 잠을 청할 때 안락한 분위기를 연출하고 잠에서 깨어날 때는 눈부심이 없도록 인간공학적으로 세심한 기술을 기내 조명에 도입하였다.

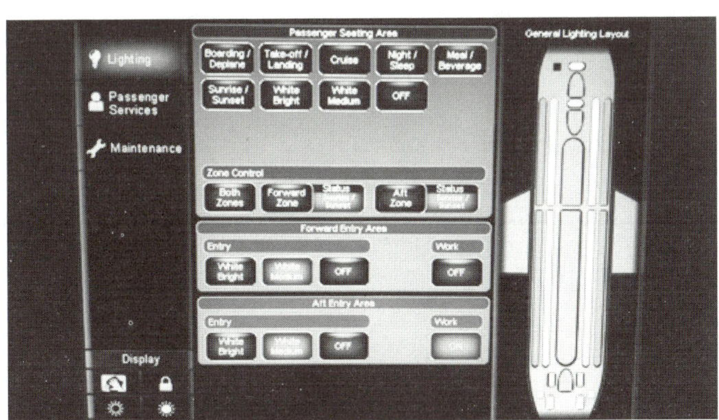

▶ B737 비행기 기내 Light 패널

B737 비행기는 기내 조명을 2군데로 나누어 조절하도록 설비되어 있다. 첫 번째가 승객 좌석 구역Passenger Seating Area, 두 번째가 구역 제어Zone Control이다. 구역 제어는 다시 기내 전방과 후미 구역으로 구분하여 기내 조명을 조절한다. 승객 좌석 구역은 다시 항공기 운항단계에 따라 다양한 기내 조명 조절장치를 두고 있다.

① 승객 좌석구역 라이트Light

- Boarding / Deplane
- Take off / Landing
- Night / Sleep
- Med / Beverage
- Sunrise / Sunset
- White Bright
- White Medium
- Off

② 구역 제어Zone Control

기내 전체의 라이트를 조절하는 기능과 기내를 앞 · 뒤로 구분하여 조절하는 기능

- Both Zone
- Forward Zone(Status : Sunrise / Sunset)
  - Forward Entry Area
    - · Entry : White Bright, White Midium
    - · Work : OFF
- Aft Zone(Status : Sunrise / Sunset)
  - Aft Entry Area
    - · Entry : White Bright, White Midium
    - · Work : OFF

기내 조명에는 안전과 관련한 역할도 있다. 항공기 이 · 착륙 시에는 만일의 안전사고에 대비하여 기내 조명을 아주 밝은 상태로 하지 않고 약간 어두운 조명을 유지한다. 이는 사람이 기내에서 항공기 밖을 내다볼 때 눈이 주위 환경에 빠르게 적응하기 위한 것이다. 마치 컴컴한 극장 안을 들어갈 때 처음에는 아무것도 보이지 않다가,

서서히 시간이 지나면 그때서야 앞이 보이는 것과 같은 이치이다. 항공기 도어에는 비상구 위치를 알리는 조명 알림판이 있는데, 항공기가 이·착륙 할 시에는 밝게 켜 놨다가 비행 중에는 꺼놓는 등 이 역시 객실승무원이 기내 조명조작 시 필요한 조치 중의 하나이다.

첨단 항공기 출현은 기내 온도와 조명이 승객에게 미치는 영향이 더욱 크게 작용하고 있는 추세에 있다. 객실승무원은 승객에게 편안함을 제공하는 여러 설비 중에 기내 온도와 조명 조작에 숙련된 능력을 발휘하여야 한다. 기내 온도와 조명은 승객 개개인에게 미치는 영향도 다르게 적용되고 있는 것을 감안하여 많은 경험과 기내 상황에 대한 승무원 간의 정보공유를 통해 적절하게 대응하는 것도 중요하다.

A380 비행 단계별 기내 조명의 변화

비행단계	기준조명	비행단계	기준조명
승객탑승	BRT or Board	승객휴식	Sleep or Off
Taxiing	TAXI / APPR	Wake-up	Wake / Refresh
Take-off	T-Off / Land	Approaching	TAXI / APPR
Meal SVC	BRT or Meal Mid	Landing	T-Off / Land
기내판매	BRT or BEV / DFS	승객하기	DISEMBARK

5) 기내 겔리 장비

기내 겔리Galley에 있는 여러 장비들이 비행 중에 문제가 발생되지 않도록 사전점검하는 것도 객실승무원의 임무 중 하나이다. 기내 겔리에는 승객의 기내식과 음료 등 서비스를 원만하게 제공하기 위해 필요한 장비들이 비치되어 있다. 커피메이커, 오븐, 냉장고, Water Boiler 등이 대표적인 겔리 장비들이다. 객실승무원은 비행기에 탑승하여 겔리에 있는 이들 장비들의 작동상태가 정상인지를 점검한다. 비행기 출발 전 지상점검에서 발견되지 않은 고장 난 겔리 장비가 있을 시에는 비행 중에 승객서비스에 많은 문제점을 일으킨다.

국내선은 커피를 요구하는 승객이 많다. 만약 이 비행기의 커피메이커가 고장 난 것을 모르고 있다면, 커피서비스는 할 수도 없고 승객들에게 일일이 미안하다는 응대를 해야 한다. 이 같은 일들은 실제로 발생하는 케이스이기도 하다. 객실승무원은 겔리 장비에 대한 해박한 지식과 점검에 전문가여야 하는 것이다.

겔리 설비점검 항목은 다음과 같다.

- Oven
- Coffee Maker
- Water Boiler
- Warmer
- Refrigerator
- Trash Compactor
- Elevator(A380, B747)

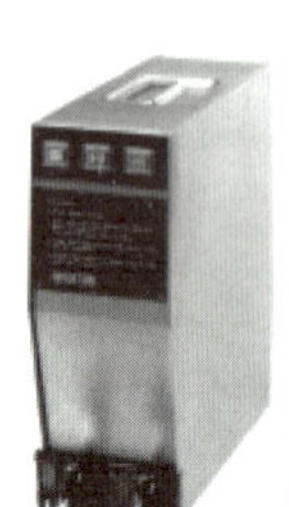

▶ Water Boiler

▶ Coffee Maker

5. 기내 식음료서비스 역할

객실승무원이 항공기 비행시간 대비 가장 많이 차지하는 일이 기내음료와 기내식 서비스이다. 승객이 피부로 느끼는 객실승무원의 역할은 자신들에게 음료와 기내식을 제공하는 것이라고 생각한다. 객실승무원 역시 기내의 여러 역할 중 외향적으로 드러나는 시간과 일의 양이 가장 많은 것이 기내 식음료서비스이다. 그리고 승객이 서비스 불만을 많이 갖게 되는 것도 기내 식음료서비스이다. 그러다보니 사람들은 객실승무원이 비행기에서 하는 역할이 오로지 기내 식음료서비스에만 있다고 생각한다.

객실승무원은 승객이 서비스만족을 높이기 위해 기내식의 종류와 특징을 잘 파악하고 있어야 하며, 각종 서비스물품에 대한 탑재 현황과 수량에 대해서 정확하게 파악하고 있어야 한다. 항공사가 규정한 서비스 절차에 맞게 적절한 시점에 정확한 서비스가 진행되도록 승무원 간의 협조와 정보 공유가 있어야 한다.

1) 비행 노선별서비스 범위 및 진행 절차

항공사는 비행기의 운항시간을 바탕으로 단거리, 중거리, 장거리 개념으로 비행기 운항노선에 따라 기내서비스 범위를 정한다. 서비스 범위는 기내 음료제공 방식, 기내식서비스 횟수를 정한다. 이에 따라 기내서비스의 진행 절차도 노선에 따라 다양한 방식으로 이뤄진다.

2) 기내 음료서비스 방식의 다양화

기내 음료서비스 방식은 노선과 클래스 그리고 운항시점에 따라 각기 다른 형태로 이뤄진다. 음료서비스는 크게 정식 음료카트Full SVC Cart, 서빙카트, 그리고 Tray Based 서비스로 나누어진다.

3) 기내 와인서비스

기내 음료서비스 중 가장 고급스런 서비스로, 승객의 만족을 주고 있는 것은 와인서비스이다. 기내 와인은 클래스별로 종류가 다르며, 노선에 따라서도 와인의 종류와 서비스방식이 달라진다.

4) 기내 특별식서비스

기내식은 정형화된 일반 기내식과 소수 승객이 사전 주문하는 특별 기내식이 있다. 항공사의 특별 기내식은 점차 종류가 다양화되어 특별식에 대한 정확한 이해와 지식이 있어야 한다. 기내 특별식은 종교, 건강, 어린이, 채식주의 등의 이유로 구성되어 서비스되고 있다.

5) 기내면세품 판매서비스

객실승무원은 국제선 비행근무에서 기내면세품 판매서비스 역할을 수행한다. 기내면세품 판매는 항공사가 고객의 입장에서 제공하는 특화된 서비스의 하나이다. 기내면세품의 종류와 수량은 항공기종과 항공기 운항노선에 따라 다르다. 객실승무원은 항공사가 선정한 품목에 대한 상품 이해와 특성, 그리고 가격에 대해 미리 익혀둔다. 항공사마다 기내면세품 판매방식과 규모가 차이가 있으며, 일부 항공사는 기내면세품 판매를 객실승무원 근무평가에 반영하고 있다. 해외 항공사들은 기내면세품 판매와 관련하여 환율계산 등 숫자에 능한 객실승무원을 채용하기 위해 지원자격에 숫자계산과 관련한 수학능력을 원하기도 한다.

6. 기내 위생청결 역할

객실승무원이 담당해야 할 역할 중에 기내 위생 및 청결상태 유지 및 점검이 있다. 객실승무원은 승객이 탑승하기 전에 빠트리지 않고 기내 점검을 하는 사항 중의 하나가 기내 청결상태이다. 비행기는 승객을 태우고 내리면 지체할 시간적 여유도 없이 곧바로 다음비행 일정에 들어간다. 따라서 기내는 언제나 불결할 수 있는 여건에 있다. 승객들의 건강과 쾌적함을 조성하는데 가장 큰 역할이 기내 청결과 위생상태 유지이다.

객실승무원은 화장실과 승객 좌석, 그리고 겔리 등에 대한 청소상태를 철저하게 점검하여 불결한 것은 미리 제거하는 역할에 충실해야 한다. 특히 화장실 청결은 비행 전부터 비행이 종료되는 시점까지 위생과 청결상태가 유지되어야 한다. 항공사는 화장실 청결을 위해 담당승무원을 배정할 정도로 화장실 청결은 항공사 이미지와도 직결되어 있다. 호주, 뉴질랜드, 영국, 프랑스 등 일부 국가는 기내 위생을 위해 자국으로 들어오는 항공기의 기내 방역을 아예 규정으로 두고 있다. 항공기가 자국 공항에 도착하기 전 기내에서 살충방역을 하였음을 증명하는 서류와 살충제를 뿌리고 난 빈 캔을 공항 검역직원에게 제시하도록 하고 있다.

Cabin Operation
Management

C H A P T E R 05

객실승무원의 임무 및 근무 형태

Cabin Operation
Management

객실승무원의 임무 및 근무 형태

1. 객실승무원 임무의 정의

객실승무원의 총체적인 임무Duty는 항공기와 승객에 대한 안전Safety을 보장하고 승객의 편안함Comfort을 제공하는 것이다. 객실승무원은 승객이 항공사를 이용하는 여러 과정 중에 가장 마지막으로 맞이하는 항공사서비스의 최일선에 있는 직원이란 점이 특징이다. 객실승무원은 승객이 항공사를 이용하는 경험 중에 가장 기억에 남고 항공사를 평가하는 결정적인 역할과 임무를 지니고 있다.

2. 객실승무원 임무의 배정

객실승무원은 비행근무 시 항공기내에서 담당구역과 업무에 대한 임무 배정Duty Assign을 받는다. 객실사무장은 객실브리핑 때 모든 승무원에 대한 임무를 부여한다. 임무 배정은 비행기 기종과 탑승객 현황, 객실승무원의 근무경력과 서비스 자격 등을 감안하여 일의 효율성을 높이기 위한 방향으로 적절하게 배정한다. 객실승무원은 배정받은 임무에 대한 책임을 가지고, 담당 구역의 승객 안전을 보장하고 계획된 서비스를 절차대로 시행한다. 담당 구역에서 발생되는 특이승객의 동향 및 승객의 요구에 대해서는 자신감을 가지고 적극적으로 대처한다.

임무 배정은 객실사무장 고유의 권한으로, 객실승무원은 특별한 사유가 없는 한 배정받은 임무를 수행하나, 갑작스런 승무원 교체 또는 기종 변경 등 부득이한 사정이 발생하는 경우에는 사무장은 탄력적으로 임무를 재조정할 수 있다.

3. 객실승무원 임무의 형태

객실승무원의 임무 중 가장 우선하는 것은 비행근무 전 객실브리핑에 참석하는 것이다. 객실브리핑에서 비행에 관한 정보를 취득하고 기내에서 담당할 임무를 부여받는다. 비행기에서는 자신이 담당하는 구역에 있는 승객들을 비행기 출발에서 도착할 때까지 안전과 편안함을 제공하는 일에 책임을 갖게 된다.

기내에는 객실승무원이 책임지고 담당해야 할 여러 형태의 임무Duty가 있다. 가장 일반적인 임무의 형태는 기내 클래스별로 나누어 배정되는 것과, 구역별로 나누어 배정되는 것이 있다.

1) 기내 클래스별 임무

- 일등석 시니어First Senior, 일등석 겔리First Galley
- 비즈니스 시니어Business Senior, 비즈니스 주니어Business Junior, 비즈니스 겔리Business Galley

2) 기내 구역별 임무

- 일반석 앞쪽과 뒤쪽을 나누어 임무Duty를 배정한다.
- 일반석 좌측통로Left Aisle와 우측통로Right Aisle를 나누어 임무를 배정한다.

(예) CL Duty : C Zone Left Aisle

DR Duty : D Zone Right Aisle

CG Duty : C Zone Galley

DG Duty : D Zone Galley

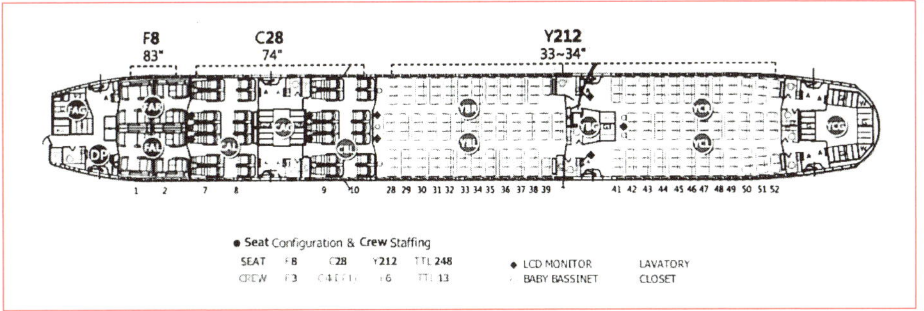

▶ B777-200 객실 임무배정 현황

객실승무원의 임무Duty는 크게 두 가지 형태로 구분된다. 첫째는 겔리Galley를 책임지는 임무이고, 또 하나는 통로Aisle를 책임지는 임무이다. 먼저, 겔리 임무는 겔리 내의 모든 서비스물품에 대한 종류와 수량 그리고 탑재 위치까지 파악하고 있어야 한다. 서비스 절차에 따라 기내에 승객에게 제공할 서비스를 미리 겔리에서 준비하는 일을 도맡아 한다. 가장 중요한 임무는 기내서비스의 흐름이 끊어지지 않도록 통로를 담당하는 승무원들을 지휘하고 이끌고나가는 것이다. 통로Aisle를 책임지는 승무원은 자신이 해야 할 일에 대해 스스로 점검하여 놓치는 일이 없도록 하고, 겔리 임무 승무원의 지시에 따르며 주변 동료승무원과의 협조를 통해 조화롭게 서비스가 이루어지도록 한다. 서비스 과정에 문제가 있을 시에는 겔리 임무 승무원에게 알려 조기에 조치가 될 수 있도록 한다.

3) 겔리 Duty 업무

① 비행 전 겔리 내 각종 설비의 정상 작동여부를 점검한다.
② 겔리 내에서 소음이 나지 않도록 유의한다.
③ 해당 비행편에 계획된 서비스 방식과 기내식(특별식 포함)을 확인한다.
④ 기내 겔리에 탑재되는 서비스물품의 종류와 수량을 파악한다.
⑤ 서비스 실시 전에 특이승객과 기내식에 대한 정보를 통로 담당승무원들에게 전달하며 공유한다.

⑥ 서비스 시점에 대하여 통로 담당승무원들에게 알려준다.
⑦ 서비스를 하는 도중에 모든 서비스가 절차대로 진행되는지 확인한다.
⑧ 서비스에 문제가 있는지의 여부를 통로 담당승무원으로부터 매번 확인한다.
⑨ 자체적으로 해결이 안 되는 문제가 발생 시 사무장에게 보고하여 협조를 구한다.
⑩ 계획된 서비스가 순조롭게 진행될 수 있도록 모든 준비작업을 한다.

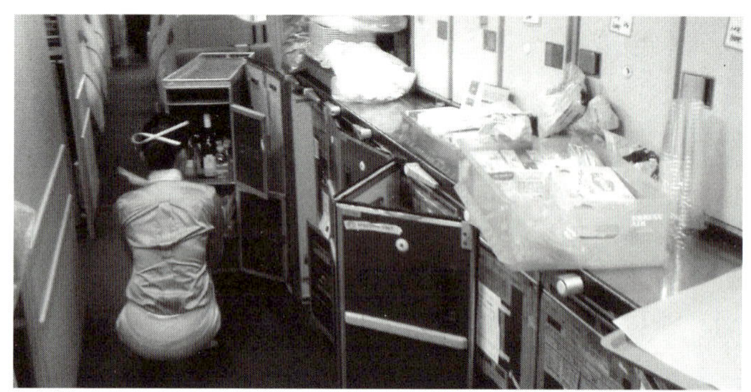

▶ 서비스물품을 확인하는 겔리 담당승무원

4) Aisle 담당승무원 업무

① 해당 비행편에 계획된 서비스방법과 기내식(특별식 포함)을 확인한다.
② 담당 구역의 특이승객에 대해 파악하고 승객 정보를 공유한다. 특이승객이란, 기내특별식 주문 승객, 유아동반 승객, 환자 승객, 탑승 시 불만 및 불쾌함을 표출한 승객 등을 말한다.
③ 서비스 과정에서 승객의 요구에 적극 응대한다.
④ 서비스를 받지 않은 승객이 없도록 주의한다.
⑤ 서비스 과정에 문제발생 시는 겔리 담당승무원에게 알린다.

5) 부가적인 임무 형태

객실승무원은 일반적으로 부여받는 임무Duty 이외에 부가적으로 특별한 임무를 배정받는다. 일반적인 임무가 주로 기내식 음료와 관련된 것이라면, 부가적인 임무는 기내식 음료서비스를 제외한 특정 업무에 대한 책임을 갖는 임무를 말한다. 기내의 특정한 부가적인 업무는 기내보안을 위한 무기 취급, 면세품 판매, 기내 방송 등이 있다. 이러한 업무를 책임지고 담당할 승무원을 지정하여 임무를 부여한다.

(1) 기내 방송담당

- 최상위 방송자격을 소지한 승무원
- 사무장이 주로 하는 안전과 기내 비정상에 관련한 방송 이외의 일상적인 방송을 담당한다.

기내 주요방송은 다음과 같다.

- Welcome 방송
- Seatbelt Sign Off 방송 : 좌석벨트 상시착용
- Turbulence 방송
- Approaching 방송
- Landing 방송
- Farewell 방송

(2) 기내 판매담당

- 기내판매 경력승무원
- 기내판매품 종류와 수량 확인한다.
- 기내판매 대금 보관 및 반납업무를 책임진다.
- 기내판매 재고파악 및 기내판매 일보를 작성한다.

[주] 일부 항공사는 기내판매 임무 외에 기내판매 전담 임무를 추가로 운영한다. 기내판매 전담 임무는 비행시간이 매우 짧은 노선에만 적용되며, 일상적인 서비스에는 참가하지 않고 오로지 기내판매에만 전념하는 임무를 지닌 승무원을 말한다.

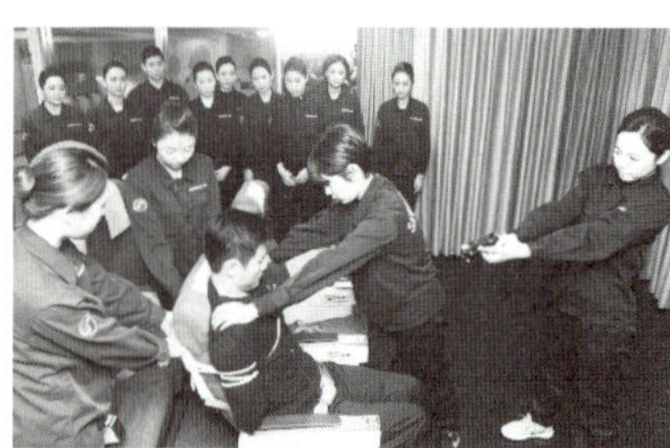

(3) 기내보안 임무

- 항공기내보안요원 자격승무원
- 기내 테이저Taser 수령 및 보관에 책임을 진다.
- 기내 테이저 출납대장을 기록한다.

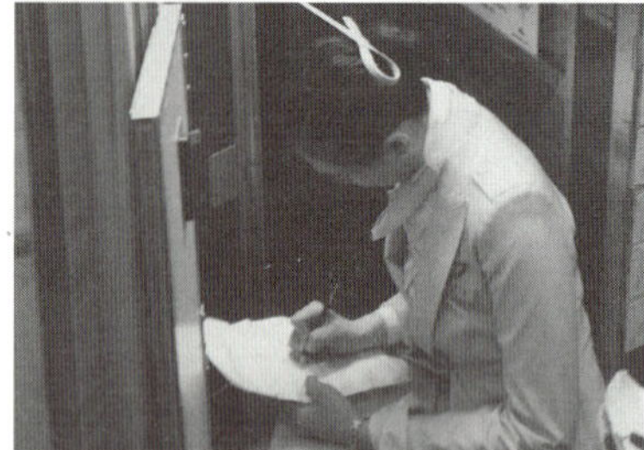

(4) 기내식 체크 임무

- 신입승무원을 제외한 승무원
- 기내식Meal 종류 및 탑재량을 확인한다.
- Special MealSPML 탑재 및 주문승객을 확인한다.

(5) 승객 환영인사 임무

- 신입승무원 및 최저 경력승무원
- 탑승구에서 승객에게 환영인사 및 탑승권을 확인한다.

4. 객실승무원 근무의 형태

객실승무원은 입사 후 2년은 객실승무원 인턴으로 근무하며, 인턴과정이 종료되면 비행근무평가를 근거로 정식 객실승무원으로 근무하게 된다. 객실승무원은 한 달 기준으로 비행근무 스케줄을 회사로부터 통보받는다. 우리나라 국내 항공사는 공통적으로 객실승무원에게 항공기 기종에 대한 자격제한을 두지 않고 있으며, 노선 역시 국내선 · 국제선을 구분하지 않고 비행근무 스케줄을 배정하고 있다.

신입승무원과 저경력승무원은 일반석에서 근무를 하게 되며, 2~3년 경과 후에는 소정의 서비스교육을 이수하여 비즈니스클래스와 퍼스트클래스승무원으로 비행근무를 한다.

객실승무원의 근무와 관련된 규정에는 여러 가지 내용이 있어, 객실승무원은 스케줄에 표기된 근무 형태를 정확히 인지하고 있어야 한다. 다음은 객실승무원 근무 규정과 관련된 용어별 정의에 대해 기술한다.

1) 근무 및 근무시간

근무란, 회사가 객실승무원에게 수행토록 요구하는 모든 임무로써 비행근무, 행정업무, 교육훈련, 편승 및 대기를 말한다. 근무시간이란, 객실승무원이 회사의 요구에 따라 근무를 시작한 때부터 근무가 끝나는 때까지의 시간을 말한다.

2) 비행근무시간

비행근무시간Flight Duty Period은 객실승무원이 비행 임무를 위하여 회사가 정한 장소에 출두한 시각부터 해당 임무가 종료된 시각까지 경과한 시간을 말한다(예 : 객실브리핑 시각부터 비행 종료 후 항공기가 정지한 시각까지).

3) 비행시간

객실승무원이 항공기에 탑승하여 소정의 업무를 수행하는 동안의 시간으로 항공기가 엔진을 시동하여 움직이기 시작한 시각부터 비행완료 후 항공기가 정지한 시각까지의 총시간을 말한다. 객실승무원이 비행 피로로 인하여 항공기 안전운항에 지장을 초래하지 않기 위하여 최대 비행시간Flight Time은 1개월에 120시간, 3개월에 350시간, 1년에 1,200시간을 초과[9]할 수 없다.

9 「항공법」시행규칙 143조2에 의거, 항공사는 객실승무원이 비행피로로 인하여 항공기 안전운항에 지장을 초래하지 아니하도록 월간, 3개월간 및 연간 단위의 승무시간 기준을 운항규정에 정하여야 한다. 이 경우 연간 승무시간은 1천200시간을 초과해서는 아니 된다.

4) 편승

편승Dead Heading은 객실승무원이 다음 비행근무를 위해 또는 비행근무를 마치고 할당된 업무 없이, 승무원 자격으로 공항과 공항 간을 자사 또는 타사 항공편으로 이동하는 것을 말한다.

【주】 편승 비행시간은 최대 비행시간에 포함되지 않는다.

5) 대기

어느 항공편에 승무원이 결원되거나 또는 부족할 경우를 대비하여 충원할 승무원을 미리 확보하기 위한 것으로, 회사는 충원을 목적으로 한 승무원에게 스케줄을 통해 대기근무를 명한다. 대기Stand By에는 공항 내 지정된 장소에서 대기하는 '공항 대기'와 거주지에서 대기하는 '자택 대기'로 구분한다.

C H A P T E R 06

객실승무원의 업무

Cabin Operation
Management

CHAPTER 06

객실승무원의 업무

객실승무원의 비행근무는 월 단위로 회사에서 작성한 비행스케줄에 의해 이루어진다. 객실승무원은 할당받은 월 단위의 비행스케줄을 사전에 충분히 인지하고 해당 비행편이 도래하는 일자가 오면 해당편에 대해 사전 비행에 필요한 정보와 교육받은 사항들을 스스로 점검하는 습관을 가지는 것이 좋다. 객실승무원이 비행근무할 항공편에 대한 안전과 서비스, 그리고 항공기 기종의 특성 등 제반사항에 대해 미리 알아두는 것이 해당편에 실제 근무할 시 원활하고 편안한 서비스가 가능해지고 승객의 서비스와 승무원에 대한 만족도를 높일 수 있다.

객실승무원의 업무는 기본적이고 일상적인 것이 대부분이나, 특정 해당편의 경우에는 별도의 업무가 추가되는 경우가 있다. 또한 객실승무원의 비행근무편이 부정기편이거나 전세기 비행일 경우에는 업무 내용이 달라질 수도 있다. 그러므로 객실승무원은 비행스케줄을 면밀히 파악하여 실제 해당편 근무 시 비행 업무에 차질이 없도록 주의를 기울여야 한다.

객실승무원이 비행근무에 나서는 초기단계부터 비행근무를 종료하는 마지막 단계까지의 업무절차는 회사가 규정한 '공항작업공정'이란 매뉴얼을 바탕으로 이뤄진다. 공항작업공정이란, 항공기를 정상적으로 비행 출발시간에 맞춰 운항하기 위해 객실승무원 뿐만 아니라 운항승무원, 정비사, 운송직원, 기내식 등 공항의 여러 관련 부서의 직원들이 짜여준 시간에 맞춰 항공기 운항 준비를 하는 일종의 업무시간표이다. 이 업무시간표에 맞춰 객실승무원은 항공기 정시운항에 문제가 없도록 시간대별로 해야 할 업무와 준비를 한다. 어느 한 부서에서 업무시간표대로 업무가 진행되지 않거나, 부서 간에 긴밀한 협조가 이뤄지지 않으면 항공기 운항의 정시성은 달성되지 못한다.

객실승무원의 업무절차 흐름도는 다음과 같다.

- 항공사 Show-up
- 객실브리핑 준비
- 객실브리핑
- 운항 · 객실 합동브리핑
- 항공기 Show-up 및 탑승
- 기내서비스물품 및 기내식 탑재 확인
- 기내 설비점검 및 청소상태 확인
- 기내 안전보안점검Pre-flight Check
- 승객 탑승인사 및 좌석안내
- 승객 브리핑
- 승객 탑승완료 기장통보
- 이륙준비 완료 기장통보
- 이륙 후 서비스 준비(Galley 브리핑)
- 기내 음료 및 기내식서비스
- 기내 면세품 판매
- 착륙 전 기내 안전활동
- 승객 하기인사
- 기내 유실물 확인
- 기내서비스물품 및 면세품 인수인계
- 객실 보고업무De-briefing

1. 비행근무 시작단계

1) 항공사 Show-up Sign

객실승무원은 비행근무를 위해 회사에 오면 먼저 브리핑 준비실에 비치되어 있는 객실승무원 전용인터넷Crew Net에 접속하여 Show-up 사인을 한다. Show-up 사인을 하는 목적은 회사가 비행근무 할 승무원이 왔는지 파악하고, 비행 결근을 한 승무원을 대신할 대체승무원을 신속하게 확보하기 위해서이다.

객실승무원은 Crew Net을 통해 최신의 비행정보 및 지시사항과 회사 소식을 습득하며 객실부서가 보낸 이메일 등을 체크한다. Show-up 사인을 위한 객실승무원의 비번은 타인에게 양도해서는 안 되며, 대리로 사인하면 회사정책을 위반하는 결과를 낳는다.

2) 객실브리핑 준비

객실승무원은 항공기 출발 전에 회사 규정에 의거 객실브리핑에 참가한다. 객실승무원은 브리핑에 참여하기 전에 해당 비행근무편에 대한 비행정보를 수집하고 필요한 서비스 사항에 대해 미리 파악한다.

객실브리핑 준비는 공식적인 업무에는 포함되지 않아 정해진 시간과 절차는 없다. 승무원 개인의 성향에 따라 자유롭게 비행 준비를 한다. 항공사는 객실승무원이 브리핑 준비를 할 수 있도록 비행 준비실을 갖추고, 컴퓨터와 프린터 등을 비치하여 객실승무원의 비행 준비를 지원하고 있다.

객실승무원은 한 달 단위로 비행스케줄을 부여받는다. 객실승무원의 근무 형태상 자신에게 부여된 스케줄의 비행근무편에는 매번 다른 승무원들을 만나 하나의 팀을 이루어 비행근무를 하게 된다. 서로 모르는 승무원끼리 하나의 비행근무편에서 성공적으로 업무를 완수하기 위해서는 비행근무 전에 철저한 준비가 필요하다. 비행근무의 성공여부는 객실승무원 각자가 얼마만큼 비행 준비를 잘 하였느냐에 달려있다 해도 과언이 아니다.

비행근무에는 알아야 할 비행정보가 많이 있다. 항공기 기종과 비행노선에 따라 수행해야 할 업무의 내용과 상황이 달라지는 것이 비행근무의 특수성이다. 예를 들면, 항공기 기종에 대한 지식을 사전에 파악해야 한다. 왜냐하면, 항공사가 보유한 항공기 기종이 여러 종류이기 때문에 비행노선에 따라서는 별로 타본 적이 없는 비행기를 만나는 경우가 많다. 국내 대형항공사의 경우에는 보유한 항공기 기종이 무려 10여 종에 달하기도 한다. 항공기마다 기내 구조가 다르고, 좌석수가 다르고, 겔리 구조가 다르기 때문에 비행근무 전에 항공기에 대한 정보를 습득하지 않고서는 기내에서의 근무가 원활하지 않다.

항공사에서는 기종에 대해 친숙화Familiarization 교육을 시행하고 있다. 객실승무원은 비행근무 전에 이러한 교육을 받은 항공기 지식을 다시 한 번 확인하고 브리핑에 임해야 한다. 브리핑 준비에서 중요시 하는 정보 중의 하나가 승객에 관한 것이다. 항공기에 탑승하는 승객 전체의 수와 특별식을 주문한 승객현황, 그리고 특별하게 다뤄야 하는 승객들에 대한 사전 정보를 충분히 확보하고 이에 대한 응대 규정과 절차를 재확인해야 한다. 기내에서 가장 많이 문제를 제기하는 고객층이 바로 특별승객으로 분류하고 있는 승객들이다. 그러한 특별승객으로는 장애인승객, 유아동반승객, 특별기내식 주문승객, 상용고객, 비동반소아승객 등이 있다.

다음으로 브리핑 준비에 중요하게 여기는 것은 목적지에 관한 정보이다. 항공기 운항의 목적지 국가에 대한 입국정보 및 환승정보에 대하여 정확하게 알 수 있도록 준비해야 한다. 승객들이 기내에서 궁금해 하면서 객실승무원에게 자주 도움을 청하며 질문을 하는 것이 입국에 관한 정보이다. 입국하는데 문제가 될 소지가 있는 것은 없는지 질문하며, 승무원은 정확하게 안내를 하여야 한다. 객실승무원은 부여된 비행스케줄에 한 번도 비행 경험을 갖지 못한 비행편수가 있기도 하고, 어떤 비행근무편수는 비행 경험은 있으나 오래되어 비행근무 당시를 기억하지 못하는 경우도 있다. 그런 경우일수록 브리핑 준비를 더욱 철저하게 할 필요성이 있다. 객실브리핑 준비는 객실승무원의 성실도와 책임감을 드러나는 과정이 되기도 하여, 객실승무원에게는 매우 중요한 시점으로 여기고 있다.

(1) 객실브리핑 준비 필요성

- 함께 근무할 객실승무원이 매번 다르다.
- 항공기 기종이 매번 다르다.
- 자신에게 부여되는 임무가 매번 다르다.
- 비행노선이 매번 다르다.

(2) 객실브리핑 준비사항

- 항공기 기종
- 항공기 출발 및 도착시간
- 승객 예약현황(클래스별 승객 인원수) 및 승객 예약률
- 객실승무원 임무현황
- 기내 특별식 주문 승객현황
- 특별관리Special Handling 승객현황(VIP 승객, 상용고객, UM, 장애인 승객, 베시넷 신청 승객 등)
- 승무원 입국서류 및 승무원 명단 리스트
- 최근 공지 및 지시사항

3) 용모점검

객실승무원은 비행근무에 앞서 자신의 용모와 복장에 대해 스스로 점검하고 확인하는 과정이 필요하다. 승무원으로서의 용모Appearance가 회사 규정에 적합한지 확인한다. 과도한 장식물 노출과 냄새가 자극적인 향수는 가급적 사용을 금한다. Hair-do와 메이크업Make-up은 비행근무가 종료될 때까지 유지될 수 있도록 깔끔하게 처리되었는지 확인하며 유니폼과 에이프런, 명찰, 구두와 같은 외형적인 복장 상태도 꼼꼼

히 체크한다. 객실승무원의 단정한 용모는 항공사의 상징적인 이미지로써 승객이 서비스만족도를 평가할 때 중요한 요인으로 작용하고 있다.

4) 객실브리핑

객실승무원이 비행근무 전에 하는 공식적인 최초의 업무가 객실브리핑Cabin Briefing 이다. 객실브리핑은 이전에 한 번도 같이 근무해 보지 못한 처음 만나게 되는 객실승무원들 간의 팀워크를 다지며 서로를 알아가는 시간이기도 한다. 동료승무원의 근무경력과 직급, 서비스 자격과 경험 등을 파악하고 기내에서의 상호 협조와 의사소통을 원활히 하는 약속과 다짐을 시간으로도 활용된다.

객실브리핑의 시간과 장소는 국제선과 국내선을 구분하여 항공사마다 달리 적용하고 있다. 객실브리핑 시간은 국제선의 경우 보통 항공기 출발 2시간 전이며, 국내선은 출발 1시간 10분 전에 회사가 지정한 장소에서 실시한다. 해외에서 들어오는 항공편의 객실브리핑은 통상 체류호텔에서 실시한다.

객실브리핑은 객실사무장이 주관하며 약 15~20분간 진행되는데, 같이 비행근무할 동료승무원 인원 확인과 각자의 소개부터 시작된다. 이어서 용모체크를 실시하며 각 승무원의 기내에서의 임무Duty를 배정하여 근무 위치와 전담업무를 확인한다. 그리고 안전매뉴얼과 여권, 승무원등록증, ID Card 등 승무원의 필수휴대품 소지 여부를 확인한다. 회사의 특별 공지사항 전파와 서비스절차 재확인, 특별 승객현황 및 승무원 간에 협조해야 할 사항에 대해 정보를 공유하고 필요에 따라 객실사무장의 지침사항도 전달한다.

객실브리핑은 동일한 승무원과 동일한 항공기 기종으로 비행근무를 하는 것을 전제로 한 번만 실시함을 원칙으로 하나, 만약에 승무원이 변경되거나 기종이 변경되는 경우에는 객실브리핑을 추가로 실시한다.

(1) 브리핑 기술Briefing Skill

객실승무원은 비행노선의 특성을 잘 파악하고, 브리핑의 주된 목적에 대하여 항상 인식을 하고 있어야 한다. 효과적인 브리핑이 되기 위한 'A, B, C Rule'이 있다.

① 적합성Appropriate

객실브리핑은 해당 비행편의 목적지에 적합한 정보 위주로 브리핑을 한다. 브리핑은 해당편에 부합되는 상세하고 특정적인 내용들을 강조한다. 브리핑에서 일반적이고 늘 똑같은 내용들만을 위주로 하기보다는, 해당편의 노선 및 승객의 특징에 대해 중점하여 브리핑이 진행되어야 한다. 예를 들면, 미주노선의 비행편에서는 미주노선에 적합한 브리핑을 한다. 그러한 것에는 「장애인차별금지법」 및 활주로 지연Tarmac Delay에 대하여 상세하면서도 반드시 숙지하고 이행하여 할 사항들을 중점적으로 브리핑을 한다.

객실승무원은 브리핑 준비 단계에서 해당편 노선에 대한 특성과 구체적인 정보를 많이 확보하며, 브리핑 시에는 동료승무원과 상호간에 노선 특성 정보에 대하여 공유한다. 객실사무장은 노선 특성뿐만 아니라 회사에서 강조하고 있는 노선에 대한 특별한 내용에 대하여서도 객실승무원에게 전파 및 필요시 교육을 한다.

브리핑 시 비행노선별 특성

노 선	특성 및 중점사항
미주노선	• 항공여행 「장애인차별금지법」 • Tarmac Delay 규정 숙지 • On-board Wheelchair 탑재 확인 • 입국서류 작성법 숙지
유럽노선	• Meal Choice 관련 승객 불만 • 유럽 현지공항 기내 보안점검 자주 실시 • 기내 환자승객 발생률 높음
동남아노선	• SPML 승객 많음으로 Meal 서비스 주의 • 입국서류 작성 협조요청 승객 많음 • 유 · 소아 승객이 많이 탑승함
대양주노선	• 세관신고서 작성 협조요청 승객 많음 • Turbulence 자주 발생함 • 기내 Sider Order 승객 많음 • 기내서비스 관련 불만승객 많음
중국노선	• 항공기 비정상 운항 자주 발생(Delay) • 중국승객 언어적 장애로 대화의 어려움 발생 • 한국인승객 기내판매품 주문 많음
일본노선	• 짧은 비행시간으로 신속한 서비스 진행 • 녹차 주문 일본인승객 많음

용어정리 : Tarmac Delay Rule

미국은 2010년에 항공승객 권리를 보호하기 위한 '항공 여객의 보호증진에 관한 법규(Enhancing Airline Passenger Protections)'를 제정하였고, 이 법규에 따라 항공기가 활주로에서 장시간 동안 오도 가도 못하여 발생되는 승객의 불편을 방지하기 위한 활주로 지연 규정(Tarmac Delay Rule)을 만들었다. 이 규정은 장시간 활주로 지연과 관련하여 국내선 3시간, 국제선 4시간을 초과하는 활주로 대기 금지, 활주로에서 2시간 이상 대기 시 승객에게 물과 음식 제공, 화장실과 의료서비스 상시 제공, 지연발생 최초 30분과 이후 매 30분 간격으로 기내 안내방송을 실시하도록 하였다. 항공기의 장시간 지연 이륙을 초래하는 원인으로는 일단 악천후 등 기상요인이 가장 큰 것으로 분석됐다. 여기에 기체결함 및 포화상태에 이른 일부 공항의 운송능력 및 시대에 뒤떨어진 항공운송 통제시스템도도 일부 원인으로 작용하고 있다. 항공사가 이 규정을 위반하였을 시는 승객 일인당 $27,500의 벌금을 물도록 하였다.
우리나라 국토교통부는 2016년 7월부터 미국의 Tarmac Delay Rule 제도를 그대로 도입하여, 국제선 항공기에 탑승한 상태로 활주로 등 공항 이동지역 내에서 4시간 이상 대기하는 것이 금지된다. 이를 위반할 경우 「항공법」에 따라 500만 원 이하의 과태료가 부과된다.

싱가포르항공사의 Tarmac Delay Rule 승객 안내문

1. 항공기가 미국공항의 활주로 상에 머무르는 시간이 4시간을 초과하는 경우, 탑승객들에게 비행기에서 내릴 기회를 드립니다(보안이나 안전상 문제가 있는 경우는 예외입니다).
2. 항공기가 활주로 상에 있는 경우, 항공기가 게이트를 출발하거나 착륙한 시점으로부터 늦어도 2시간 이내에 적절한 음식 및 식수를 제공해드릴 것입니다. 단, 안전이나 보안상의 이유로 그러한 서비스가 불가능한 경우는 예외입니다.
3. 활주로에서 대기하는 동안 이용 가능한 화장실 시설과 적절한 의료적 조치를 제공해 드릴 것입니다.
4. 지연 이유가 밝혀진 경우 그 이유를 포함해 30분마다 한 번씩 지연 상황에 대해 승객들에게 알려드릴 것입니다.
5. 활주로 지연 시간이 4시간을 초과하기 전에 승객을 모두 내릴 수 있도록, 싱가포르항공이 운항하는 각 미국 공항 및 정규 변경 목적지 공항에 배치되어 있는 공항 당국, 미국 CBP(Customs and Border Protection : 세관국경보호국) 및 TSA(Transportation Security Administration : 교통보안청) 담당자와 조율해 두고 있습니다.

자료 | 싱가포르항공사 홈페이지

② 간결성Brief

브리핑은 원래 단어의 뜻대로 간결하게 진행되어야 한다. 브리핑 시 너무 많은 내용을 다루다보면 정작 중요한 포인트를 인지하지 못하는 결과를 초래할 수 있다. 객실사무장은 주어진 브리핑 시간에 강조되어야 하는 중점사항을 일목요연하게 정리하여 진행하고, 필요시 질의응답을 통해 객실승무원이 정확하게 인지하고 있는지를 확인한다. 객실브리핑 시간은 국내선의 경우 10분 이내로 하며, 국제선은 25분 이내로 하는 것이 통상적이다. 짧은 브리핑 시간에 다뤄야 할 브리핑 내용이 많은 만큼 브리핑을 간결하게 하면서도 승무원들이 충분하게 비행정보를 인지하도록 하는 것이 브리핑의 관건이다.

③ 명확성Clear & Concise

객실브리핑은 모든 승무원이 잘 이해하고 인식되도록 명확한 내용을 가지고 진행을 하여야 한다. 기내 안전과 서비스의 수많은 규정과 절차에 대해 명확하지 못하면, 기내에서 승객 응대 시 큰 혼선을 야기하고 승객에게는 잘못된 정보를 안내하여 불편을 끼치게 된다. 객실브리핑은 상호 활발한 의사소통 속에 진행되어야 하고, 객실사무장은 객실승무원 모두가 참여하는 환경을 만들어 객실브리핑의 주체가 되도록 격려한다. 객실사무장 일방의 브리핑이 아닌 객실승무원 모두의 참여는 명확하고 간결한 비행정보를 공유하는데 효과를 가져다준다.

(2) 객실브리핑 환경 조성

객실브리핑은 최고의 성과를 낳게 하는 가장 중요한 요소로 작용하고 있다. 비행근무에 앞서 잘 준비되고 객실승무원 모두가 자발적으로 참여하는 브리핑은 비행근무에 성공적인 결과를 가져다주며 승객에게는 편안하고 만족하는 비행이 되도록 만들어 준다. 객실브리핑이 잘 이뤄지기 위해서는 객실승무원들이 능동적으로 참여할 수 있는 브리핑 환경을 만들어 주는 것이 중요하다.

- 전문적이고 친숙한 언어 사용

- 다른 승무원의 발언에 경청하며 끼어들지 않음
- 궁금한 사항에 대해서는 자유로운 질문을 함
- 언제든 정보교환과 아이디어 공유
- 객실승무원 간에 격려하는 분위기

브리핑 이야기

항공사 객실승무원이라면 누구를 막론하고 항공기 출발 전부터 가장 긴장하며 신경 쓰이는 것이 객실브리핑이다. 브리핑 시작 몇 시간 전에 회사에 일찍 출근하여 브리핑 준비를 열심히 해도 막상 브리핑 시간이 되면 왠지 모를 불안한 마음까지 들게 한다.

아주 오래 전 K항공사의 브리핑은 객실사무장 단독으로 진행을 하는 방식이었다. 사무장이 자기 취향에 맞게 일방적으로 안전과 서비스 분야 가릴 것 없이 혼자서 이야기하고, 승무원들은 그저 듣기만 하였다. 여기에 사무장은 승무원들에게 질문을 마구 해대어 대답을 못하는 승무원은 아주 혼쭐이 날 정도로 엄숙하다 못해 무서운 분위기의 연속이었다. 이런 식으로 객실브리핑을 사무장 혼자 진행하다보니 승무원들이 수동적이 되고, 스스로 비행 준비하는 능력을 갖추지 못해 비행 경력이 쌓여도 능숙하게 승객응대를 못하는 현상이 벌어졌다. 이런 문제점을 타개하기 위해 2003년에 일명 '참여 브리핑'이라는 새로운 브리핑제도를 도입하여, 갓 입사한 신입승무원까지 포함하여 모든 승무원이 브리핑 때 각자 아는 대로 비행규정과 절차, 개인적인 의견을 발표하게 하였다.

참여브리핑 제도 이후 객실승무원의 브리핑에 대한 자세가 많이 달라졌다. 지금 이 순간에도 브리핑실로 향하는 승무원의 손에는 밤새 열심히 준비한 비행 정보와 기내에서 해야 할 일에 대한 자세한 내용들이 빼곡히 적혀 있는 비행노트가 들려져 있다.

(3) 객실브리핑 내용

① 승무원 인원 확인 및 승무원 소개

- 객실승무원은 각자 자신의 이름, 임무Duty를 소개한다.
- 신입승무원의 경우는 근무개월 수와 해당 비행편 근무경험 여부를 밝힌다.

② 비행 필수휴대품 확인

- 비행 근무에 필수적으로 소지하여 할 여권, 항공사 발급 IDIdentification Card카드,

안전매뉴얼, 승무원등록증[10]을 반드시 확인한다.

- 특히 여권과 항공사 ID카드가 없는 승무원의 경우에는 비행근무를 할 수가 없다. 이때에는 객실편조팀에 통보하여 대체승무원을 확보한다.
- 안전매뉴얼을 소지하지 않은 승무원은 객실사무실에 보관 중인 안전매뉴얼을 대여 받고 비행 후에 반납한다.
- 승무원등록증은 관행상 비행 근무에는 영향은 없으나, 인천공항 등 국내공항 출입 시에는 반드시 소지하여야 한다.

③ 기종과 기번 인식

- 항공사가 보유하고 있는 기종의 다양성으로 해당 비행편의 기종에 대하여 특성을 파악한다.
- 기종별로 차이가 있는 기내 설비에 대해 파악한다.

④ 기내 임무 배정과 점프시트 확인

- 객실승무원은 임무에 따른 점프시트Jump Seat 위치를 확인한다.

⑤ 비상장비 점검, 비상구 작동법, 비상절차 확인

- 점프시트Jump Seat 주변의 비상 장비를 파악한다.

⑥ 관련 비상 절차의 확인

- 비상사태(비상착륙, 비상착수, 감압현상, 기내화재, 동체착륙 등)에 따른 비상 절차에 대해 파악한다.

⑦ 비상시 각 개인별 행동절차 확인self review

10 승무원등록증(Crew Registration Card)은 우리나라 항공사 승무원임을 증명하는 신분증으로, 법무부의 공항출입국사무소에서 발급한다. 승무원등록증이 있어야지만 인천국제공항의 게이트 출입을 할 수 있다.

⑧ 승객 예약 현황
⑨ 주의가 요구되는 특별승객 정보Special Handling Passenger
⑩ 목적지 국가의 입국절차 및 필요서류 확인
⑪ 최근 회사 업무지시 및 공지사항

객실브리핑 실패 사례

아주 오래 전 제주에서 출발하여 대만 타이베이로 가는 전세기 항공편의 일이다. 먼저 홍보실에서 난리가 났다. 대만의 유력 일간지에 전세기에서 기내식을 서비스하지 않아 승객들이 서비스에 불만이 크다는 기사가 난 것이다. 전세기에는 제주여행을 단체로 하고 돌아가는 대만인 승객들이 타고 있었다. 비행시간이 2시간 남짓한 이날 비행기에는 승객들에게 기내식을 서비스하지 않은 것이다. 원인은 객실승무원이 비행기에 기내식이 실리지 않은 것을 간과하였기 때문이었다. 제주공항의 기내식 담당자 역시 비행기에 기내식을 실어주지 않았다. 객실승무원과 기내식 직원 양측 누구도 이 전세기편에 기내식을 서비스하여야 하는지에 대해 모르고 있었던 것이다. 객실사무장은 제주공항에서 하는 객실브리핑을 대충 한 것이었다. 전세기편에 서비스해야 할 것이 무엇인지 파악하지 않았고, 객실승무원들도 사무장이 기내식에 대해 아무런 언급을 하지 않은 것에 문제 제기를 하지 않았다. 자초지종을 알게 된 홍보실에서 대만의 전세기 승객들에게 공식으로 사과하는 것으로 다행스럽게 일단락되었다. 이 사례는 객실브리핑이 얼마나 중요한지에 대한 본보기로 두고두고 회자되었다.

5) 합동브리핑

객실브리핑Cabin Briefing이 종료되면 객실승무원은 지휘기장PIC : Pilot in Command[11]이 주관하여 실시하는 합동브리핑Joint Briefing에 참석한다. 합동브리핑 시간은 국제선의 경

11 PIC(Pilot in Command)는 회사로부터 지정된 기장으로 항공기 문이 닫힌 시점부터 모든 승무원, 승객, 화물 및 우편물의 안전에 대한 책임을 갖는다.

우 보통 항공기 출발 1시간 10분 전에 하며, 국내선은 55분 전에 실시한다. 합동브리핑 시간은 객실브리핑과 마찬가지로 항공사마다 항공사 여건에 따라 규정이 조금씩 다르게 적용한다.

기장은 항공기 운항 상황[12] 및 항공기로 이동하는 시간이 여유치가 않은 상황 등을 고려하여 브리핑 장소와 시기를 조절하거나 객실사무장에게만 별도로 브리핑 할 수도 있다. 합동브리핑 장소는 항공사마다 차이가 있으며, 주로 항공사 건물 내에서 하는 경우와 비행기에서 하는 경우로 나눌 수가 있다. 특히 해외에서 들어오는 비행편은 항공기내 또는 항공기가 주기된 공항 탑승 게이트 앞에서 한다. 국내선은 짧은 운항 시간의 영향으로 주로 항공기내에서 하는 경우가 많다.

또한 PIC는 출발시간이 충분하지 않은 경우, 동일 객실승무원으로 연속 비행하는 경우, 일반적인 사항에 대하여 미리 브리핑 완료 시에 운항 상황을 고려하여 브리핑 장소나 시점을 조절할 수 있으며, 전체 객실승무원에게 할 여건이 되지 않으면 객실사무장에게만 브리핑 할 수 있다. 이때 기장으로부터 단독으로 브리핑을 받은 객실사무장은 기장을 대신하여 객실승무원 모두에게 브리핑 내용을 전파하여야 한다.

(1) 합동브리핑 내용

- 계획된 비행시간, 고도, 항로
- 항로상 및 목적지 기상상황(예상되는 Turbulence 고도, 시간)
- 기내 보안사항(회사 보안 공지사항 및 조종실 출입절차 등)
- 안전사항(좌석벨트 운영 방법)
- 비상 절차(이륙 전 위험상황 발생 시 표준 신호 및 기장 방송)
- 기장과 객실승무원 간의 협조사항

12 출발시간이 충분하지 않은 경우, 동일 객실승무원과 연속해서 비행하는 경우 등이다.

(2) 합동브리핑 장소

- 항공사 건물 브리핑실
- 항공기내(승객 탑승 전)
- 공항 출발 게이트 앞
- 체류 호텔(Crew Lounge, 로비)
- 공항 이동 승무원버스

6) 항공기 Show-up 및 탑승

▶ 항공기 Show-up

객실승무원은 회사가 규정한 시간에 항공기에 Show-up하여야 한다. 항공기 Show-up 시간에 늦을 경우에는 기내 준비시간이 부족하게 되며, 자칫 승객 탑승이 지연되는 상황을 초래할 수 있다.

항공기 탑승 시각은 국제선과 국내선이 다르며, 국제선은 통상 항공기 출발 1시간 전으로 하며, 국내선은 항공기 출발 35분 전에 한다. 항공기 탑승 시각은 객실사무장의 판단에 따라 앞당겨질 수도 있다. 항공기 Show-up은 규정대로 하였으나, 항공기가 연결편 관계로 도착이 지연되는 경우는, 가능하면 항공기가 도착할 장소 근처에서 대기한다.

(1) 객실승무원 짐 기내 보관

항공기에 탑승한 객실승무원은 각자 담당 클래스로 이동하여 회사가 규정한 지정된 장소에 짐을 보관한다. 상위 클래스 승무원은 주로 코트룸Coatroom에 짐을 보관하게 되는데, 이때에는 승객의 의류가 손상되지 않도록 주의하며, 특히 비상장비가 보관되어 있는 주변에는 짐을 놓지 않도록 유의한다. 일반석 승무원은 기내선반Overhead Bin에 짐을 놓을 시 승객이 사용할 수 있는 공간을 침해해서는 안 된다. 따라서 객실승무원의 짐은 각 구역별 최후방 좌석 하단, 기내선반, 코트룸에 보관한다.

2. 승객 탑승 전 항공기내 준비단계

1) 기내서비스물품 및 기내식 탑재 확인

객실승무원은 항공기에 탑승하면 승객 탑승 전까지 비행준비 작업에 들어간다. 가장 먼저 객실승무원이 확인하는 것이 해당편 기내서비스물품 및 기내식 탑재 확인이다. 객실승무원은 각자 부여받은 임무에 따라 서비스준비 작업을 한다. 객실브리핑 때 확보한 승객 예약 정보를 바탕으로 필요한 서비스물품과 기내식이 탑승객 수에 맞게 탑재되었는지를 확인한다. 서비스물품은 종류가 다양하여 일일이 점검하여야 하며, 부족한 경우에는 탑재 요원(기내식 책임자)에게 알려 조치를 받는다. 서비스물품은 클래스별로 확인하며 서비스기물 역시 일일이 점검 확인해야 한다.

기내식은 일반정규식과 함께 특별기내식SPML도 주문 승객이 요청한대로 탑재되었는지 정확하게 확인한다. 이 모든 과정에서 실수가 있거나 확인이 제대로 이뤄지지 않으면 비행 도중 승객서비스에 큰 곤혹을 겪게 된다. 객실승무원은 각자 맡은 준비 작업이 끝나면 최종적으로 이상 유무를 객실사무장에게 보고한다.

(1) Meal Check 담당승무원

- 일반석에 탑재된 일반정규식과 특별식SPML의 수량 확인
- 장거리 노선 간식의 탑재 확인
- 와인, 땅콩, 생수의 탑재 확인
- 헤드폰 탑재 확인
- 다음 팀 인계용 서비스물품의 수량 확인
- 특별승객 제공 서비스물품 확인(어린이승객 기념품Giveaway, 임신부 제공 물품)

(2) 상위클래스 겔리 담당승무원

- 기내식 종류 및 수량 확인
- 서비스 기물 확인

- 각종 소스 및 고추장의 탑재 확인
- Amenity Kit 수량 확인
- 헤드폰 탑재 확인

(3) 기내면세품 판매 담당승무원

- 기내면세품용 Sales Money 수령
- 기내면세품 인수인계
- 사전 주문승객 물품 탑재 확인
- 기내 Red Seal 및 기내면세품 판매일보 탑재 확인

(4) 기내 신문 및 화장실용품 세팅 담당승무원

- 기내 신문 차림(비행기 탑승 입구 및 기내잡지 Rack)
- 일반석 화장실용품 비치

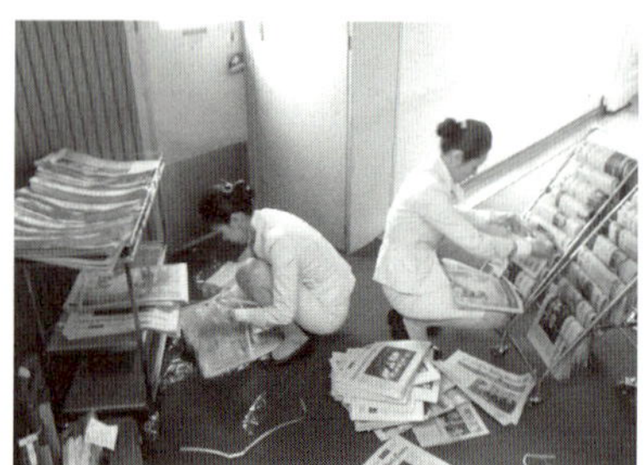

2) 기내 설비 점검

객실승무원이 하는 업무 중에 중요한 것이 기내 설비에 대한 사전 점검이다. 점검해야 할 기내 설비는 좌석, AVOD, 겔리, 기내 방송, 화장실 등이다. 객실승무원은 담당 구역별로 이들 설비들의 작동 상태가 정상인지를 확인한다. 객실승무원은 문제가 발견된 설비에 대해 객실정비사에게 통보하여 승객 탑승 전에 복구될 수 있도록 조치를 요청한다. 문제 해결이 정해진 승객 탑승시간까지 어려워지면 고장 상황에 따라 승객 탑승이 지연되기도 한다.

객실사무장은 기내 설비의 정상작동 점검에 대한 책임을 가지고 있다. 기내 설비가 안전과 관련되는 것인지, 아니면 서비스와 연관된 것인지를 구분하여 승객 탑승 여부를 결정한다. 만약에 안전과 관련된 설비, 즉 좌석 등받이 고장, 기내 방송 고장 등은 기장에게 반드시 통보하여야 한다. 안전과는 연관성이 없는 서비스와 관련된

설비로는 AVOD, 겔리 장비, 화장실 등이 있으며, 이러한 서비스 관련 설비 고장이 있을 경우에는 기장에게 통보 없이 객실사무장이 인지한 상태에서 객실정비사에게 통보하여 조치를 받으며 승객 탑승은 정상적으로 이뤄진다.

(1) 기내설비 고장 발견 시 조치사항

① 안전 관련 설비의 경우(좌석작동 불능, 좌석벨트 고장, 기내 방송)

- 객실정비사에게 복구조치를 요청한다.
- 기장에게 통보한다.
- 기내 캐빈 로그Cabin Log에 기재한다.
- 복구조치 불가 시 운송직원에게 통보하여, 해당 좌석을 Block 조치한다.
- 모든 승무원이 정보를 공유한다.
- 비행근무 종료 후 캐빈 리포트Cabin Report를 작성한다.

② 서비스 관련 설비의 경우(AVOD, 겔리, 화장실, 기내 온도 및 조명)

- 객실정비사에게 복구조치를 요청한다.
- 복구조치 불가 시 회사 규정에 의거하여 그대로 비행한다.
- AVOD 고장인 경우 운송직원에게 통보하여 해당 좌석 승객에게 사전 양해를 구한다(필요 시 좌석변경 조치한다).
- 화장실이 고장인 경우, 해당 화장실 사용을 금지하는 안내 스티커를 화장실 문에 붙이고 화장실 문을 잠근다.
- 모든 승무원이 정보를 공유한다.
- 비행근무 종료 후 캐빈 리포트Cabin Report를 작성한다.

(2) 기내 설비별 구체적 점검 내용

① 승객 좌석

- 좌석등받이 Recline 상태
- 좌석벨트 비치여부

- 좌석 Tray Table 기우림 상태
- 좌석 스크린 작동 상태
- 좌석 핸드셋 PSUPassenger Service Unit[13] 작동 상태

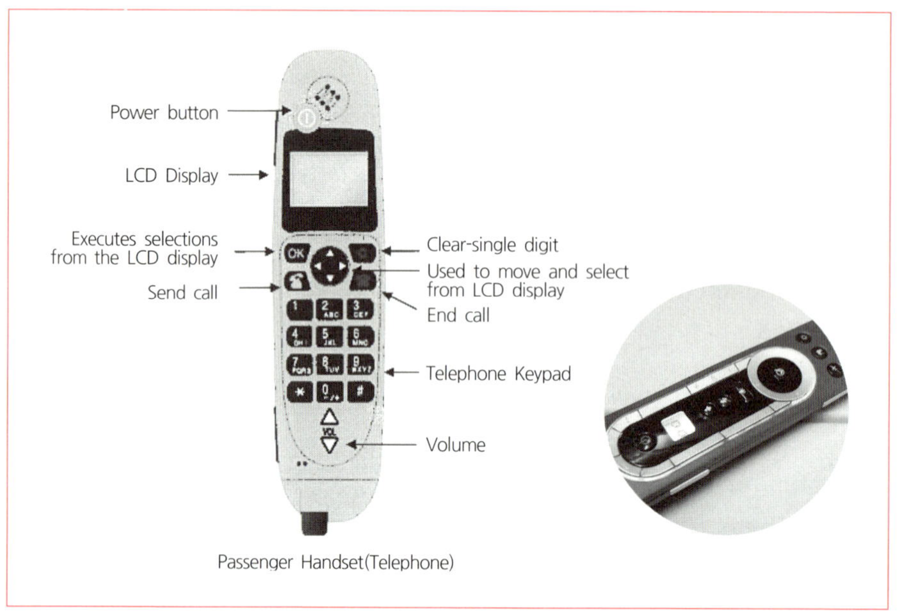

▶ AVOD 핸드셋

② AVOD시스템

- 기내 전 클래스 좌석 AVOD 작동상태
- 기내 영화 화면 상태
- 기내 음악 끊김 상태

13 PSU(Passenger Service Unit)는 좌석에 비치된 핸드셋의 다양한 기능을 나타내는 승객의 편안함과 즐거움을 제공하는 시스템 명칭으로, 핸드셋은 리모트 컨트롤 기능을 갖고 AVOD의 on-off 버튼, 기내 영화, 음악채널 선택 버튼, 음량조절 버튼, 독서등 버튼, 승무원 호출 버튼, 게임시작 버튼 등이 있다.

③ 겔리장비

- 기내 오븐 작동 상태
- 커피메이커 작동 상태
- Water Boiler 작동 상태
- Water Shut Off Valve 작동 여부
- 압축쓰레기통 작동 여부

④ 기내 방송시스템

- 기내 방송 작동 상태
- 기내 방송 음량 조절
- PRAM 작동 여부

⑤ 기내 온도 및 조명

- 기내 온도 적정성 여부(섭씨 24±1℃)
- 기내 조명 작동 여부(Ceiling, Wall Side 등)

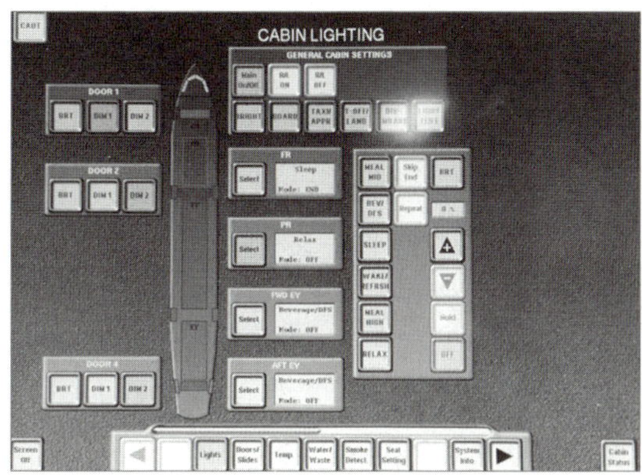

▶ 기내조명 패널

⑥ 기내 화장실

- 화장실 물 작동

- 화장실용품 비치 상태
- 화장실 Flushing 작동

(3) 기내 청결상태 점검 내용

- 승객 좌석 및 Seat Pocket
- 승객 좌석 Tray Table
- 기내 통로 바닥
- 기내선반Overhead Bin 손잡이
- 화장실 거울 및 바닥
- 겔리 바닥

(4) 기내 탑재 Water

객실사무장은 비행기에 탑승하면 비행시간과 탑승객 수에 맞게 기내 탑재 Water이 탑재되었는지 반드시 확인한다. 항공사는 국제선과 국내선을 구분하여 기종별로 비행시간과 탑승객을 기준으로 기내 탑재 Water 탑재량을 제한하고 있다. 휴대용 물 탑재 기준을 규정화하여 운영하는 것은 항공기 연료절감 차원에서 비롯되었다.

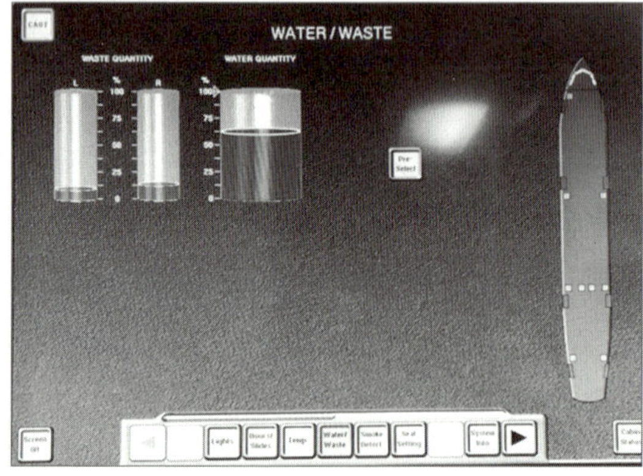

▶ Water / Waste

 용어정리 : MEL(Minimum Equipment List)

항공기에 운항과 객실 관련 설비에 고장이 발생되어 복구가 안 될 시 항공기를 고장 난 상태에서 계속 운항을 해도 되는지에 대한 기준을 제공하는 매뉴얼을 말한다. 항공기는 설비고장 시 안전운항을 위해 최소한의 대체 설비시스템을 가지고 있는 것이 원칙이나, 그렇지 못한 상황이 있는 경우에 대비하여 기장이 최종적으로 판단할 수 있도록 참고하는 것이 MEL이다. 안전과 관련된 설비에 대해서는 이중, 삼중의 대체 기준을 마련하여 안전운항이 이뤄지도록 MEL이 작성되어 있다. 그러나 객실의 서비스 관련 설비들은 MEL에 영향을 받지 않아 객실서비스 관련 설비가 고장이 나도 항공기 운항과는 크게 상관하지 않는 것이 일반적인 현상이다.

3) 기내 안전보안점검

객실승무원이 항공기와 승객의 안전을 보장하는 가장 대표적인 업무가 기내 안전보안점검Pre-flight Check이다. 객실승무원의 지상에서의 여러 업무 중 기내 안전보안점검은 전문성과 책임감을 가지고 하는 매우 중요한 업무이다. 기내에 탑승하여 시행하는 기내 안전보안점검은 Pre-flight Check라 하여 국내 · 외 모든 항공사가 하고 있으며, 국내 · 외 항공안전점검관으로부터 정기적으로 또는 불시에 점검을 받는 분야이기도 한다.

기내 안전보안점검Pre-flight Check은 항공기 출발 전 객실승무원이 항공기에 탑승하여 실시하는 기내 안전 및 보안점검을 말한다. 기내 안전점검은 기내에 장착된 각종 비상장비, 보안장비, 응급의료장비가 지정된 장소에 탑재되어 있는지와 작동상태 여부를 확인하는 것이다. 승무원은 각자 배정 받은 도어와 점프시트 주변의 비상 장비부터 시작하여 기내 좌석, 겔리, 오버헤드 빈, 화장실 등에 있는 장비들의 이상 유무를 확인한다.

(1) 기내 안전보안점검 절차

① 기내 안전보안점검 시점은 기내의 청소가 모두 끝나고, 승객 탑승 직전에 한다.

② 객실사무장 또는 객실사무장이 위임한 승무원이 기내 방송으로 모든 승무원에게 기내 안전보안점검을 실시함을 알린다.

③ 객실승무원은 하던 일을 멈추고 각자 담당구역의 도어와 점프시트로 간다.

④ 기내 안전보안점검Pre-flight Check 할 내용대로 도어와 점프시트 주변 비상 장비부터 시작해서 좌석, 오버헤드 빈, 겔리, 화장실 등의 순으로 모든 비상 장비와 응급의료장비의 정위치 탑재와 사용 가능여부를 확인한다(이때 보안점검도 동시에 실시한다).

⑤ 장비에 문제가 발견되면 객실사무장에게 보고한다.

(2) 기내 안전보안점검 착안사항

① 안전점검 시

- 비상장비는 지정된 장소에 위치하고 있는지 확인한다.
- 비상장비가 사용 가능한 상태인지 확인한다.
- 비상장비 주변에 다른 물품들이 같이 놓여있는지 확인하다.

【주】 비상장비는 즉시 사용이 가능해야 하므로, 다른 일반물품들과 섞여있으면 아니 된다.

② 보안점검 시

- 보안장비는 지정된 장소에 실링Sealing된 채로 있는지 확인한다.
- 보안점검은 기내에 평상시 보지 못한 의심스런 물건이 있는지 확인한다.

③ 응급 의료장비 점검 시

- 응급 의료장비가 지정된 장소에 있는지 확인한다.
- 응급 의료장비가 실링Sealing이 되어 있는지 확인한다(예 : EMK, FAK, UPK, AED).

4) 기내 청결상태 확인

- 승객 좌석 주변(Tray Table, Seat Pocket, Wall Side)

- 기내선반Overhead Bin 내부 및 손잡이
- 겔리(선반 및 바닥, 쓰레기통)
- 화장실(거울, 세면대, 바닥)
- 승무원 휴식공간Crew Rest Area

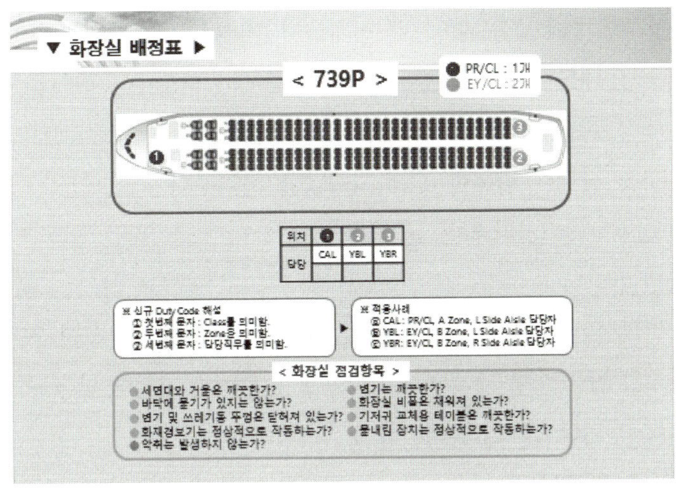

3. 승객 탑승 및 이륙 전 단계

1) 승객 탑승 인사 및 좌석 안내

기내 안전보안점검Pre-flight Check이 이상 없이 끝나면, 기장의 결정에 따라 승객 탑승이 시작된다. 승객환영 인사 담당승무원과 객실사무장은 탑승구에 위치하여 승객의 탑승을 환영한다. 다른 승무원들은 각자 담당구역에서 탑승하는 승객들을 환영하며 좌석 안내를 한다. 승객 탑승 시에는 인사와 함께 승객의 탑승권을 확인한다. 승객 탑승 인사는 해당 비행편의 서비스만족도와 기대를 충족하는 첫 단계로 매우 중요한 시점이다. 탑승구에서 밝은 표정과 미소로 환영하는 인사는 객실승무원이 승객에게 제공하는 첫 번째 서비스이다. 승객 탑승은 국제선은 비행기 출발 30분 전이며,

국내선은 비행기 출발 15분 전에 통상적으로 실시한다.

(1) 승객 좌석 안내 착안사항

- 유 · 소아 동반승객에게는 객실승무원이 먼저 다가가 인사와 함께 승객의 짐을 좌석까지 들어준다.
- 노약자 등 좌석번호를 인지하는데 어려움이 있다고 생각되는 승객에게는 적극적으로 좌석 안내를 한다.
- 지정된 좌석번호대로 앉도록 안내를 한다. 단체승객이 서로 바꿔 앉기를 원할 시에는 모든 승객이 탑승한 후에 가능함을 알려준다.
- 오버헤드 빈에 들어가지 않는 큰 짐은 기내 탑재가 불가함을 알리고, 운송직원에게 인계한다.
- 좌석이 중복되는 경우, 중복된 탑승권을 운송직원에게 전달하여 조치를 받는다. 좌석 조치를 받는 동안 중복된 승객 중 늦게 들어와 좌석이 없는 승객은 가까운 겔리 안에서 기다리도록 안내한다.
- 탑승하는 승객 중 음주 만취 등으로 항공기 안전 운항에 저해하는 행위를 하는 승객과, 타인에게 불쾌감을 주는 이상한 행동을 보이는 승객, 보안검색 및 신분확인을 거부하는 승객, 그리고 의사소견서가 없는 중한 질병 증상을 보이는 승객에 대해서는 탑승을 거절할 수 있다.

(2) 탑승한 승객이 다시 항공기 외부로 나가는 경우

- 항공기에 탑승한 승객이 공항에 짐을 놓고 왔다거나 다른 이유로 항공기 외부로 나가기를 원하는 경우에는, 객실승무원은 승객 단독으로 항공기 외부로 나가게 허용하여서는 안 된다.
- 항공기 외부로 나가려는 승객은 항공기 보안 차원에서 일단 제지하여 사유를 들은 뒤, 공항게이트 입구에 있는 운송직원에게 연락하여 적절한 조치를 받도록 안내한다.

(3) 탑승권Boarding Pass 확인

- 객실승무원은 승객이 탑승할 시 탑승권을 확인한다. 탑승권 확인의 목적은 항공기 보안을 위한 것이며, 객실승무원은 탑승권의 비행 편명과 탑승 날짜가 해당편과 일치하는지 확인한다.
- 탑승권을 제시하지 않은 승객은 탑승권 확인의 목적을 알려 탑승권을 보여줄 수 있도록 안내한다.

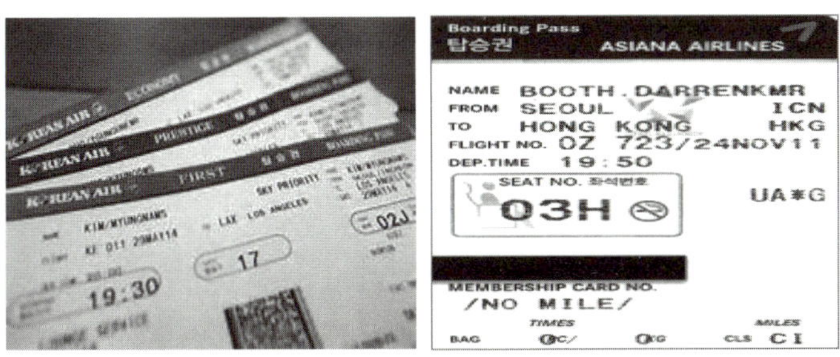

(4) 오탑승으로 인해 발생되는 문제점

- 항공기 및 승객에게 테러 위협 노출
- 탑승객 전원 하기하여 항공기 보안검색 재실시
- 항공기 지연 발생

▶ OZ항공사 탑승권 확인 철저 캠페인

2) 승객 탑승 완료 기장 통보

승객 탑승이 종료되면, 게이트 운송직원이 객실사무장에게 승객 탑승 인원 현황을 최종적으로 알려준다. 그러면 객실사무장은 P/MPassenger Manifest에 기재된 승객 인원수와 맞는지 확인하고 운항에 필요한 각종 서류를 인계받는다. 승객 탑승 인원수를 확인한 객실사무장은 기장에게 승객 탑승이 완료하였음을 알린다. 기장이 객실사무장에게 도어Door를 닫아도 좋다는 승인이 나면 객실사무장은 도어를 닫는다.

(1) 항공기 운항 필수서류

- G/DGeneral Declaration : G/D는 항공기가 도착한 공항당국에 승무원 및 승객의 탑승 현황과 항공기의 검역사항을 보고하는 일종의 입항서류이다. G/D에는 항공기 출발지와 도착지를 기재하고, 탑승객수 및 항공기에 탑승한 운항승무원과 객실승무원 명단이 기재되어 있고 항공기에 전염성 환자 발생여부와 기내 위생상태 등 검역사항에 대해 객실사무장이 작성하고 서류 맨 하단에 기장이 사인하도록 되어 있다.
- P/MPassenger Manifest : P/M은 항공기에 탑승한 승객의 영어성명, 국적, 좌석번호가 기재되어 있다. P/M 하단에는 항공기 탑승 승객 인원수가 클래스별로 기재되어 있다.
- C/LCargo List : C/L은 항공기에 적재된 총 화물의 무게와 화물 내용, 특히 생 · 동물의 탑재 등을 기록한 화물 송장서류 등이 기재되어 있다.
- 입국서류 : 입국서류는 승객에게 필요한 것으로, 목적지 국가에 입국할 시 제출하여야 할 신고서이다. 입국서류에는 E/D 카드와 세관신고서, 검역설문서 등이 있다.

(2) 객실준비Cabin Readiness

① 도어 닫힘Door Close 준비완료

- 승객 탑승완료

- 모든 휴대수하물의 정위치 보관
- 모든 기내선반Overhead Bin의 닫힘 상태

② 도어 닫힘Door Close 기장보고 문구

- "승객 ○○○명(Extra 승무원 ○○명)이 탑승하였습니다. 출입문 닫을 준비가 되었습니다."라고 보고한다.
- "We have ○○○ passenger, (○○ extra crew) on board. We are ready to close door"

【주】 Extra Crew 인원수에 대해서는 지상직원과 정확하게 확인한다(Extra Crew의 기준 : 승객 좌석점유 승무원).

3) 항공기 도어 닫힘(Door Mode 변경)

항공기 도어Door는 2가지 기능을 가지고 있다. 정상 상황일 때 승객이 타고 내리는 일반적인 출입문의 기능과, 비정상 상황일 때 항공기에서 탈출하는 비상문의 기능을 동시에 가지고 있다. 항공기의 도어에는 비상시 탈출을 위한 미끄럼대Slide가 내장되어 있다. 항공기의 도어를 열 때 이 미끄럼대를 펼치느냐 아니냐를 구별해 주는 레버Lever가 있다. 이 레버를 조작하여 항공기 문을 정상 기능과 비상 기능으로 구분하여 주는 객실승무원의 안전 행위가 바로 Door Mode 변경이다.

항공기가 출발하여 지상 이동을 시작하기 전에 모든 항공기 도어의 Door Mode는 팽창 위치[14]로 변경되어야 한다. 따라서 객실승무원은 승객이 모두 탑승하여 도어가 닫히면 자신이 담당한 도어에서 Door Mode 변경을 한다. Door Mode 변경은 객실사무장이 기내 방송을 통해 지시한다. 객실승무원은 기내 방송으로 나오는 객실사무장의 지시에 따라 통일된 동작으로 Door Mode 변경을 한다.

- Disarmed : Escape Slide 정상 위치
  - 항공기가 정상상태로 도어를 열 때(승객 탑승 및 하기)

14 팽창이란, 미끄럼대(Slide)가 완전히 펼쳐지는 것을 의미하는 것으로, 팽창 위치는 미끄럼대 레버가 Armed(Automatic)에 위치하고 있는 것을 말한다.

- 항공기가 지상에 있을 때

- Armed : Escape Slide 팽창 위치
  - 항공기가 운항을 위해 출발하여 도착할 때까지
  - 항공기 사고로 비상탈출 할 때

(1) Door Mode 변경 시점

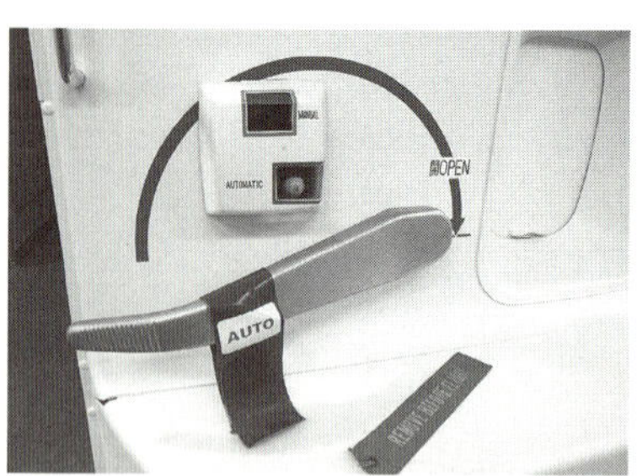

- 승객 탑승하여 도어를 닫은 직후 : Door Slide 레버를 Armed Automatic 위치
- 항공기 도착하여 엔진이 완전히 정지된 후 : Door Slide 레버를 Disarmed Manual 위치

(2) Door Mode 변경 절차

- 객실사무장은 기내 방송을 통해 Door Mode 선택 레버를 팽창 위치로 변경하도록 객실승무원에게 지시한다.

  【주】 항공기가 목적지 공항에 도착하여 문을 열기 전에는 레버를 정상 위치로 변경한다.

- 객실승무원은 Door Mode 선택 레버를 팽창위치로 조작한다.
- 객실승무원은 반대편 도어의 승무원과 미끄럼대 Slide 레버가 정확한 위치에 있는지 상호 확인한다.

  【주】 상호 확인을 Cross Check라 하며, 승무원은 엄지를 들어 표시하거나 상대 승무원의 문에 가서 직접 육안으로 확인한다.

- 객실사무장은 All Attendant Call을 통해 Door Mode 변경을 확인하다.
- 객실사무장의 All Attendant Call을 받은 각 도어의 L Side 승무원이 인터폰으로 객실사무장에게 Door Mode 변경하였음을 보고한다(보고 순서는 객실 최후방 도어의 승무원부터 차례로 보고한다).

항공사별 Door Mode 변경 지시 기내 방송

항공사	Door Mode 변경 지시 기내 방송내용	방송 실시자
대한항공	"Cabin Crew Door Side Standby, Safety Check and Cross Check"	객실사무장
아시아나항공	"Cabin Crew Door Standby Change Slide Mode to Armed Position"	캐빈매니저
싱가폴항공	"Cabin Crew Please Select Doors to Automatic" "Cabin Crew Please Disarm Doors"	객실사무장
에미레이트항공	"Cabin Crew, Please Arm All Exits"	기장
퀀타스항공	"Cabin Crew Arm All Doors and Cross Check"	기장

- A380 항공기의 경우 객실사무장은 기내의 모든 Door Mode 변경 여부를 FAPFlight Attendant Panel를 통해 육안으로 확인이 가능하다.

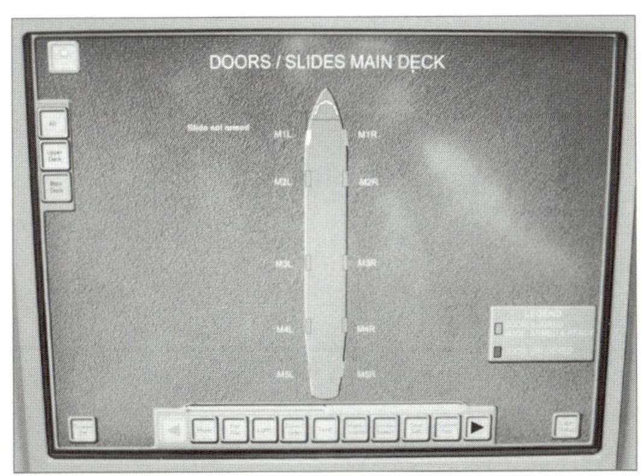

▶ Door별 Door Mode 변경 상태를 나타내는 표시창으로, 녹색은 Door Mode가 정상 상태임을 알려주고, 빨간색은 Door Mode가 팽창 위치에 있다는 것을 알려주고 있다.

(3) 소형기종 Door Mode 변경 절차

B737과 같은 소형 기종의 경우는 중 · 대형기의 Slide Lever가 아닌 Girt Bar를 이용하여 Door Mode 변경을 직접 매뉴얼(수작업)로 조작한다.

① Door Disarmed 절차

- 직접 양손으로 Girt Bar를 문 바닥에 있는 고정장치Bracket로부터 분리한다.

- Slide Bustle에 있는 고정장치에 Girt Bar을 건다.
- 도어 상단에 있는 Red Warning Flag을 Door Viewing Window 상단에 부착시키다(Flag는 Disarmed 상태를 알려주는 역할을 한다).
- 맞은편 승무원과 상호 확인한다.

② Door Armed 절차

- Slide Bustle에 있는 고정장치에 걸려있는 Girt Bar을 분리한다.
- Girt Bar을 도어 바닥에 있는 고정장치에 건다.
- 도어 상단에 있는 Red Warning Flag을 Door Viewing Window에 사선으로 부착시키다.
- 맞은 편 승무원과 상호 확인한다.

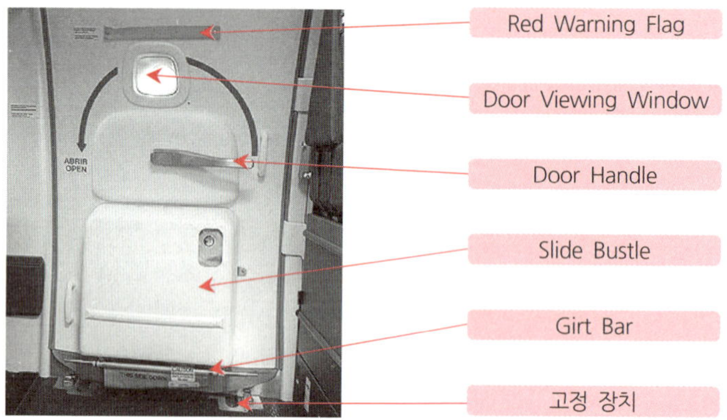

4) Pushback[15] 준비완료 보고

객실사무장은 Door Mode 변경을 확인한 후, 기장에게 객실의 모든 안전사항에 문제가 없음을 의미하는 Pushback 준비완료 보고를 인터폰을 통해 보고한다(단, A380

15 Pushback은 출발 허가를 받은 비행기가 최초로 움직여 나갈 때 비행기를 토잉 카(Towing Car) 등 외부의 힘으로 비행기를 뒤로 밀어주는 행위를 말한다.

기종은 'Cabin Ready' 기능으로 대신한다).

【주】 기장은 객실사무장의 Pushback 준비완료 보고 없이 항공기를 Pushback 할 수는 없다.

5) 승객 브리핑

승객 탑승이 종료되면 항공기 도어는 닫히고 출발 준비에 들어간다. 객실승무원이 승객들을 대상으로 제일 먼저 안내하여야 할 것은 기내 안전에 관한 사항들이다. 이것을 승객 브리핑Passenger Briefing이라 한다. 승객 안전 브리핑은 항공기가 출발하여 도착할 때까지 발생될 수 있는 안전사고 발생 시에 대비한 비상탈출 안내이며, 항공기 안전운항을 위한 승객들이 지켜야 할 안전 준수사항들에 대한 안내이다.

승객 안전 브리핑 실시 방식은 항공기에 따라 2가지 형태로 구분된다. 기내에 비디오시스템이 갖춰져 승객 좌석의 스크린 또는 승객이 공동으로 시청이 가능한 스크린이 있어 승객이 안전브리핑을 스크린을 통해 보는 Safety Video 방식과, 항공기에 승객 좌석 스크린 등 시청할 수 있는 스크린이 없는 경우에는 객실승무원이 안전장비 사용법과 비상탈출 요령을 직접 행동으로 보여주는 Safety Demo 방식이 있다. 객실승무원은 안전장비 점검 시 객실승무원 전용 Safety Demo 장비가 탑재되어 있는지를 확인한다.

Safety Video에 의한 승객 안전 브리핑이 진행되는 동안에는 객실승무원은 담당 구역의 사용 가능한 비상구 주변에 각각 분산하여 위치한다.

(1) 승객 브리핑 주요사항

① 좌석벨트 사용법

② 산소마스크 사용법

③ 구명복 착용법

④ 충격 대비 자세

⑤ 비상구 위치

⑥ 탈출 슬라이드 위치

⑦ 기내 통로 비상유도등

⑧ 화장실 흡연금지

⑨ 승객의 짐 기내선반Overhead Bin 안전하게 넣기

⑩ 전자기기 사용안내

⑪ 좌석등받이 원위치

⑫ 좌석 Tray Table 원위치

⑬ Safety Card 안내

【주】 Safety Card는 승객이 잘 볼 수 있도록 좌석주머니 맨 앞에 꽂혀져 있어야 한다(비행 전 안전점검 시 반드시 확인한다).

(2) 승객 개별 브리핑Individual Briefing

비상탈출 시 도움이 필요한 승객들(UM, 장애인승객, 거동이 불편한 승객 등)에게 승객 브리핑 내용을 개별적으로 브리핑한다. 브리핑 사항 중 가장 가까운 비상구 위치와 통로를 안내하며, 그리고 비상탈출을 시작해야 하는 가장 적절한 시점에 대한 안내가 포함되어야 한다. 유아동반 승객에게는 유아용 구명복에 대해 개별적으로 안내한다.

【주】 도움을 받지 않고는 비상탈출구까지 걸어갈 수 없는 승객은 비상탈출 시 다른 승객이 모두 탈출한 후에 객실승무원의 도움을 받아 탈출한다.

6) 이륙준비 완료 기장 통보

항공기가 이륙을 하려고 활주로에 진입하기 직전에, 기장은 기내에 이륙신호를 보

내준다. 이륙신호는 좌석벨트 사인 표시등을 3회 점멸하고 차임Chime이 동시에 울린다. 이륙신호를 인지한 객실사무장은 인터폰을 통해 조종실에 객실 안전에 이상이 없음을 알리는 이륙준비 완료 통보를 한다. 객실사무장은 이륙준비 완료 보고를 한 후, 이륙 방송을 실시하고 기내 조명을 Dim(약간 어두운 상태)으로 조절한다. 기장은 객실사무장의 이륙준비 완료 통보를 받은 후에 이륙을 시도한다.

【주】 A380 항공기의 이륙준비 완료 통보는 FAP 판넬에 있는 'CabinReady'16 버튼 조작으로 대신한다(착륙 때에도 동일하게 적용한다).

(1) 객실승무원 점프시트 착석 규정

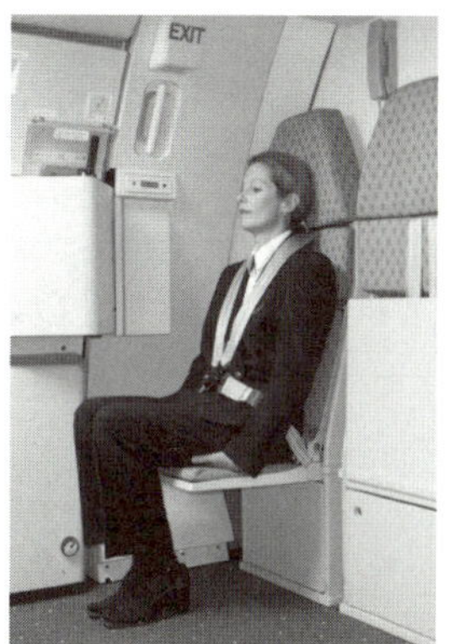

- 항공기가 출발하면 객실승무원은 기내 안전 활동을 제외하고는 지정된 점프시트Jump Seat에 착석한다.
- 좌석벨트를 매고 Shoulder Harness을 착용한다.
- 점프시트Jump Seat에 등과 머리를 기대어 밀착하여 앉는다.
- 양 발을 기내 바닥에 붙인다.
- 양 손의 손바닥을 위로 향하여 허벅지 밑에 깔고 앉는다.
- 동료승무원과 잡담하지 않는다.
- 점프시트Jump Seat에 앉은 상태에서 객실 내 승객들의

16 Cabin Ready는 A380 항공기에만 있는 장치로, 항공기가 이 · 착륙 전에 객실 내 안전에 관한 제반 사항에 문제가 없음을 알리는 기능을 한다.

동향을 살핀다.

- 점프시트Jump Seat에서 30second Review을 한다.
  - 비상장비 위치와 작동법
  - 비상구 위치와 작동법
  - 비상탈출 순서
  - 비상탈출 시 도움을 줄 수 있는 승객
  - 충격 방지자세 Shouting
  - 비상 시 도움을 필요로 하는 승객

【주】 점프시트에서 일어날 때는 좌석벨트는 바깥으로 나오지 않도록 Seat Cushion 안쪽으로 넣어둔다.

(2) 항공기 이 · 착륙 전 객실승무원 안전활동 7대 사항

① 승객 좌석벨트 착용상태

② 승객 좌석 등받이 세운Upright 상태

③ 승객 좌석 Tray Table 원위치

④ 승객 짐 보관상태

⑤ 기내선반Overhead Bin 닫힘상태

⑥ 겔리 유동물체 잠금 및 고정Locking & Latching

⑦ 화장실 승객 유무 확인

▶ 겔리 잠금 및 고정장치

4. 이륙 후 비행 단계

항공기가 이륙한 후 Fasten Seat Belt 사인이 Off되면, 객실승무원은 에이프런Apron을 입고 승객서비스 상태로 들어간다. 먼저 클래스별로 구분되어진 커튼을 친다. 이는 일반석 승객이 비즈니스클래스 또는 퍼스트클래스에 무단으로 들어갈 수 없도록 하기 위함이다. 그리고 항공기 이륙 전에 지상에서 안전상의 이유로 해결하지 못한 승객의 요구사항이 있으면 개개별로 응대하여 승객의 요구가 해결되도록 조치한다. 항공기가 이륙한 후부터 목적지 공항에 근접할 때까지 객실승무원은 회사가 규정한 서비스 절차Procedure에 따라서 정해진 승객서비스를 실시한다. 객실사무장은 이륙 전의 Dim(어두운 정도의 객실조명) 상태에서 객실 조명을 가장 밝게Full Bright하여 서비스가 시작됨을 알린다.

1) 개별 승객 응대

(1) 유 · 소아 동반 승객

- 유아 동반 승객 담당 객실승무원은 항공기가 이륙하여 서비스가 시작되기 전에 유아동반 승객에게 베시넷Bassinet을 좌석에 장착하여 드린다.
- 유아용 기내식에 대한 서비스 시점을 알려드리고 필요한 사항이 있는지 문의한다.
- 유 · 소아 승객에게 Child Giveaway를 제공한다.

(2) 특별 기내식SPML 승객

- 특별 기내식을 주문한 승객에게는 본인 여부와 주문 내역이 맞는지 확인한다.
- 원하는 음료가 무엇인지를 확인한다(기내식 제공 때 드림).

【주】 비행시간이 짧고 특별기내식 주문 승객이 많을 경우에는 항공기가 지상에 있을 때 확인한다.

(3) 기내판매 사전 주문 승객

- 사전 주문한 승객인지 확인하고, 주문한 물품은 기내판매 시점에 드릴 것을 안내한다.

【주】 단거리 노선의 경우는 항공기가 지상에 있을 때 안내한다. 기내판매 사전 승객을 기내에서 찾지 못하였을 때는, 사전 주문품은 항공기가 인천공항에 도착하면 그대로 기내판매 탑재요원에게 인계한다.

(4) 좌석 변경 요청의 승객

- 일행과 같이 앉아서 갈 수 있도록 주변 승객에게 협조를 구한다.
- 기내 빈 좌석이 있을 때에는 빈 좌석에 같이 앉아가도록 조치한다.
- 기내 빈 좌석이 없거나 또는 협조해 줄 승객이 없어 변경 조치가 안 될 시 승객에게 정중히 양해를 구하고 서비스에 만족을 드릴 것을 안내한다.

【주】 기내에서 객실승무원에 의한 좌석의 Upgrade는 원칙적으로 할 수 없다. 비행기 출발 전 승객이 Upgrade을 요청할 경우에는 운송직원의 안내를 받을 수 있도록 한다.

2) 겔리 브리핑

항공기가 이륙한 후 본격적으로 서비스에 들어가기 전 일반석 객실승무원들은 부사무장 주관 하에 항공기 후방 겔리에 모여 겔리 브리핑Galley Briefing을 실시한다. 겔리 브리핑은 과거에 승무원들 간에 대화와 소통이 없고 승객에 관한 서비스 정보를 공유하지 않아 승객 응대 및 서비스에 차질이 많이 발생되는 문제점을 개선하기 위한 차원에서 시행하게 되었다. 특히 일반석을 담당하는 승무원은 서비스 경험이 부족한 신입 등 저경력 승무원이 대다수를 차지하고 있으며, 이에 반해 책임져야 할 승객의 수와 서비스 범위가 넓어 서비스만족도가 떨어지는 현상이 일어나고 있다. 이러한 현상을 타개하기 위하여 일반석 서비스의 일차적인 책임을 가진 부사무장이 서비스 리더십을 발휘하여 일반석 서비스의 품질을 높이기 위한 수단으로 겔리 브리핑을 실시하고 있다.

(1) 겔리 브리핑 사항

- 기내식 종류와 탑재량에 대한 정보 공유
- SPML 승객현황 및 서비스 방법(승무원 역할 분담)
- 승무원 각자 담당구역의 특이승객 정보 공유

- 승객 탑승 시 불만표출 승객 정보 공유
- 음주과다 주문 승객 정보 공유
- PAX Call 응대 철저
- Appearance 상호 점검
- 전체적인 객실 분위기 및 기타 특이사항을 전파

3) 기내서비스 실시

항공사 승객서비스에 대한 세부절차 규정을 수립하여 운영하고 있다. 서비스 Procedure는 항공사가 운항 노선과 비행시간, 그리고 낮과 밤 시간대를 최우선으로 고려하여 최적의 서비스가 만족스럽게 이루어지도록 수립한다.

기내서비스는 항공사 이미지 평가에 중대한 영향을 미치는 요소로 항공사 간 서비스 우위경쟁에 투자를 아끼지 않고 있다. 가장 대표적인 기내서비스로는 기내식을 꼽을 수 있다. 기내식은 승객이 항공사 만족도를 나타내는 결정적인 요인으로 작용하고 있는데, 승객은 기내서비스에 대한 선호가 극명하여 자신에게 조금이라도 불편을 주는 것에 민감하게 받아들이고 있다. 항공사의 서비스는 '기내'라는 공간이 제한적이고 서비스 시간이 제한적이며, 서비스하는 사람(객실승무원)이 제한되어 있다는 독특한 환경에서 이루어지는 것이 특징이다.

따라서 항공사의 기내서비스는 제한된 서비스Limited Service라고 부를 수 있다. 제한된 서비스로는 원하는 기내식을 선택하지 못하고, 원하는 음료가 부족하거나, 원하는 좌석에 앉지 못하고, 원하는 시간에 자유롭게 기내를 다닐 수 없거나, 원하는 기내 면세품을 구입하지 못하는 등 제한을 받는 서비스 현상이 다양하게 발생하고 있다. 항공사 객실승무원은 제한된 서비스란 특수한 환경에서 고객만족을 위한 최상의 서비스 기술을 발휘하여야 한다.

항공기에 의한 여행이 자유로워지고 익숙해져가면서 승객의 항공사서비스에 대한 기대 수준이 점차 변해가고 있다. 더욱이 인터넷의 발달로 항공사서비스에 대한 항공 고객 간의 정보가 원활해져가고 항공사의 고객 평가가 온라인상에서 활발하게 이뤄지고 있는 최근에는, 항공사서비스는 단순히 친절과 미소에만 그쳐서는 승객의 기대를 충족하지 못하는 이른바 서비스 정보시대Service Information Era가 도래한 것이다. 다양하고 세밀한 항공사서비스 정보를 지닌 승객들이 기내에서 객실승무원의 친절한 서비스 자세와 태도에 의존하지 않고 자기 본위의 서비스를 요구하는 실정에 이르렀다. 즉 승객 자신이 미흡하다고 생각되는 서비스에 대해서는 객실승무원의 전형적인 친절과 사과로 보상받기보다는 실질적인 혜택을 누리는 보상을 요구하고 있는 것이 지금의 추세이다.

따라서 지금까지 항공사서비스를 인적과 물적으로 나누었던 고전적인 서비스 형태에서 벗어날 때가 되었다. 승객의 입장에서는 인적보다는 심적인 부문이 더욱 중요시되고 있으며, 물적인 것보다는 혜택을 원하는 방향으로 변해가고 있다. 한마디로 승객의 마음을 알아주고, 승객의 불안감을 덜어주며, 승객이 기대하는 혜택을 주는 서비스 인식의 대전환이 필요한 시기이다.

(1) 기내서비스의 특징

- 서비스 공간의 제한
- 서비스 시간의 제한
- 서비스 인력의 제한
- 서비스 물품의 제한

(2) 기내서비스의 진화

- 인적 서비스는 심적 서비스로 진화
- 물적 서비스는 승객 혜택 서비스로 진화
- 승객이 서비스의 주체로 진화
- 승객 맞춤형 서비스로 진화

항공사 고객만족에 가장 중요하게 기여하고 있는 것은 무엇인가?

어느 여행객은 고급스런 좌석이라 생각할 수 있고, 또 다른 여행객은 다양한 기내 오락설비가 열쇠라고 생각할 수 있다. 그러나 항공 고객을 행복하게 해주는 것이 오로지 좌석 또는 오락 설비와 같은 부가기능 때문이라고 결론을 내리는 것은 잘못된 것이다. IATA가 2016년 주관한 고객 대상 설문 프로그램에서 항공사들이 승객 만족을 위해서는 다른 무엇보다도 고객과 교감을 갖는 승무원에 더욱 집중할 필요가 있다는 것을 보여주었다.

"아주 훌륭한 좌석과 불량한 승무원이 있는 항공사는 아무리 매혹적인 좌석을 제공해도 나쁜 점수를 받을 것이다."라고 설문 프로그램을 이끈 IATA의 마케팅 세일 담당국장 팀제스퍼 샤프가 말했다. 다른 요인들이 중요하지 않을 정도로 승무원이 승객 만족을 이끌어내는 열쇠라고 그는 덧붙여 말했다.

IATA의 설문은 비행기를 타고 막 내린 6만 명의 승객을 대상으로 한 결론을 근거로 하고 있다. 설문에 참여한 승객은 아메리칸항공, 카타르항공, 루프트한자, 에어프랑스, 타이항공 그리고 기타 항공사 등 30여개 항공사의 승객들이다.

IATA 설문은 체크인과 탑승, 기내 경험 그리고 도착 등 일반적인 3개 항목을 주 대상으로 하였다. 고객만족은 승객이 기내 어디 좌석에 앉았느냐는 것에 달려 있다고 생각하고 있는 항공사들과 달리 항공여행객들은 그렇지 않다고 생각하고 있을 수 있다. 샤프 국장은 항공사가 고객만족을 심각하게 받아들여야 한다고 말한다. 그것이 항공요금에 비해 항공사의 가치에 영향을 주지 않는 것처럼 보일 수도 있다. 그러나 특정노선에서는 항공사 실적에 얼마든지 연관되어 있다고 샤프 국장은 말한다.

"우리는 항공사 고객만족과 항공사 실적 사이에는 강력한 관계가 있다는 것을 발견했다."며, 그는 "고객만족이 높으면 높을수록 시장점유율도 높아지고 있다."고 강조한다. 가장 먼저 해야 할 것은 불만족을 제거하는 것이다. 그렇지 않으면 승객들은 항공사가 제공하는 어떠한 것도 받아들이지 않을 것이다.

승객은 기본적인 물질적 요구뿐만 아니라 보다 복잡한 심리적 요구까지 충족되는 것을 바라고 있다. 승객의 심리적 요구를 만족시켜 줌으로써 비로소 이루어지는 총체적인 고객만족에 기여하는 열쇠가 바로 승무원이라고 생각한다.

항공사가 고객만족을 위해 보다 집중해야 할 것은 하늘 위에서 고객을 상대하는 사람들, 즉 승무원이다. 설문은 그 어느 것보다 가장 중요한 것은 사람에게(Human Factor) 달려 있다는 것을 여실히 보여주고 있다.

4) 서비스 절차에 의거한 승객서비스

항공사가 운항 노선과 비행시간, 그리고 낮과 밤 시점을 전제로 수립한 서비스 절차Procedure는 제한된 공간과 시간이란 환경 속에 최적의 승객 만족을 이끌어내기 위해 마련된 운항 시점별 서비스 순서와 서비스 방식을 말하는 것이다.

객실승무원은 항공사가 취항하는 여러 노선에 대한 서비스 절차를 비행근무에 나설 때마다 미리 인지하여 승객서비스에 차질이 없도록 해야 한다. 국내 항공사의 경우에는 국내선, 국제선 구분 없이 객실승무원을 비행 근무하는 체제를 가지고 있기 때문에, 객실승무원이 짧은 기간 내에 항공사의 모든 서비스 절차를 기억하기란 쉽지 않다. 더욱이 비즈니스와 퍼스트클래스의 서비스는 복잡하여 승무원이 기억에만 의존해서 서비스하기에는 역부족인 경우가 많다. 이러한 문제를 해결하기 위해 일부 항공사는 겔리 인포메이션Galley Information이라는 서비스 도해도를 제작하여 승무원이 비행 때마다 겔리에 부착하여 서비스할 때 참고하도록 하고 있다.

서비스 절차의 사례는 다음과 같다.

- 일반석 : 중 · 장거리 노선
  - 신문, G/A
  - Refreshing Towel
  - Aperitif(음료 Cart서비스)
  - Meal Tray
  - Hot Beverage
  - Meal Tray 회수
  - Clear Off
- 비즈니스 클래스 : 장거리노선, 점심 및 저녁
  - Menu List
  - Menu Order Taking
  - Hot Towel

- Table Opening & Tablecloth Spreading
- Pre-Drink with Stater
- Basic Tray & Bread
- Wine
- Soup
- Main Dish
- Basic Tray Collecting
- Cheese
- Desert
- Hot Beverage
- Final Collecting

o 퍼스트 클래스 : 장거리노선, 점심 및 저녁

- Menu List
- Menu Order Taking
- Hot Towel
- Table Opening & Tablecloth Spreading
- Pre-Drink with Stater
- Tableware Setting
- Water
- Wine
- Bread
- Caviar or Combo Appetizer
- Service Plate
- Soup
- Salad
- Main Dish
- Toothpick

- Tableware Collecting
- Cheese & Fruit
- Dessert
- Espresso Coffee
- Hot Beverage & Liquor
- 2nd Hot Towel
- Final Collecting

(1) 어메니티 킷Amenity Kit 서비스

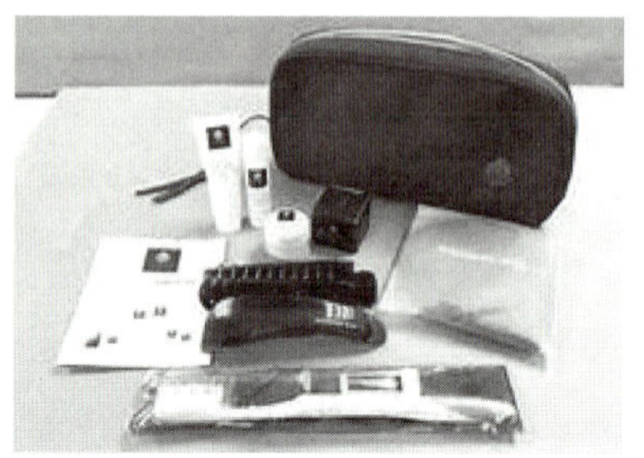

어메니티 킷Amenity Kit 제공 노선에서는 서빙카트Serving Cart 상단 및 중단에 어메니티 킷을 담당 구역의 승객 수만큼 준비한다. 특히 중단에는 Drawer에 어메니티 킷을 담아 어메니티 킷이 흘러내리지 않도록 주의한다.

【주】 일반석에 대한 어메니티 킷 서비스는 항공사에 따라 제공되지 않을 수도 있으며, 어메니티 킷 서비스를 하는 항공사의 경우에는 비행시간에 근거하여 시행하고 있다. 예를 들면, 장거리 노선은 모두 제공되나, 동남아 노선은 5시간 이상 심야 편에서만 서비스가 시행된다.

(2) 타월Towel 서비스

① Refreshing Towel

비닐 포장 안에 담겨진 일회용 깨끗한 타월Refreshing Towel은 원형 그대로 서비스를 한다. 깨끗한 타월은 고온의 밀폐된 장소에 오래 보관하면 변질될 수 있어 서비스 시 선별적으로 냄새를 맡아 타월의 상태를 확인한다.

서비스 방식은 음료서비스 시 음료와 함께 같이 제공하며, 음료 카트Cart로 음료서비스가 진행될 때는 카트 안에 담아 서비스하고, 쟁반Tray에 의한 음료서비스 시에는 별도로 타월 바스켓Towel Basket에 담아 서비스한다. 서비스 종료 후에는 타월 바스켓을 이용하여 회수한다.

② Cotton Towel

코튼타월Cotton Towel 서비스는 뜨겁다고 느낄 정도의 상태에서 서비스하는 것이 관건이다. 코튼타월은 오븐을 이용하여 MED에서 20~25분 정도 Heating한다. 뜨겁게 Heating 된 타월을 적정량 바스켓에 담고, 미스트Mist의 향내가 골고루 잘 배이도록 스프레이 하여 서비스한다. 서비스 할 시에는 손바닥을 바스켓 아래를 받치고 타월집게Towel Tongs를 이용하여 타월이 둥글게 말아진 상태로 제공한다.

타월집게를 사용하지 않을 때는 바스켓 아래 부분에 위치한다. 서비스 시 뜨거운 타월로 승객이 화상을 입거나 너무 뜨거워 놀라지 않도록 안내한다.

【주】 뜨거운 타월서비스 시 대화 : "타월이 뜨겁습니다(조심하십시오)."

타월 회수 시에는 승객이 직접 바스켓Basket에 담도록 유도하거나, 타월집게를 이용하여 회수하며, 회수된 타월이 바스켓에 넘쳐 보이지 않도록 적정량을 회수한다. 회수된 타월은 겔리에 장착된 린넨 용기Container에 넣거나, 회수용 비닐 백에 담아 빈 Meal Cart에 보관한다.

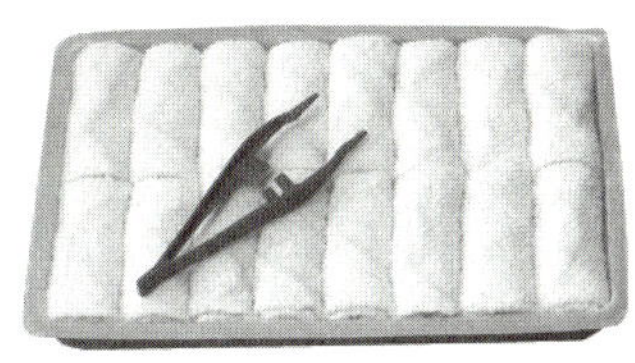

(3) 음료서비스

기내식을 서비스하기 전에 음료서비스를 실시한다. 음료서비스는 노선과 비행시점에 따라 서비스 방식이 다양하다. 장거리 노선과 단거리 노선의 음료서비스가 다르며, 동일한 노선에서 아침과 저녁 시간대에 따라 음료서비스가 다른 방식으로 실시된다. 음료서비스는 크게 2가지 방식으로 구분된다. 먼저 카트Cart에 의한 서비스와 트레이Tray에 의한 서비스로 나누어진다. 그리고 카트에 의한 서비스는 다시 음료 전용 Full Cart, Meal Cart, Serving Cart(상위 클래스)로 구분된다.

① Cart에 의한 음료서비스 형태

- 음료 전용 Full Cart : 중, 장거리 노선
- Meal Cart 상단에 음료 세팅 : 단거리 노선

- Serving Cart(상위 클래스) : 아침식사 서비스 시

② Tray에 의한 음료서비스

- 중 · 장거리노선 2중 서비스
- 트레이에 플라스틱 컵을 이용하여 주스류와 생수 등 음료를 종류별로 준비하고, 트레이 한 편에 냅킨을 로고가 승객이 보이도록 준비한다.

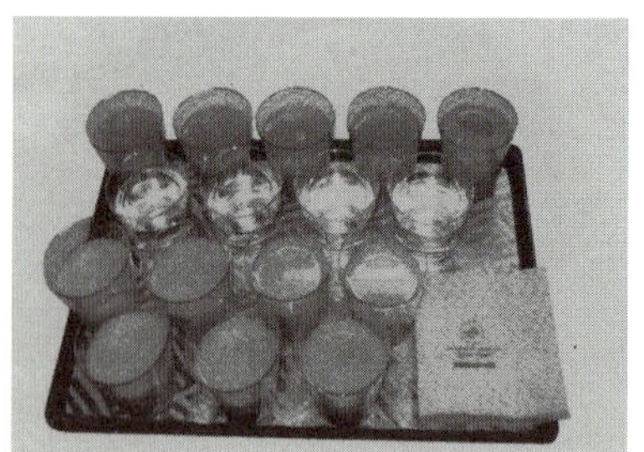

③ Nuts & Tray 음료서비스

- 저녁 출발편(출발시간 19시 이후) 1st 서비스 시
- 야간 비행편 이륙 직후 식사서비스 없이 음료만 서비스 할 시 견과류 제공
- 견과류Nuts는 빵 바구니Bread Basket에 담고, 냅킨을 함께 준비한다.

(4) 식사서비스

기내 식사Meal서비스는 항공승객들에게는 가장 기대되는 서비스 중의 하나이다. 국내항공사는 기내식 선정에 있어 크게 양식과 한식으로 나누어 실시하고 있다. 양식으로는 소고기, 닭고기, 생선 등을 주재료로 하며, 조리 형태는 서양식, 한국식, 중국식 그리고 종교적인 할랄식으로 요리를 한 기내식을 제공하고 있다. 한식으로는 비빔밥이 가장 대표적이라 할 수 있다. 일반석의 기내식은 노선에 따라 단품이거나 아니면 2~3가지의 기내식이 제공된다. 특히 승객의 수에 맞춰 기내에 탑재되고 있어, 승객들이 가장 선호하는 기내식 종류가 일찍 소모되어 전체 승객이 원하는 기내식을 일일이 다 맞춰주지 못하는 현상이 종종 발생하기도 한다.

① 서비스 시간대에 따른 식사 종류

- Breakfast(04 : 00~09 : 00)
- Brunch(09 : 00~11 : 00)
- Lunch(11 : 00~14 : 00)
- Light Meal(14 : 00~17 : 00)
- Dinner(17 : 00~22 : 00)
- Supper(22 : 00~24 : 00)
- Refreshment(24 : 00~04 : 00)

② 비행시간에 따른 식사제공 횟수

- 6시간 미만 : 1회
- 6시간 이상~8시간 : 1회 스낵Snack 또는 다과Refreshment
- 8시간 이상 : 2회

③ 비행시간에 따른 기내식 식사 종류

- 1시간 미만 : 음료
- 2시간 미만 : 식은 식사
- 2시간 이상 : 더운 식사

④ 기내 Meal Heating

기내식 서비스에서 중요한 것은 식사Meal를 승객이 만족스럽게 먹을 수 있도록 Heating을 하여야 한다는 것이다. Meal Heating 온도에 따라 기내식의 원래 맛이 달라질 수 있으며, 온도조절 잘못으로 승객에게 따뜻하지 않은 식사를 제공하게 되면 승객의 기내식 만족도가 떨어질 수 있다. 승무원은 기내 식사 종류에 따른 Heating 시간과 온도가 달라짐으로 세심한 주의를 기울이며 Heating을 하는 습관을 길러야 한다.

일반적인 Meal Heating 절차는 다음과 같다.

- 오븐 내에 Heating할 Meal을 넣고 오븐을 닫고 Latch로 Locking한다.
- 오븐의 온도조절 장치를 찾아 'Oven On'을 누른다.
- 3가지 온도선택 버튼(High / Medium / Low) 중 한 가지를 선택한다.
- 타이머가 0이 되면 Power Off 한다.
- 오븐이 작동되고 있는 상태에서 오븐을 열지 않는다.

⑤ 기내식 서비스 착안사항

- 기내식 종류와 종류별로 탑재량을 미리 파악한다.
- 기내식 구성에 대하여 정확하게 알고 있어야 한다.
- 선호 기내식이 일찍 소모되는 경우를 대비한다.
- 기내식 Tin Foil이 훼손된 것은 새것으로 교환해서 온전한 상태로 제공한다.
- 기내식 서비스 시 기내식 메뉴를 열거해드리고, 양식 앙트레Entree는 조리법과 Starch도 함께 소개한다.
- 외국인에게 비빔밥서비스 시 비빔밥 안내지를 제공하고 취식 방법을 설명한다.
- 승객 선호가 높은 기내식이 먼저 소진될 것으로 예상되는 경우, 승객에게 기내식 메뉴를 소개할 때 많이 남아있는 기내식을 먼저 열거한다. 그리고 필요 시 승객과의 대화는 권유형으로 승무원이 적극적으로 리드한다.

  (예1) "손님, 오늘 기내식은 비빔밥과 중국식 찜 해산물이 있습니다. 무엇으로 하시겠습니까?"

  (예2) "손님, 오늘 기내식은 중국식 찜 해산물과 비빔밥이 있습니다. 중국식 찜 해산물이 맛있게 보이는데 한 번 드셔보시겠습니까?"

⑥ 승객이 원하는 기내식이 Meal Cart에 없을 때

- 승객에게 잠시 기다려 줄 것을 양해를 구한다.

- 주변 승무원 및 겔리 담당승무원에게 협조를 구하여 해당 기내식을 찾도록 한다.
- 확인 결과, 해당 기내식이 완전 소진되었을 경우에는 승객에게 사실을 말하고 정중히 다른 기내식을 권한다.
- 승객이 모든 기내식을 거부할 경우, 겔리 담당승무원에게 전달하여 필요 시 비즈니스클래스의 협조를 받아 대체 식사를 제공할 수 있도록 한다.

【주】 장거리 노선에서 발생될 경우에는 해당 승객에게 두 번째 기내식서비스 때에는 원하는 메뉴로 제공하겠다고 안내한다.

⑦ SPMLSpecial Meal 서비스 착안사항

- 기내식 서비스 이전(승객 탑승 시)에 회사로부터 받은 SPML 승객 정보[17]를 기반으로 해당 승객을 찾아서 SPML 승객인지 탑승권을 통해 이름을 확인한다.
- 해당 승객 확인이 되면 주문한 SPML 내역을 재차 확인한다.
- 확인이 끝나면 해당 승객에게 주문한 SPML이 탑재되어 있음을 알리고, 기내식 식사서비스 시 제공하겠다는 것을 안내한다.
- 해당 승객 좌석 뒤 상단에 SPML 스티커[18]를 붙인다.

【주】 확인하는 과정에 SPML 내역이 다를 경우에는 사무장에게 보고하고, 비행기 출발 전에 기내식 담당자로부터 조치받을 수 있도록 한다.

- SPML 서비스는 일반 기내식을 서비스하기 직전에 먼저 제공한다.
- SPML 승객을 확인하고 주문 내용이 맞는지 확인한 후 제공한다.

⑧ SPML 미탑재 조치사항

- 주문한 SPML이 제공되지 못하는 경우, 해당 구역 담당승무원이 정중히 사과를 하고 상황에 따라 객실사무장(상위클래스) 또는 객실부사무장EY/CL이 추가로 사과하고 응대한다.

---

17 SPML 승객 정보는 회사가 승객 탑승 시 승무원에게 제공하는 SHR(Special Handling Passenger)에 기재되어 있다. SHR에는 SPML 승객 이름과 좌석번호 그리고 SPML 내역이 기록되어 있다.

18 SPML 스티커는 승무원이 서비스 시 잊지 않기 위한 용도로, 스티커는 좌석번호, 승객성명, 주문내역 등을 기재하도록 되어 있다.

- 종류별 대체 가능한 음식을 안내하며 식사를 권유한다(대체 음식이 있는 경우).
- 대체 음식은 승객이 선택한 경우만 제공하되 승무원이 임의로 조리, 가공하지 않는다.
- SPML 주문이 누락된 승객 응대 시, 승무원 언행에 의한 불만이 가중되지 않도록 한다.
- 주의사항
  - SPML 주문 누락에 대해 비행 중에는 어쩔 수 없다는 행동으로 비치지 않도록 주의
  - 일반식사로 준비한 음식을 권하는 것에 소극적인 인상을 주지 않도록 주의
  - 상위클래스의 음식을 제공하는 경우, 상위클래스 음식이라는 점을 강조하지 않도록 주의

아시아나항공, 기내 요리사서비스 확대

아시아나항공은 하늘 위 3만 피트 상공에서 서비스하는 기내식을 '구름 위의 만찬'이라고 부르며, 기내식 서비스에 색다른 기내 풍경을 제공하고 있다. 비즈니스와 퍼스트 클래스에 요리사 복장을 한 기내식 전문 셰프들이 직접 승객에게 음식을 서비스하여 승객에게 특별한 항공여행의 추억을 만들어주고 있다. 이것이 일명 '온보드 크루 셰프(On Board Crew Chef)서비스'이다. 온보드 크루 셰프 서비스는 기내에서 셰프가 직접 조리한 기내식을 승객들에게 제공하는 서비스로, 지난 2006년 퍼스트클래스에서 첫 선을 보인 뒤 승객들에게 호응을 얻고 있다. 2017년부터 아시아나항공은 기존에 LA와 뉴욕 등 미주노선 비즈니스 클래스에서 제공하던 것에 이어, 독일 프랑크푸르트 노선에도 추가해 서비스를 진행하고 있다.

아시아나항공은 지금까지 자체 교육을 통해 27명의 크루 셰프를 양성했으며, 2017년부터 이들을 포함한 총 32명의 기내 셰프들을 이 서비스를 위해 투입하고 있다.

(5) 특별기내식 종류

① 야채식

가. 서양채식Vegetarian Lacto-Ovo Meal : VLML

생선류, 가금류를 포함한 모든 육류와 동물성지방, 젤라틴을 사용하지 않고, 달걀 및 유제품은 포함하는 서양식 채식이다.

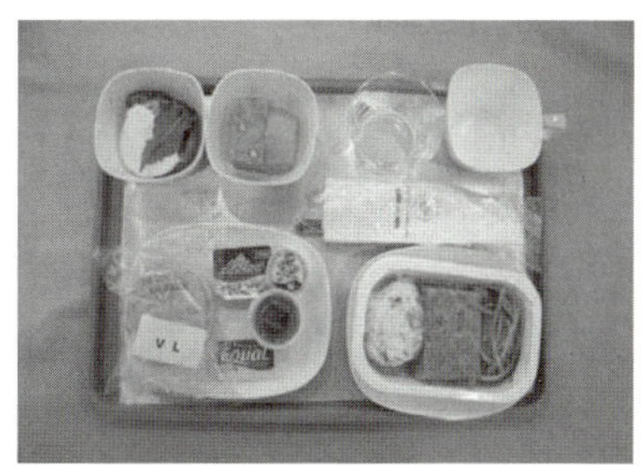

- 생선류, 가금류를 포함한 모든 육류와 동물성지방, 젤라틴을 사용하지 않고 유제품Lacto과 달걀Ovo 취식 가능 채식주의자에게 제공하는 서양채식
- 제공가능 : 유제품, 달걀, 콩, 야채, 신선한 과일
- 제공불가 : 모든 생선, 육류, 육가공품, 동물성지방, 젤라틴

나. 엄격한 서양채식Vegetarian Vegan Meal : VGML

생선류, 가금류를 포함한 모든 육류와 동물성지방, 젤라틴뿐만 아니라 달걀 및 유제품을 사용하지 않는 엄격한 서양식 채식이다.

- 생선류, 가금류를 포함한 모든 육류와 동물성지방, 젤라틴 및 달걀, 유제품을 포함하지 않는 엄격한 서양채식(퓨어Pure 채식자에게 제공)
- 제공가능 : 야채, 신선한 과일, 곡류, 콩류
- 제공불가 : 모든 생선, 육류, 육가공품, 동물성지방, 젤라틴, 달걀, 꿀

다. 인도채식Vegetarian Hindu Meal : AVML

생선류, 가금류를 포함한 모든 육류와 달걀을 사용하지 않고, 유제품은 포함하는 인도식 채식이다.

- 생선류, 가금류를 포함한 모든 육류와 달걀을 사용하지 않고 유제품을 포함하는 인도식 채식
- 제공가능 : 유제품, 콩류, 신선한 과일
- 제공불가 : 모든 종류의 생선, 육류, 육가공품, 동물성지방, 달걀

라. 엄격한 인도채식Vegetarian Jain Meal : VJML

생선류, 가금류를 포함한 모든 육류와 달걀, 유제품을 포함하는 모든 동물성식품 및 양파, 마늘, 생강 등의 뿌리식품을 사용하지 않는 엄격한 인도식 채식이다.

- 생선류, 가금류를 포함한 모든 육류와 달걀, 유제품 및 뿌리식품을 사용하지 않는 엄격한 인도식 채식
- 제공가능 : 야채, 신선한 과일, 곡류, 콩류, 향신료, 시리얼, 두부
- 제공불가 : 모든 생선, 가금류, 육류, 해산물, 달걀, 유제품, 마늘, 생강, 파, 감자, 당근, 양파, 무 등의 근채류

마. 동양채식Vegetarian Oriental Meal : VOML

생선류, 가금류를 포함한 모든 육류와 달걀, 유제품을 사용하지 않고 양파, 마늘, 생강 등의 뿌리식품을 사용한 동양식 채식이다.

- 생선류, 가금류를 포함한 모든 육류와 달걀, 유제품을 사용하지 않고 뿌리식품을 사용하는 동양식 채식(채식주의자 식사)
- 제공가능 : 야채, 신선한 과일
- 제공불가 : 모든 생선, 가금류, 육류, 해산물, 달걀, 유제품
- 주로 중국식으로 조리한 야채 제공

바. 생야채식Raw Vegetarian Meal : RVML

카페인 함유 음료, 보존료 / 첨가물, 가공식품을 포함하지 않고 순수 생야채, 생과일이 포함된 채식이다.

- 생야채 채식주의자에게 제공
- 제공가능 : 순수 생야채, 생과일 / 생야채 주스, 유제품, 빵류
- 제공불가 : 카페인 함유 음료, 보존료 / 첨가물, 가공식품

② 종교식

가. 이슬람교식Moslem Meal : MOML

이슬람교 율법에 따라 준비하였으며, 돼지고기, 알코올과 햄, 베이컨, 젤라틴 등 돼지고기 부산물이 포함된 식품을 사용하지 않는다.

- 이슬람교를 위한 식사Muslim / Halal / No Pork Meal
- 제공불가 : 알코올, 돼지고기, 햄, 베이컨, 젤라틴 또는 돼지고기 부산물
- 소고기, 양고기, 가금류 등을 필히 '회교율법'에 따라 준비된 재료 사용

나. 힌두교식Hindu Meal : HNML

힌두교도를 위한 특별식으로, 소고기와 송아지고기를 사용하지 않는다.

- 힌두교도를 위한 식사(비채식 인도식사)이다. 단, Vegetarian Hindu Meal은 AVML로 신청
- 소고기, 송아지고기, 돼지고기, 날생선 및 훈제생선을 사용치 않으나 양고기, 가금류, 조리된 생선류, 해산물, 우유제품 포함

다. 유대교식Kosher Meal : KSML

유대종교 신봉자의 식사로, 율법에 따라 조리하고 기도를 올린 것으로 돼지고기는 사용하지 않으며 소고기, 양고기 등도 기도를 올린 것에 한하여 쓰인다. 따라서 닭고기나 생선이 주요리가 된다. 식기는 한 번 사용된 것은 재사용을 금지하므로 1회용 기물이 사용되며 밀봉되어 있다. KSML은 승객에게 실물을 보여주고 확인을 받은 뒤, Heating하며 서비스 전에는 개봉해서는 안 된다.

- 유대정교 신봉자를 위한 식사
- 유대교 율법에 따라 고유의 전통의식을 치른 후 조리된 음식 제공
- 완제품 상태로 항상 밀봉되어 탑재
- 승무원이 밀봉되어 있는 상태로 승객의 확인을 거친 후 개봉하여 제공

③ 식사조절식(건강식)

가. 저지방식Low Fat Meal : LFML

콜레스테롤 함량이 높은 고지방 육류, 농축된 육수, 달걀노른자, 갑각류 등을 사용하지 않고, 저지방육류, 저지방생선 등의 식사이다.

- 관상심장질환, 고지혈증, 동맥경화증 환자를 위한 식사
- IATA : 지방섭취량 100g 당 3g 미만, 포화지방 섭취량 100g 당 1.5g 미만으로 제한
- 저지방육류와 저지방생선 제공한다. 조리 시 튀김, 볶음 대신 굽기 등 조리법 사용
- 고기섬유질 빵 및 시리얼, 과일, 채소류 제공

나. 당뇨식Diabetic Meal : DBML

열량, 단백질, 지방, 당질의 섭취량을 조절하는 동시에, 식사량의 배분, 포화지방산의 섭취제한 등을 고려한 식사이다.

- 열량, 단백질, 지방섭취량 조절, 식사시간에 따른 식사량 배분, 포화지방산의 섭취 제한 등을 고려한 당뇨환자용 식사
- 저지방 유제품과 정제되지 않은 곡류가 함유된 빵, 밥 및 시리얼제품 등이 제공됨
- 껍질을 제거한 가금류, 육류살코기, 고섬유질 음식 제공

다. 저열량식Low Calorie Meal : LCML

체중조절을 목적으로 열량을 제한한 식사이다.

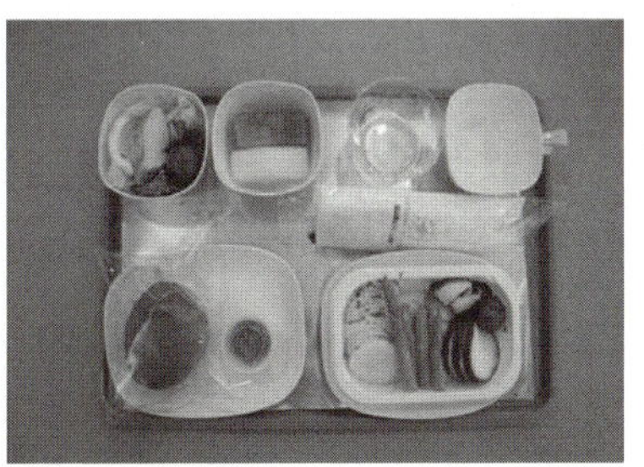

- 칼로리 제한 식사를 원하는 비만환자, 열량 제한이 필요한 승객을 위한 식사
- 한끼 당 400칼로리 미만 저지방, 고섬유식
- 지방함유가 적은 육류, 저지방 유제품, 과일

및 채소류 등 제공

- 지방, 설탕은 조리 시 필요 최소량 기준 사용

라. 저자극식Bland Meal : BLML

소화기능이 저하되어 있는 고객을 위한 식사이다. 강한 향신료, 가스를 유발할 수 있는 야채 및 기름기가 많은 음식을 제한하며, 저지방 육류 및 흰살생선 등을 재료로 한 식사이다.

- 소화기능이 저하된 승객을 위한 식사
- 강한 향신료, 가스를 유발할 수 있는 야채 및 기름기 많은 음식을 제한
- 껍질을 제거한 가금류, 육류, 살코기, 고섬유질 음식을 제공
- 튀긴 음식 제한

마. 글루텐 제한식Gluten Intolerant Meal : GFML

식사재료 내의 글루텐 함유를 엄격히 제한한 식사이다.

- 식사재료 내의 글루텐 함유를 엄격히 제한한 글루텐 민감성 환자를 위한 식사
- 글루텐 함유식품인 밀, 보리, 귀리, 맥아, 견과류를 사용하지 않고 대체식품으로 쌀, 감자, 고구마, 옥수수, 콩 제공
- 두유 및 유제품 제공 가능, 과일, 채소, 육류, 생선, 가금류 제공

바. 저염식Low Salt Meal : LSML

염분성분이 제한된 식사이다.

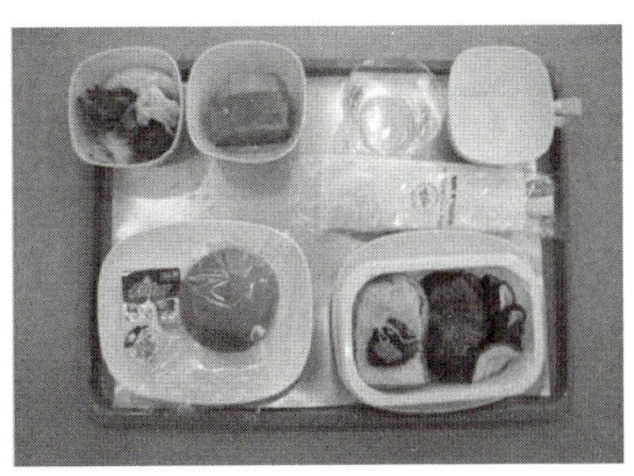

- 간질환, 심장병, 신장병, 심혈관질환자 및 염분이 제한된 식사를 원하는 승객용 식사
- 염분섭취량을 100g 당 120mg 이하로 제한한 식사 조절식
- 케첩, 머스터드와 같은 페이스트리 반죽 제품도 제한한 재료

사. 유당제한식No Lactose Meal : NLML

유당을 함유하고 있는 모든 형태의 유제품(우유, 크림, 분유)을 엄격히 제한한 식사이다.

- 유제품 알레르기 승객, 유당분해효소의 결핍으로 섭취 시 소화에 이상이 있는 승객을 위한 식사
- 제한식품 : 우유, 요거트, 치즈, 아이스크림, 분유, 셔벗, 푸딩, '유제품 포함된 빵/시리얼/오믈렛/크레페' 등 달걀요리, 초콜릿, 캐러멜류

④ 기타 특별식

가. 해산물식Seafood Meal : SFML

생선 및 해산물을 주재료로 하며 곡류, 야채류 및 과일류와 함께 조리된 식사이다.

- 생선 및 해산물을 주재료로 구성된 식사
- 생선 및 해산물을 주재료로 하며 곡류, 야채류, 과일류 제공

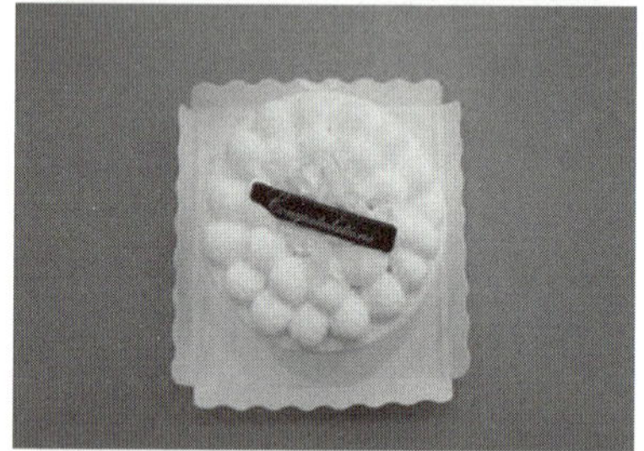

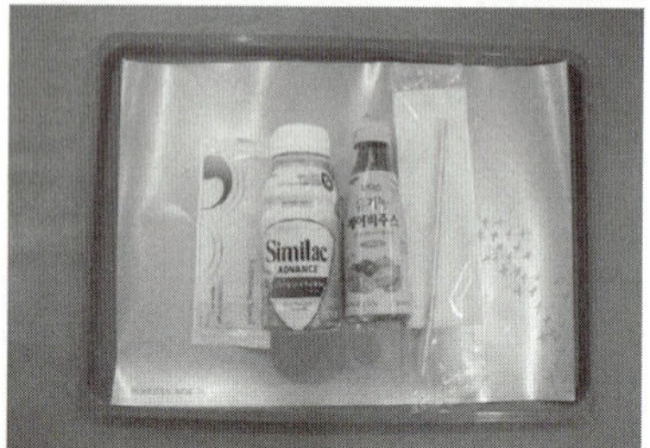

나. 과일식Fruit Platter Meal : FPML

정규 기내식 대신 신선한 과일로만 구성된 식사이다.

- 신선한 과일로 구성된 식사
- 첨가물과 보존료가 제외된 과일로만 구성된 식사

다. 알레르기식Allergy Meal

특정 식재료에 대한 알레르기 반응이 있는 승객들에게 해당 식재료를 제외한 식사이다.

- 특정 식재(오이, 깨, 양파, 마늘, 달걀, 토마토 등)에 대한 알레르기 반응 승객에 한해서만 사용

라. 기념케이크Anniversary Cake : SPMA

생일과 신혼여행을 위한 축하 케이크이다.

⑤ 영 · 유아식 및 아동식

가. 영아식Infant Meal : IFML

12개월 미만의 영아에게 액상분유 또는 가루분유, 아기용 주스가 포함된다.

나. 유아식Baby Meal : BBML

12개월 이상 24개월 미만의 유아에게 제공되며, 이유식과 아기용 주스가 포함된다.

- 12개월~24개월 미만의 유아에게 적합
- 재료를 삶아서 갈아놓은 음식 형태
- 구성 : 거버 종류 이유식 2병 및 아기용 주스

다. 유아용 아동식Infant Child Meal : ICML

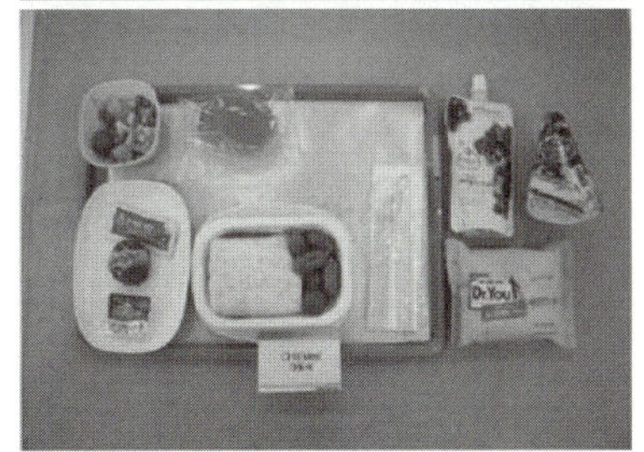

아동식 식사가 가능한 24개월 미만의 영 · 유아에게 제공되며, 메뉴는 아동식Child Meal과 동일하다.

- 24개월 이하 영 · 유아 중 신체발육이 빨라서 CHML 취식 가능한 경우 신청에 따라 제공
- Meal 내용은 CHML과 동일

라. 아동식Child Meal : CHML

만 2~12세 미만의 아동에게 제공되며, 한국 출발편에서는 스파게티, 햄버거, 오므라이스, 돈가스 가운데 선택할 수 있다. 해외 출발편에서는 햄버거, 피자, 스파게티, 핫도그 가운데 선택할 수 있다.

- 만 2세 이상 12세 미만의 소아 및 어린이를 위한 식사

(6) 와인서비스

- 승객에게 레드와인과 화이트와인을 권유하며 서비스한다.

- 와인서비스 시 와인이 흘러내리지 않도록 와인 Server를 꽂아 사용하며, 와인서비스용 린넨을 팔에 두른다.
- 식사 제공이 끝난 후 Wine Refill 서비스를 한다.

(7) Hot Beverage 서비스

- 대표적인 Hot Beverage는 커피와 차가 있다. 겔리 담당승무원은 식사서비스가 종료되면, 겔리에서 커피와 차 서비스를 할 수 있도록 준비를 한다.

① Hot Beverage 서비스를 위한 준비물품

- 커피포트, 찻주전자
- 티백Tea Bag, 설탕, 크림, 인공감미료, 레몬
- Small Tray
- 칵테일 냅킨

② Hot Beverage 서비스방식

- Small Tray 위에 승객이 직접 컵을 놓을 수 있도록 안내한다.
- 승무원은 트레이Tray를 통로 쪽에서 Hot Beverage를 컵에 따른다.
- Hot Beverage를 컵에 따른 후에는 승객이 직접 컵을 편안하게 가져갈 수 있도록 트레이를 승객 가까이 위치한다.
- Hot Beverage 서비스 시에는 설탕, 크림 사용 여부를 물어보고, 원할 시에는 승객이 트레이에 놓여진 설탕, 크림을 직접 집어갈 수 있도록 트레이를 승객 쪽으로 가져다 놓는다.
- Hot Beverage를 제공할 때에는 승객에게 반드시 뜨겁다는 것을 구두로 알려, 승객이 화상에 주의하도록 안내한다.
- 전체 승객을 대상으로 Hot Beverage 서비스가 끝난 후 리필Refill서비스를 실시한다.

【주 1】 커피는 서비스 직전에 브루잉(Brewing)하여 신선하고 뜨겁게 제공한다.
【주 2】 차(Tea) 제공 시 준비된 차 종류를 소개한 후 제공한다.
【주 3】 승객의 화상방지를 위해 조심하고, 트레이 높이를 낮춰 승객이 안전하게 컵을 집을 수 있도록 배려한다.

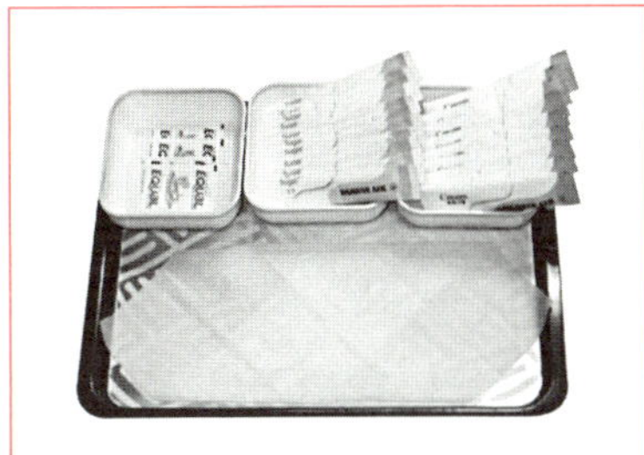

▶ Coffee SVC용 Tray

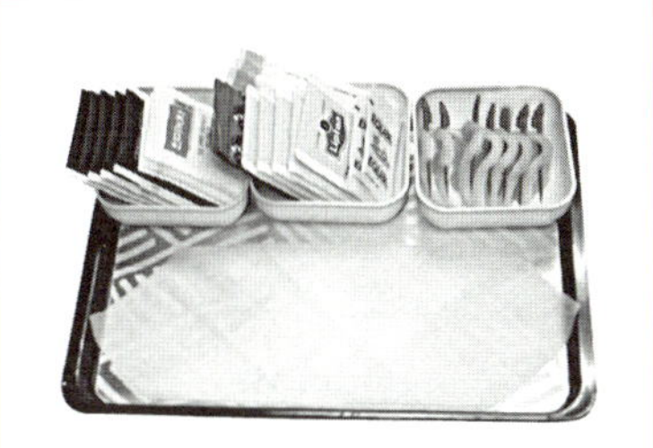

▶ Tea SVC용 Tray

(8) Meal Tray 회수

- 식사를 빨리 끝낸 승객의 식사 트레이Meal Tray는 개별적으로 회수한다.
- Meal Cart를 이용하여 회수한다.
- Meal Cart 상단에 투명 Drawer를 놓고, 리필서비스를 위한 생수와 커피포트를 준비한다.
- 식사 트레이를 회수할 때는 카트의 상단부터 넣는다.
- 회수 시 취식에 대한 만족도를 확인하고, 반드시 회수 여부를 물어본 뒤 치워드린다.
  (예) "맛있게 드셨습니까?" / "치워드릴까요?(치워드리겠습니다.)"
- 회수 시 음료 또는 차Tea를 원하는 승객에게는 겔리에서 준비하여 제공한다.

5) 입국서류 배포 및 작성

객실승무원이 승객에게 제공하는 여러 서비스 중, 승객이 가장 많이 승무원에게 질문을 던지며 협조를 구하는 것이 입국서류 작성이다. 입국서류 작성과 관련해서는 승객의 칭송과 불만이 극명하게 표출되는 것이 입국서류와 관련된 특징적인 현상이다. 객실승무원은 승객의 입국서류 작성에 적극적이어야 하며, 각 나라의 입국서류 작성법에 대한 지식이 풍부하여야 한다. 잘못 안내된 입국서류 작성 정보로 인해 승객이 목적지 국가 입국에 곤란을 겪는 사례도 비일비재하다. 객실승무원은 반드시 객실브리핑 단계에서 입국서류 작성에 대한 승무원 간의 정확한 정보교환을 하는 것이 바람직하다. 기내에서는 승객의 질문에 정확한 지식이 없다면 주변 승무원들의 협조를 받아 승객에게 정확한 입국서류 작성이 되도록 주의를 기울인다.

입국서류는 3가지 종류로 나뉜다. 가장 많이 작성되는 것이 E/DEmbarkation / Disembarkation Card이며, '세관신고서'와 '검역신고서'가 있다. 입국서류는 국가마다 다르게 적용되고 있으며, 입국에 관한 제도가 바뀌는 경우가 있어 수시로 정보를 업데이트한 상태로 유지한다.

최근 많은 나라들은 자국의 관광산업 육성을 위한 방편으로 입국의 편의성을 증진하여 자국 방문객을 늘리려는 차원에서 입국서류 작성을 폐지하거나 간소화하는 추세에 있다. 미국은 비자면제 대상 국가를 늘려나가 입국서류 작성을 간소화하는 정책을 도입하였다(예 : 한국은 미국의 비자면제 국가로서, 과거에 작성해 오던 입국서류 I-94 Form 작성이 없어졌다). 중국과 러시아 같은 사회주의 국가도 세관신고서를 모든 승객이 작성하던 규정을 없애고 신고할 승객만 작성하도록 완화하였다. 유럽연합 국가들은 아예 입국서류 자체가 없다.

(1) 입국서류 작성 원칙

- 영어 대문자로 기재한다.
- 서류의 모든 기재사항은 빠짐없이 작성한다.
- 서류작성 시에는 부정확하게 기재해서는 안 된다.
- 유 · 소아 동반승객도 작성한다(세관신고서는 가족 당 1매 작성).

(2) 입국서류 종류

- 출입국신고서E/D : Embarkation / Disembarkation Card : 입국하고자 하는 사람의 인적사항과 방문 목적, 체류지 등을 확인하는 입국심사 절차에 필요한 서류이다.
- 세관신고서Customs Form : 입국하는 나라의 경제사정에 따른 올바른 경제 질서를 보호하기 위한 목적으로, 자국민과 방문객을 구분하여 해외 구입물품과 외환소지 금액에 대한 규제를 위해 작성하는 서류이다.
- 검역설문서Quarantine Form : 입국하는 나라의 환경보호와 전염병과 같은 국민건강에 위해가 되는 것으로부터 보호하기 위한 목적으로, 동 · 식물 관련 물품소지와

전염병 의심 승객의 입국을 제한하기 위한 서류이다.

【주】 객실사무장은 기내에 탑승하여 제일 먼저 확인할 목록이 입국서류이다. 해당국가에 맞는 입국서류를 승객 인원수만큼 운송 지상직원으로부터 정확하게 인수받는다.

(3) 입국서류 작성 시 유의사항

- 체류지 주소와 입국 목적을 정확하게 작성한다.
- 세관신고서에 기재된 입국 국가의 면세허용량 초과물품은 반드시 기재한다.
- 세관신고서 항목 중 음식물과 약품 기재는 반드시 작성한다.
- 검역설문서(한국)는 반드시 작성하여 제출한다.

입국서류에 나오는 영어

- Family Name(Last Name) : 성
- Given Name(First Name) : 이름
- Nationality : 국적
- Passport No(Travel Document No) : 여권번호
- Place and Date Issue : 여권 발행 장소 및 날짜
- Date of Birth : 생년월일
- Purpose of Visit : 방문 목적
- Address in(국가) : 체류지 주소
- Home Address : 현주소
- Occupation : 직업
- From(Last City) : 탑승 도시
- Flight No : 비행편명
- Signature : 서명(여권과 동일하게 함)

(4) 입국서류 서비스 착안사항

- 객실승무원은 Small Tray 위에 승객에게 제공할 입국서류를 준비한다.
- 객실승무원은 입국서류와 함께 볼펜을 준비한다.

【주1】 볼펜은 소량만 탑재되므로, 필요시에는 승객에게 되돌려 받아 활용한다.
【주2】 승객이 볼펜을 원할 시, 가지고 있는 볼펜이 없을 경우에는 주변 승무원에게 협조를 통해 신속하게 제공한다.

- 노약자 승객에게는 먼저 다가가 서류작성을 도와준다.
- UM 등 사전에 협조가 필요한 승객의 입국서류는 승무원이 대신하여 작성한다.
- 서류가 더 필요한 승객에게는 즉시 제공한다.
- 승객이 작성오류가 나서 승무원이 대신 서류를 작성했을 경우, 원래 오류난 서류는 승객에게 되돌려 준다(승무원이 자의적으로 폐기하지 않으며, 개인정보 차원에서 승객 스스로 처리하도록 한다).
- 주무시는 승객은 Seat Pocket에 눈에 보이도록 입국서류를 꽂아놓는다.
- 입국서류 제공이 끝나고 나면, 잔여서류는 모든 승무원이 인지하고 있는 일정한 겔리 칸Compartment에 보관하여 둔다.

【주1】 입국서류는 항공기가 목적지 공항에 착륙하기 전에 다시 리필서비스를 한다.
【주2】 입국서류가 부족하여 승객 모두에게 제공되지 않는 경우가 발생할 시에는, 객실사무장은 기장을 통해 목적지 공항 운송직원에게 미리 연락하여 항공기가 도착하여 승객 하기 시 제공될 수 있도록 협조를 구한다. 항공기 도어가 열리면, 승무원은 지상직원으로부터 입국서류를 받아 내리는 승객들 중에 입국서류가 없는 승객에게 제공한다.

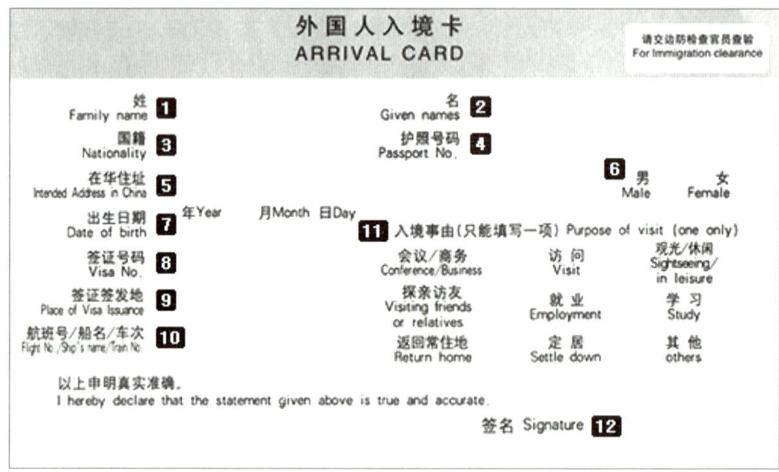
外国人入境卡
ARRIVAL CARD
请交边防检查官员查验
For Immigration clearance

姓 Family name 1
名 Given names 2
国籍 Nationality 3
护照号码 Passport No. 4
在华住址 Intended Address in China 5
6 男 Male 女 Female
出生日期 Date of birth 7 年Year 月Month 日Day
签证号码 Visa No. 8
签证签发地 Place of Visa Issuance 9
航班号/船名/车次 Flight No./Ship's name/Train No. 10
11 入境事由(只能填写一项) Purpose of visit (one only)
会议/商务 Conference/Business
访问 Visit
观光/休闲 Sightseeing/in leisure
探亲访友 Visiting friends or relatives
就业 Employment
学习 Study
返回常住地 Return home
定居 Settle down
其他 others

以上申明真实准确。
I hereby declare that the statement given above is true and accurate.
签名 Signature 12

세관 신고서

서식 승인됨
19 미국연방규정집 122.27, 148.12, 148.13, 148.110,148.111, 1498; 31 미국연방규정집 5316 관리예산처 번호 1651-0009

입국하는 각 여행자나 가족의 책임자는 다음의 정보를 제공해야 합니다 (가족당 한 부의 신고서만 작성하면 됩니다). "가족"이란 "같은 가정에서 함께 살고있으며 혈연, 결혼, 동거, 또는 입양관계인 구성원들"을 말합니다.

1 성
(성이 아닌) 이름 중간 이름

2 생년월일 월 일 년

3 함께 여행 중인 **가족 구성원**의 수

4 (ㄱ) 미국 내 주소 (호텔 이름/목적지)
(ㄴ) 도시 (ㄷ) 주

5 여권 발행국

6 여권번호

7 거주국가

8 이번 여행중 미국에 입국하기 전에 **방문했던 국가**

9 항공사/항공편 번호 또는 선박명칭

10 이번 여행의 주 목적은 **사업**임: 예 아니오

11 본인(우리)의 반입 물품:
(ㄱ) 과일, 채소, 식물, 씨앗, 음식, 곤충: 예 아니오
(ㄴ) 육류, 동물, 동물/야생생물 제품: 예 아니오
(ㄷ) 병원체, 세포 배양물, 달팽이류: 예 아니오
(ㄹ) 흙 또는 농장/목장/목초지를 방문함: 예 아니오

12 본인(우리)은 **가축**에 근접한 적이 있음: 예 아니오
(예를 들어 만지거나 다룸)

13 본인(우리)은 미화 1만 달러 이상 또는 그에 상당하는 외국의 **통화 또는 지급수단**을 소지하고 있음: 예 아니오
(뒷면의 지급수단의 정의를 참조)

14 본인(우리)은 **상업용 물품**을 가지고 있음: 예 아니오
(판매용 물품, 주문을 유도하기 위한 견본, 또는 개인용품으로 간주되지 않는 제품들)

15 **거주자**—본인(우리)이 해외에서 구입 또는 취득하여 미국으로 가지고 오는 상업용 물품을 포함한 모든 재화(다른 사람에게 줄 선물을 포함하지만, 미국으로 우송한 물건은 제외)의 총가액: $
방문자—상업용 물품을 포함하여 미국에 남아 있을 모든 물품의 총가액: $

이 서식의 뒷면에 적힌 지시사항을 읽어보십시오. 귀하가 신고해야 하는 모든 품목들을 기재할 지면이 제공되어 있습니다.

본인은 이 서식의 반대면에 적혀 있는 중요정보를 읽었으며 사실 그대로 신고하였습니다.

16 X 서명 **17** 날짜 (월/일/년)

CBP Form 6059B (04/14) Korean

국가별 입국서류 작성 현황

국 가	출/입국신고서	입국신고서	세관신고서	참 조
괌		O	O	비자면제신청서
미국			O	
캐나다			O	
러시아			O	
영국		O		
스페인	O			
캐나다				
호주		O		세관신고서 혼용
뉴질랜드		O		세관신고서 혼용
중국	O		O	
일본	O		O	
말레이시아	O		O	
인도네시아	O		O	
미얀마	O		O	
필리핀	O		O	
홍콩	O			
싱가포르	O			
태국	O			
대만	O			
네팔	O		O	도착비자신청서
캄보디아	O		O	도착비자신청서
인도		O	O	
한국	O		O	

【주 1】 출·입국신고서는 입국용과 출국용으로 구분되어 작성하는 입국서류를 의미한다(출국할 날짜와 비행편명 기재).

【주 2】 도착비자신청서를 작성하는 경우에는 서류에 부착할 증명사진을 준비한다.

입국서류와 볼펜(고객의 소리)

- 홍콩 – 인천 구간. 입국서류를 주시기에 볼펜을 빌려달라고 했더니 "잠시만요." 하더니, 그 후에 조치가 없었습니다. 그래서 그냥 착륙 후에 나가서 작성했어요.
- 승무원 분에게 출입국신고서 작성을 위해 볼펜을 빌려달라고 했습니다. 알겠다고 해놓고 30분이 지나도 안주기에 다시 말을 했더니 "죄송합니다. 가져다드리겠습니다." 하더군요. 또 30분이 지나도 안 주기에 "저기요, 왜 안 주시는 거죠?" 했더니 그제야 없다고 하더군요. 기가 막혔습니다.
- 오사카 – 부산 기내. 먼저 세관신고서를 작성하기 위해 볼펜이 필요했습니다. 볼펜을 부탁했더니 귀찮다는 듯이 "잠시 후에 가져다드리겠습니다." 해놓고선 감감무소식이더군요. 그래서 다시 갖다달라고 부탁을 해야 했습니다.

입국서류 이야기

유럽국가 대부분은 입국서류가 없다. 사회주의 국가(중국, 러시아, 베트남)들 조차 세관신고서를 없앴다. 세계 각국은 관광객을 적극 유치하기 위해 입국서류 및 세관신고서 폐지 등 입국절차를 간소화하는 추세에 있다. 지금도 기내에서 입국서류를 작성하느라 끙끙대는 승객들을 보면 안쓰럽기까지 하다. 미리 준비한 승객은 여유롭게 시간을 보내는데, 그렇지 않은 승객은 비행기 도착할 때까지 제대로 쉬지도 못하고 서류작성에 매달린다. 입국서류 작성 때마다 벌어지는 기내 풍경들이다.

"볼펜 좀 빌려 주세요."

"잘못 썼는데, 한 장 더 주세요."

승무원이 제일 난감해 하는 돌발 질문!

"체류지 주소를 모르는데 뭐라고 써요?"

말도 안 통하는 외국의 입국심사 직원과의 대화는 가장 곤혹스런 일이 아닐 수 없다. 그 중 적어도 방문 목적과 체류 주소지는 반드시 알고 해외여행 길에 오르자.

자료 | 진성현 저, 비행스케치

6) 기내 Walk Around

항공기가 이륙하여 기내음료 및 식사서비스까지는 객실승무원은 서비스 순서를 회사가 계획적으로 정해준 서비스 절차에 의거하여 업무를 진행한다. 이때에는 객실승무원이 개별적으로 승객에게 서비스를 제공할 여유가 없다. 승객 역시 이륙하자마자 나오는 기내서비스에 특이하게 개별적인 요구를 하는 경우도 드물다. 기내음료와 식사서비스가 종료가 되면, 다음 2차 정규 서비스까지는 시간에 여유가 있어 이때부터 승객들은 자유롭게 개인시간을 갖게 된다. 1차 기내서비스가 끝나고 2차 서비스가 진행되기까지의 시간대를 승객 휴식Passenger Rest이라 한다. 객실승무원은 승객 휴식Passenger Rest 시간대에 서비스 공백 현상이 일어나지 않도록 주의를 기울인다. 편히 쉬고 있는 승객에게 개별적인 서비스 제공을 위해 실시하고 있는 것이 기내 Walk Around이다.

기내 Walk Around는 단순히 기내를 돌아다니는 것이 아니라, 쉬고 있는 승객의 동향을 주의 깊게 들여다보며 승객이 요구하기 전에 먼저 적극적으로 승객이 필요로 하는 것을 찾아내어 서비스를 제공하는 것이다. 특히 승객 휴식 시점에 기내 환자 발생률이 높은 만큼 기내 순회를 통해 승객의 상태를 잘 파악하는 것이 중요하다.

기내 Walk Around 착안 사항은 다음과 같다.

- 독서등을 켜고 책을 읽고 있는 승객에게 커피 또는 음료수를 제공한다.
- Tray Table 위에 놓여진 빈 컵 및 잔유물을 깨끗하게 치워준다.
- 화장실을 수시로 들여다보며 청결상태를 유지한다.
- 기내 통로 바닥에 흘려진 쓰레기물을 깨끗이 치워 항상 통로의 청결상태를 유지한다.
- 유아동반 승객 또는 UM 등 특별하게 관심을 가져야 하는 승객에 대해서 불편한 것이 없는지 수시로 찾아가 본다.
- 비상구 열 좌석 승객에게 추운지 여부를 문의하며 필요시 담요를 제공한다.
- 승객의 호출버튼Call Button이 들어오는지 주의를 기울이며, 호출 시 즉시 응대한다.

- 승객 휴식Passenger Rest 시점에 화장실 흡연 사례와 화장실 사용 중 환자 발생이 자주 일어나므로, 화장실 주변에 위치하여 승객의 동향을 살핀다.
- 좌석 스크린을 켜 놓은 채 잠을 자는 승객의 스크린은 살며시 꺼드린다. 스크린의 환한 불빛으로 주변 승객의 휴식에 방해가 되지 않도록 한다.
- 휴식에 불편을 갖거나 아픈 승객이 있는지 관심을 갖는다.
- 통로를 지나다닐 때는 좌석에 앉은 승객과 부딪히지 않도록 유의하고, 승객이 지나갈 때는 먼저 길을 양보한다.

7) 기내면세품 판매

항공사는 부대수익 사업으로 항공기내에서 승객들을 대상으로 면세품 판매서비스를 하고 있다. 기내면세품 판매 규모는 항공사마다 정책을 달리하여 운영하고 있다. 국내 대형항공사는 기내면세품 판매에 치중하고 있어 판매물건의 종류가 매우 다양하다.

기내면세품으로는 주류와 화장품이 주류를 이루고 있으며 기타 패션용품, 건강보조식품, 전자제품 등 다양한 물품으로 구성되어 있다. 기내면세품 판매는 국제선에만 해당되는 업무로 기내판매 담당승무원을 지정하여 운영한다. 기내판매 담당승무원은 기내면세품에 대한 물건을 인수인계하는 임무를 지니고 있으며, 아울러 세관신고를 위한 기내판매일보 작성 및 기내면세품 도난방지 및 세관 규정에 의거 무단으로 면세물품 반출을 방지하기 위해 모든 면세품 보관함에 대해 Red Sealing[19]을 하는 임무를 수행한다.

일부 항공사는 기내판매 수익 증진을 위해 사전 기내면세품 주문제도를 운영하고 있다. 기내판매 사전주문제도는 항공기 운항 노선에 따라 판매가능 물품과 주문 시점을 다르게 적용하고 있다. 사전구매는 여행 전에 인터넷Skyshop, 전화, 팩스, 기내 사전

19 Red Sealing은 기내에 세관으로부터 면세를 적용받은 물품에 대하여 기내 외부로의 무단반출을 방지하기 위한 잠금 행위로, 붉은 색을 띤 Seal을 이용하기 때문에 Red Sealing이라고 부른다. 기내면세물품으로는 서비스용 주류와 면세품이 있다.

주문서 등을 통해 면세품을 미리 주문하고 해당편 기내에서 주문서 확인 후 상품을 구매, 수령할 수 있다. 객실승무원은 사전주문 승객에 대해 기내에서 확인이 되면 먼저 개별적으로 판매를 한다.

(1) 기내면세품 판매서비스 제약

① 공간적 제약

항공기는 기종별로 기판품 탑재 공간이 제한되어 있으므로, 탑승객이 원하는 만큼의 수량을 충분히 탑재하지 못한다.

② 시간적 제약

노선별로 정해진 기내판매 가용승객을 대상으로 면세품을 판매함에 따라 판매 가용시간이 부족하다.

③ 법률적 제약

판매자(항공사)는 $400 이상을 판매할 시에는 반드시 구매자의 인적사항을 기록 유지하여야 한다.

(2) 기내면세품 판매방식

① 기내 탑재판매

- Cart Presentation Sales : 기내면세품이 미리 준비되어 있는 Sales Cart를 이용하여 판매하는 방식이다.
- Order Basis Sales : 승객의 주문이 있을 시 개별 판매하는 방식이다.
- 기내 전시판매 : 기내 일정 공간에 상품을 전시하여 판매하는 방식이다(대한항공 A380).

(3) 사전 예약 주문제도

해외여행 전 또는 출발편 항공기에서 구매하고자 하는 상품을 미리 주문하고 해당 주문 상품을 귀국편 등의 기내에서 전달받는 판매방식이다. 사전 주문 이용방법은 전화, 인터넷, 이메일, 귀국편 사전 주문서 등이 있다.

(4) 기내면세품 판매 착안사항

- 기내면세품 판매는 1차 식사서비스가 종료된 후 입국서류 배포시점에 준비한다.

  【주】 동남아 심야비행의 경우는 이륙 후 식사서비스 전에 실시한다.

- 기내면세품 판매는 담당승무원 주도 하에 실시하며, 기내면세품 판매 카트 수에 따라, 판매에 참여할 승무원을 객실사무장의 위임을 받은 부사무장이 지명한다. 기종별 기내판매 카트 운영 대수는 다음과 같다.

  - A380 : 4대
  - B747, B777 : 3대
  - A330, A320 : 2대
  - B737 : 2대Half Cart

- 기내 판매를 할 시에는 판매물건과 가격에 오류가 나지 않기 위해, 승무원이 확인 가능하도록 승객이 주문한 물건들을 Tray Table을 열고 그 위에 놓아드린다.
- 기내 판매를 실시하는 동안에는 다른 승객들의 쾌적함을 방해되지 않도록 낮은 목소리를 유지하며 판매 Cart를 이동할 때에는 승객의 신체 부위에 부딪히지 않도록 유의한다.
- 기내 판매 시 접수가 불가능한 직불카드, 체크카드인지 확인하며, 사용 가능한 신용카드의 경우에는 회사가 규정한 수수가능 금액이 초월되지 않도록 주의한다(대한항공, 예 : 동일한 카드로 USD 1500 한도 내 구입).

  【주1】 법인명의의 법인카드인 경우에는 수수금액에 관계없이 구매승객의 성명, 여권번호, 좌석번호를 신용카드 전표에 기재한다.

  【주2】 신용카드 매출전표는 판매대금과 동일하므로 매출전표가 분실되지 않도록 주의한다.

- 기내 판매에 직접 참여하지 않는 승무원은 면세품 판매의 원활함을 위해 면세품이 보관되어 있는 겔리와 판매 카트 사이를 오가며 면세품 전달한다.

  【주】 기내면세품 판매를 하는 동안에 승객에 대한 서비스 공백이 발생하지 않도록 주의한다.

- 기내면세품 판매는 카트에 의한 판매가 종료된 후에도 승객이 요구하면 개별적

으로 판매가 가능하며, 완전한 판매 종료 시점은 기내에 Approaching 신호가 나올 때까지이다.

【주】 기내판매는 항공기 안전에 위배되지 않도록 항공기가 목적지 공항에 근접하여 하강을 시도하는 Approaching 때까지를 종료 시점으로 하며, 그 이후에는 기내판매를 하여서는 아니 된다. 비행시간이 짧은 중국, 일본과 같은 단거리 노선에서 기내에 Approaching 신호가 들어왔는데도 기내면세품 판매가 끝나지 않을 징후가 보일 때에는 객실사무장은 기내판매 종료 안내 방송을 실시한다.

8) 객실서비스 Side Order

객실서비스는 항공사가 규정한 서비스 절차Service Procedure에 의거하여 이루어지는 특징을 가지고 있다. 서비스 절차는 항공기 노선과 비행시간에 따라 수립되어 운영하고 있다. 서비스 절차란 어느 시점에 어떠한 서비스를 객실승무원이 승객에게 동일하게 제공하는 것을 규정한 것이다.

서비스 절차 수립의 목적은 제한된 비행시간에 승객이 만족하고 편안하게 항공사가 제공하는 여러 유형의 서비스들을 받을 수 있도록 하기 위한 것이다. 만약에 서비스 절차가 수립된 대로 이루어지지 않을 시에는 서비스 지연 사태가 일어나고 기내에는 큰 혼선과 불편이 발생되어 원만한 서비스가 진행되지 못하는 결과를 초래할 수 있다. 따라서 객실승무원은 모든 서비스가 원만하고 효율적으로 승객에게 제공되기 위해서는 서비스 절차에 따라 서비스를 진행하여야 한다. 그러함에도 일부 승객은 자신의 입장에서 항공사가 정한 서비스 절차와 무관하게 서비스 요구를 하는 경우가 있다.

기내에서의 Side Order는 서비스 절차와는 상관없이 승객이 원하는 것을 별도로 요구하는 것을 의미한다. 예를 들면, 항공기 이륙 후 1시간이 되는 시점에 기내식을 객실승무원이 승객에게 제공토록 서비스 절차가 마련되어 있다. 객실승무원은 서비스 절차에 따라 식사 카트를 밀며 기내식을 승객에게 일률적으로 제공하고 있는데, 어느 승객이 담요를 한 장 더 갖다 줄 수 있느냐고 요청을 한다. 담요는 이미 항공기가 이륙하기 전에 승객 한 사람당 한 장씩 제공되어 끝난 일이었지만, 승객은 한창 기내식을 서비스하는 승무원에게 담요를 추가로 요청한 것이다. 이렇게 별도로 추가하여 요청하거나 주문하는 것을 Side Order라 한다.

Side Order는 객실승무원이 수행하는 근무 형태 중에 가장 대응하기가 어려운 일 중의 하나로 손꼽히고 있다. Side Order는 승객이 일방적으로 객실승무원이 지금 하고 있는 일과 전혀 다른 서비스를 요구하기 때문에 신속히 응대하기가 쉽지 않다. Side Order를 잘 응대하는 승무원일수록 업무 능력이 뛰어나다고 평가하는 이유가 바로 여기에 있다. 또한 Side Order를 적시에 응대하지 못하는 경우에는, 고객의 불만과 불편이 나오기도 하여 항공사와 객실승무원은 Side Order 응대에 만전을 기하고 있다.

(1) Side Order에 대한 응대 준칙

- Side Order를 한 승객에게 원하는 것을 경청한다.
- 하던 일을 멈추고 Side Order를 즉시 해결한다.
- 즉시 해결이 곤란할 경우에는 메모를 하여 잊지 않는다.
- 하던 일에 여유가 생기면 메모한 Side Order를 해결한다.
- 승객이 기다려 준 것에 고마움을 표한다.

Side Order 고객불만 사례

태국 치앙마이에서 인천공항에 도착하는 비행기를 탔습니다. 늦은 시간이라 승무원들도 힘들었겠지만 서비스가 엉망이었습니다. 허리가 아파서 베개 하나 더 달라고 해도 대답만 하고 가져다주지 않고, 생수를 달라고 해도 대답은 하고 가져다주질 않았습니다. 뭐가 그리 바쁜지 승무원들은 정신없이 왔다 갔다 하고 꼭 시장에 온 느낌이었습니다.

중국 상해 – 인천 비행에서 승무원에게 담요 좀 가져다달라고 했습니다. 그런데 그 승무원이 이륙 후에 가져다준다고 하더군요. 그래서 알겠다고 했습니다. 그런데 이륙 후에도 감감무소식. 짧은 치마를 입어서 민망하기도 하고 에어컨 바람이 세서 다리가 시렸어요. 기내식이 나와도 안 가져다주어 화를 가다듬고 다른 승무원에게 다시 정중하게 담요를 요청했습니다. 이번 승무원은 친절하게 알겠다고 하더군요. 그런데 약속이라도 한 듯이 아무리 기다려도 가져다주질 않더라고요. 짧은 비행시간이라 기내식 준비하고 면세물품 판매에 바쁜 건 알겠지만, 담요 가져다주는 게 그렇게 힘든 일이고 바로 까먹을 일인가요? 그렇게 끝내 비행기에서 내릴 때까지 아무도 가져다주지 않았습니다.

5. 착륙 전 단계

1) 항공기 Approaching 시점

항공기가 목적지 공항에 근접하면 기장은 도착안내 기내 방송을 실시한다. 기장의 도착안내 방송을 기점으로 객실승무원은 착륙 준비 상태에 들어간다. 객실승무원은 승객에게 제공하였던 헤드폰Headphone을 회수한다. 잠시 뒤에 기장은 객실승무원에게 Approaching 신호를 보낸다. 객실승무원은 Approaching 신호가 들어오면 모든 공식적인 기내서비스를 종료한다.

Approaching이란, 항공기가 활주로에 착륙하기 위해 고도를 낮추며 강하하는 시점의 착륙 직전의 비행단계를 말한다. Approaching은 보통 착륙 20분 전(고도 2만 피트)에 기장이 객실승무원에게 신호를 준다. 객실승무원은 Approaching 시점에 모든 서비스를 종료하고 겔리 정리 등을 한다. 또한 기내 Approaching 방송을 실시하여 승객들도 좌석 및 짐 정리를 하여 내릴 준비를 하도록 안내한다.

(1) Approaching 시점 객실승무원 임무

- 기내 방송 담당승무원은 Approaching 방송을 실시한다.
- 승객의 재킷 등 보관했던 승객물품들을 돌려준다.
- 갤리Galley에 나와 있는 모든 서비스용품들을 제자리로 원위치하여 깨끗하게 정리한다.
- 밀봉Sealing이 필요한 주류 등을 재정리하여 카트에 보관하고 밀봉을 할 수 있도록 마지막 준비를 한다. 객실부사무장은 주류 및 기내면세품 밀봉 상태를 최종 점검한다.
- UM, 장애인승객, TWOV 등 SPCL PAX을 대상으로 담당승무원은 착륙 준비를 하는데 도움을 제공한다.
- 겔리 담당승무원은 기용품 정리를 하며, Red Seal과 Blue Seal을 할 물품의 밀봉 상태를 최종 확인한다.

- Red Seal : 도착지 공항 세관당국에서 규정한 물품으로 주로 기내 면세품, 알코올성 음료가 해당된다.
- Blue Seal : 세관 규정에 관계없이 도난 및 외부 반출을 방지하기 위하여 중요한 서비스용품을 대상으로 한다.

2) 항공기 착륙 시점

항공기가 고도 1만 피트(보통 착륙 10분 전)에 도달하면 기장은 객실승무원에게 착륙Landing 신호를 보내준다. 착륙 신호는 Fasten Seat Belt Sign이 벨이 3번 울리며 'On' 된다. 착륙 시점은 객실승무원이 안전 활동에 집중하는 단계이다. Approaching 시점에서 모든 서비스가 종료되었다면, 착륙 시점은 객실승무원이 안전에만 집중하는 시점이다. 객실승무원은 안전 활동이 끝나면 이륙 때와 동일하게 지정 점프시트에 앉아 좌석벨트와 Shoulder Harness을 착용한다.

(1) 착륙 시점 안전 활동사항

① 승객 좌석벨트 착용 상태
② 승객 좌석 등받이를 세운 상태
③ 승객 좌석 Tray Table 원위치
④ 승객 짐 보관 상태
⑤ 기내선반Overhead Bin 닫힘 상태
⑥ 겔리 유동물체 잠금 및 고정Locking & Lacthing
⑦ 화장실 승객 유무 확인

(2) A380 비행기 착륙준비 완료 보고

다른 항공기와는 달리 A380 기종의 경우에만 착륙Landing 시그널이 나오면 객실사무장은 기장에게 'Cabin Ready' 버튼 조작으로 객실 착륙 준비가 완료되었음을 통보한다.

6. 착륙 후 단계

1) Taxiing 중 안전 업무

객실승무원은 항공기가 착륙을 하여 항공기가 완전히 정지하여 Fasten Seat Belt 사인이 꺼질 때까지 항공기가 지상활주Taxiing하는 동안에 승객이 좌석에서 일어서거나 이동하지 못하도록 제지하며 승객 동향을 모니터한다.

- Fasten Seat Belt 사인이 꺼질 때까지 모든 승객이 착석 상태로 유지되도록 한다.
- 승객이 좌석에서 일어나는 것을 목격하면, 승객에게 정중하게 좌석에 착석하여 줄 것을 안내한다.

2) Door Open

항공기가 완전히 정지하여 기장의 좌석벨트 사인이 꺼지면, 객실승무원은 도어 모드Door Mode 변경을 한다. 도어 모드는 Armed 위치에서 Disarmed로 변경한다. 객실사무장은 모든 승무원으로부터 도어 모드 변경이 완료되었음을 확인을 한 후, 도어 개방 준비를 한다. 도어 개방 전에는 지상직원에게 인계해 줄 서류를 준비하고, 가장 먼저 하기하여야 할 승객이 있으면 미리 조치하여 운송직원에게 인계한다.

- 객실사무장의 PA 지시에 따라, 객실승무원은 안전 절차에 따라 도어 모드 변경을 한다(객실사무장은 All Attendant Call을 하여 확인한다).
- 객실사무장은 운송직원에게 인계할 서류와 승객을 준비한다.
- 기내 조명을 Full Bright로 조절한다.
- 객실사무장은 항공기 외부의 지상직원으로부터 도어 오픈Door Open 요청이 오면 도어 오픈 허가 수신호를 준다.

(1) Door Open 절차 규정

비상사태가 아닌 경우 항공기 도어 오픈Door Open 시 Escape Slide의 오작동이 발생할 가능성이 있어 상당한 주의가 필요하다. 따라서 항공기 도어 오픈은 항공기 외부 직원에 의해서만 이루어질 수 있다. 객실사무장은 항공기 외부의 직원이 도어 오픈 요청 신호가 오면 객실 내 준비가 완료되면 도어 오픈을 해도 좋다는 수신호를 지상직원에게 보내준다(예외 기종 : B737은 항공기 내부에서 객실사무장이 도어를 오픈한다).

【주1】 객실승무원은 항공기가 지상에 있는 동안 외부로부터 기내식 탑재 등 지상업무를 위해 항공기 Door Open 요청이 오면 직접 도어를 오픈하여서는 아니 된다. 외부 직원이 직접 오픈 작동을 하도록 하며, 외부 직원이 도어 오픈 작동 교육을 받지 아니한 사람인 경우에는 객실승무원이 기내에 상주하고 있는 객실정비사에게 의뢰한다.

【주2】 항공기 외부에 안전장치(Bridge, Step Car, 조업차량 등)가 없는 상태에서 도어를 오픈하지 않는다.

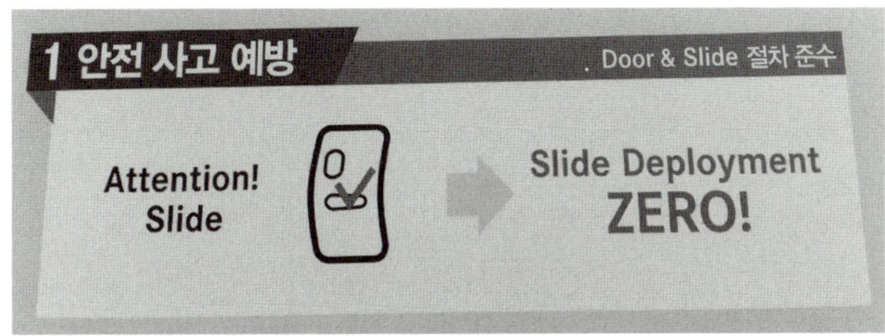

▶ OZ항공사 Door & Slide 안전캠페인 포스터

3) 승객 하기(下機) 협조

객실승무원은 승객이 질서 있고 편안하게 하기할 수 있도록 도움을 준다. 승객 하기(下機)는 회사가 규정한 순서에 의거하여 실시하며, 유 · 소아 동반 승객 등 도움이 필요한 승객에게는 적극적으로 도움을 주어야 하기하는데 불편이 없도록 한다. 또한 UM, 장애인승객 등을 담당한 승무원은 해당 승객을 지상직원에게 인계할 때까지 편안하게 하기 할 수 있도록 책임을 갖는다.

(1) 승객 하기 시 준수사항

- 하기하는 승객에게 고마움을 표시하며 인사한다.

- 하기 인사는 점프시트 주변에서 한다.
- UM, 유아동반승객, 노약자에게는 짐을 적극 들어주며 하기하는데 도움을 준다.
- 가장 마지막 순서로 하기하는 장애인 승객에게는 기다려준 것에 감사를 표하고, 장애인승객이 내리는데 불편함이 없도록 한다.

【주】 장애인승객이 많을 때는 모든 승무원이 협조하여 신속하게 하기할 수 있도록 한다. 객실사무장은 장애인승객이 지상직원에게 정확하게 인계되었는지 최종 확인한다.

(2) 승객 하기 순서

- 응급환자
- 퍼스트클래스 승객 / 비즈니스클래스 승객
- UM, FAMY 승객
- 일반석 승객
- 장애인 승객

4) 기내 유실물 점검 및 인계 업무

승객이 모두 하기(下機)한 후, 객실승무원은 기내 잔류승객이 있는지 화장실 등을 점검하며, 승객이 잊어버리고 기내에 놓고 간 유실물에 대해서도 확인하는 절차를 수행한다. 객실사무장은 PA를 통해 객실승무원이 유실물을 확인토록 지시한다. 유실물이 발견될 경우에는 공항 내 도착장에 위치한 유실물센터에 가져다준다. 유실물 확인이 끝나면 기내판매 담당승무원은 기내면세품 인계를 하며, 겔리 담당승무원은 기내식 직원에게 인계해 줄 서비스 기물을 넘겨준다. 또한 비행 중 발생한 기내 설비 고장에 대해서는 객실정비사에게 알려주어 다음비행에 문제가 없도록 한다. 지상직원과의 모든 인계사항이 종료되면, 객실사무장은 최종적으로 기내를 순회하며 이상 유무를 확인한다.

(1) 승객 하기 후 업무사항

① 기내 유실물 확인

② 미회수된 승객 서비스용품 수거(헤드폰 및 잡지 등)

③ 지상직원과 업무 인수인계(기내판매품, 서비스기물, 설비고장 등)

④ 기내선반Overhead Bin을 전부 열어둔다.

(2) 객실사무장 기내 순회

① 기내 유실물 및 보안점검

② Door Mode Disarmed 상태 육안으로 최종 확인

5) De-Briefing 실시

객실승무원은 비행기에서 내린 후 게이트 등 적당한 장소에서 객실사무장 주관 하에 실시하는 De-Briefing에 참여한다. De-Briefing의 목적은 비행 중 기내에서 발생한 특이사항에 대해 문제의 소지가 있을 것으로 예상되는 것을 사전에 인지하여 미리 조치할 수 있는 기회로 삼고자 하는 것이며, 다음비행에 도움이 될 수 있는 경험과 정보를 공유하는 시간으로 활용하기 위함이다.

(1) De-Briefing 목적

① 비행 중 기내 발생사항 인지 및 사후조치 확인

② 회사 제출서류 및 인계품 확인

③ 비행 경험과 정보 공유

(2) De-Briefing 세부 내용

- 기내 설비 고장사항
- 기내환자에 대한 응대 및 조치결과
- 기내서비스 관련 승객 불편 및 불만족사항
- 승객 좌석배정 관련 불편사항
- 각 클래스별 기타 보고사항

- 승무원 각자 특이한 경험 및 소감
- 기내 유실물사항
- 각종 인계인수서, 기판대금 등 회사에 반납해야 할 사항 확인
- Cabin Report 작성할 기내 발생사항

6) Cabin Report 작성

객실승무원이 비행근무를 마치고 나면, 가장 마지막으로 하는 것이 Cabin Report 작성이다. Cabin Report는 회사가 중요시하는 현장의 의견을 듣고, 문제점 발생에 대해서는 조속하게 조치하여 후속으로 발생될 수 있는 문제를 조기에 차단하는 아주 중요한 객실승무원 업무 중의 하나로 취급하고 있다.

객실승무원이 작성하는 Cabin Report는 크게 3가지로 분류될 수 있다. 첫 번째가 General Report이다. General Report는 주로 기내서비스 및 승객과 관련하여 회사가 알아야 할 사항들 위주로 작성되는 보고서이다. 두 번째는 Safety Report이다. Safety Report는 기내에서 안전과 보안에 관련하여 발생된 사항을 보고하는 것이다. Safety Report는 보고의 적정성이 중요시하고, 사후 법적 문제까지 연관될 소지가 있을 것을 감안하여 작성하는 것이 중요하다. 또한 회사 입장에서는 외부에 공개되어서는 안 되는 회사 보안이 필요한 문서로 취급하기도 한다. 따라서 Safety Report는 별도로 회사가 운영하는 안전보안 전용 인트라넷을 통해 작성하여 보고하도록 시스템화하였다. 마지막 세 번째는 Suggestion Report이다. Suggestion Report는 승무원이 문제의식을 갖고 기내 근무 경험을 토대로 회사에 서비스개선 및 새로운 아이디어를 제안하는 보고서의 일종이다.

(1) Report의 유형별 작성기준

① General Report

General Report 작성은 보고의 시점이 중요하다. 따라서 객실승무원은 기내에서 발생된 각종 문제점들에 대해 신속하고 정확하게 기술한 Cabin Report를 빠른 시간

내에 회사에 제출하여야 한다. Cabin Report는 각 항공사가 구축한 객실승무원 전용 컴퓨터 사이버를 통해 제출하게 된다. 보고할 사항이 발생하면 국내 · 외 어디에서든 신속하게 Cabin Report 제출이 가능하다. 만약에 Cabin Report 작성 여건이 안 되거나 긴급 보고할 사항은 유선으로 보고한다.

가. Cabin Report 3대 원칙

- 보고의 적합성Appropriation : 항공기에서 발생한 사안들 중 회사에 보고를 하여야 할 사안과, 그렇지 않은 사안에 대한 판단력을 갖고 있어야 한다. 정작 보고해야 할 사안은 하지 않고, 안 해도 되는 무방한 사안은 보고하는 사례들이 있다.
- 보고의 적시성Timing : 보고의 생명은 적시성에 있다고 할 정도로, 보고는 적시에 이뤄져야 보고로서의 의미를 가지게 되고 상당한 값어치를 갖게 한다. 주로 기내안전 및 심각한 승객불만 등 대내 · 외적으로 문제가 될 소지가 있는 경우에는 적시에 보고를 하는 것이 중요하다.
- 보고의 정확성Accuracy : 보고의 내용은 육하원칙에 의거하여 상세하면서 정확한 사실을 객관적으로 담고있어야 한다. 보고자 임의의 생각과 자의적인 판단으로 사실을 왜곡하거나 모호하게 작성하는 것은 잘못된 결과를 초래할 수 있다.

나. General Report 유형

- 비정상 운항 발생(지연 등)
- 기내 환자 발생
- 기내 불만승객 발생
- 기내 설비문제(AVOD, 기내 온도, 좌석 등 고장)
- 기내식 탑재 불량
- 기내 판매대금 부족Shortage 발생
- 기내 Cleaning Coupon 발급사항
- 기내 청소상태 불량
- 서비스 개선을 위한 제언 및 건의사항

다. Cain Report 작성기준

- 해당편명과 날짜, 운항 구간(KE017/23MAY, ICN/LAX)
- 승객 인적사항 : 성명, 국적, 직업, 좌석 번호, 남 / 여, 추정 나이, 마일리지 회원 번호 등
- 개요 : 보고할 사항을 간략하게 정리하여 보고내용의 윤곽을 한 눈에 알아볼 수 있도록 함(2~3줄 정도로 작성함)
- 발생 상황 : 발생 시점과 발생 내용을 구체적이고 자세하게 기술함
- 조치사항 : 발생 사안에 대해 객실승무원이 취한 조치 내용을 기술함. 객실승무원 조치가 규정에 맞게 하였는지를 언급하는 것이 중요하며, 승객의 언행에 대해서 구체적으로 기술함
- 결과(또는 의견) : 승무원의 조치에 대한 승객의 반응 및 지상직원 인수인계 결과와 향후 동일문제 재발방지를 위한 개선 의견을 기술함

② Safety Report

Safety Report는 기내 안전과 보안에 관한 사항으로 보고의 적시성뿐만 아니라 세밀한 보고서 작성이 중요하다. 특히 국토교통부 등 감독기관으로부터 조사를 받아야 할 중대한 사안 또는 승객과 사후 법적 문제 소지가 높은 사안일수록 목격자 확보 및 목격자 진술서를 첨부하며, 승무원이 취한 절차와 행동은 법과 규정, 매뉴얼 등을 준수하였음을 입증하는 보고서를 작성하여야 한다. Safety Report는 회사가 시스템화한 안전보고서 전용 인트라넷을 통해 작성하여 보고서를 제출한다.

가. Safety Report 유형

- 항공기 안전 관련한 제반사항(화재, 감압, 산소마스크 낙하 등)
- 항공기 지연 및 회항(지연은 1시간 이상인 경우)
- 기내 환자 발생(위급한 환자의 경우)
- 기내 난동승객 발생
- 기내 비상장비 미탑재 및 사용 사안

- 기내 보안장비 사용 사안
- Turbulence로 부상 승객 및 승무원 발생
- 기내 부상승객 발생
- 항공안전감독관 기내 감독 및 지적사항
- 항공사 직원의 제반 항공 안전규정 위반 사안

③ Suggestion Report

Suggestion Report는 객실승무원이 비행근무를 통해 회사에 제언을 하고 싶은 개선 사항이나 서비스 아이디어 등을 작성하여 제출하는 보고서이다. 항공사는 객실승무원에게 비행 근무에서 얻어지는 서비스 문제점 및 개선하여야 할 사항들을 회사에 제언 형식으로 보고서를 작성토록 격려하고 있다.

가. Suggestion Report 유형

- 항공사 비용절감 아이디어
- 기내서비스 절차 개선 제언
- 기내면세품 판매증진 제언
- 기내식 개선 제언
- 기내 불필요한 서비스 아이템 개선
- 유니폼 등 제반 지급품에 관한 개선
- 운송 등 관련 부서와의 업무 개선안
- 승객별 성향에 따른 승객 응대요령 개선

Cabin Operation
Management

CHAPTER 07

기내서비스

Cabin Operation
M a n a g e m e n t

기내서비스

1. 기내식 서비스

서양요리의 코스별 구성은 한 상차림인 우리나라 음식문화와는 대조적이라 할 수 있다. 서양식은 신선하고 우수한 품질의 재료를 바탕으로 각 코스마다 개성 있는 메뉴로 구성되어 있으며, 시간대별로 짜여 식사의 흐름에 따라 타이밍에 맞추어 전채요리, 수프, 샐러드, 주요리, 디저트의 순서로 제공된다.

기내식은 서양식을 근간으로 항공 승객의 다양한 욕구에 부응하기 위해 내국인 승객을 위한 한식 및 노선 특성을 살린 일본식, 중국식 등을 제공한다. 또한 메뉴 제공 및 서비스 향상을 위해 3개월 주기로 교체하는 사이클 메뉴Cycle Menu를 운영한다.

1) 전채요리

불어로 오르되브르Hors D'oeuvre, 영어로는 에피타이저Appetizer라고 한다. 식사 전에 식욕을 돋우기 위해 먹는 가벼운 요리를 말하며, 대표적으로 캐비아, 푸아그라, 카나페 등이 있다.

(1) 캐비아Caviar

철갑상어의 알로써 오르되브르Hors D'oeuvre 메뉴 중 가장 대표적이며 최고급 음식으로 꼽힌다. 단백질, 비타민 등 몸에 좋은 영양소를 많이 함유하고 있으며, 소화도 잘되고 콜레스테롤을 전혀 만들어 내지 않는 100% 완전 흡수식품으로도 유명하다. 캐비아를 즐길 때에는 얼음으로 차게 한 러시아 보드카나 샴페인을 같이 곁들이면 좋다.

(2) 푸아그라Foie Gras

거위의 간을 살짝 익힌 요리로 캐비아와 함께 오르되브르 중 최고급 요리에 속한다. 맛이 부드럽고 풍미가 강하다. 고단백 영양식품으로 유명하며, 희귀하고 값비싸기로 유명한 식용버섯의 일종인 송로버섯Truffle과 매우 잘 어울린다.

(3) 카나페Canapé

얇고 작게 자른 빵조각 위에 여러 가지 재료(햄, 치즈 등)를 얹어서 만든 요리이며, 손으로 먹어도 무방하고 아페리티프Aperitif, 식전주와 잘 어울리는 전채요리이다.

2) 수프

서양식에서 유일하게 국물이 있는 요리로, 수프Soup는 육류, 조류, 어패류 또는 야채 등을 고아낸 국물로 만든다. 주요리 전에 제공되어 식욕을 돋우고 뒤따르는 음식의 소화를 도우며, 위벽을 보호하여 알코올에 대한 저항력을 강하게 해주

는 역할을 한다. 일반적으로 디너코스 중 뜨겁게 제공되며, 주로 수프와 빵이 함께 나온다.

3) 샐러드

샐러드Salad는 신선한 야채의 고운 색깔로 인해 요리의 다채로움과 풍성함을 더해주며, 알칼리성 식품으로 육식을 중화시키는 역할을 하고 가볍고 신선한 미각으로 비중 있는 주요리와 조화를 이룬다.

4) 주요리

디너Dinner요리에 있어서 가장 하이라이트가 되는 메인 디쉬Main Dish로서 고기요리, 생선요리, 구이요리를 통틀어 일컫는 개념으로 사용하고 있으며, 다음과 같이 구성한다.

- 앙트레Entree : 고기류, 생선 등의 해산물, 닭, 오리 등의 가금류가 있으며, 소스가 함께 곁들여진다.
- 스타치Starch : 전분이 함유되어 있는 재료로 만든 감자, 밥, 국수 등을 의미한다.
- 조리한 야채Vegetable : 곁들이는 더운 야채요리를 의미한다.

5) 디저트

디저트Dessert는 후식을 의미하며, 그 종류만큼이나 다양하여 치즈, 과일 등이 있으며, 이와 같은 디저트는 서양요리에 있어 '요리의 시(時)'라고 불릴 정도로 식사의 화려한 분위기를 최종적으로 연출해 주는 역할을 한다.

(1) 치즈Cheese

주로 우유나 영, 산양 등의 젖을 응축한 식품으로 단백질의 원천이다. 지방, 칼슘 등을 함유한 고영양식품이며 소화도 잘되는 디저트로서 각 치즈마다 만드는 방법, 생산지, 숙성정도 등에 따라 맛과 향이 달라 각기 고유의 특색을 지니고 있다.

- 까망베르Camembert : 프랑스 노르망디 지방의 중심부인 까망베르마을에서 처음 만들어진 부드러운 맛을 가진 치즈이다. 이 치즈는 화이트와인과 잘 어울린다.
- 이담Edam : 네덜란드 이담마을에서 유래된 치즈로, 빨간 파라핀(등유) 왁스로 외부를 감싸고 있어 시각적인 미를 더해 주고 있다. 17세기부터 알려지기 시작하여 지금은 세계적으로 가장 널리 알려져 있으며, 지방비율이 40%로 저지방으로 풍미가 좋다. 이 치즈는 크래커와 함께 곁들여 먹으며 배나 사과와 같은 과일과도 조화를 잘 이루고 있다.

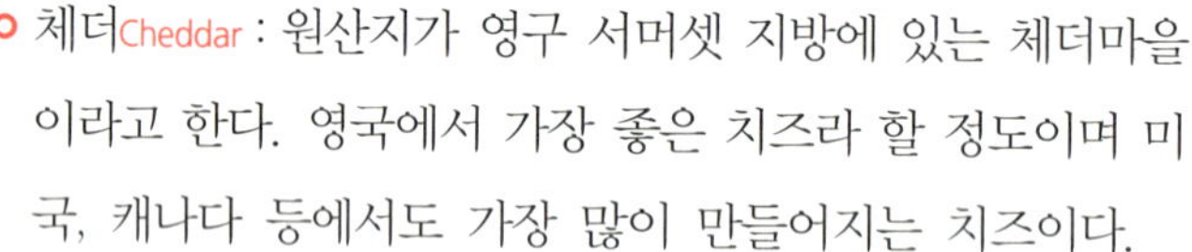

- 체더Cheddar : 원산지가 영국 서머셋 지방에 있는 체더마을이라고 한다. 영국에서 가장 좋은 치즈라 할 정도이며 미국, 캐나다 등에서도 가장 많이 만들어지는 치즈이다.

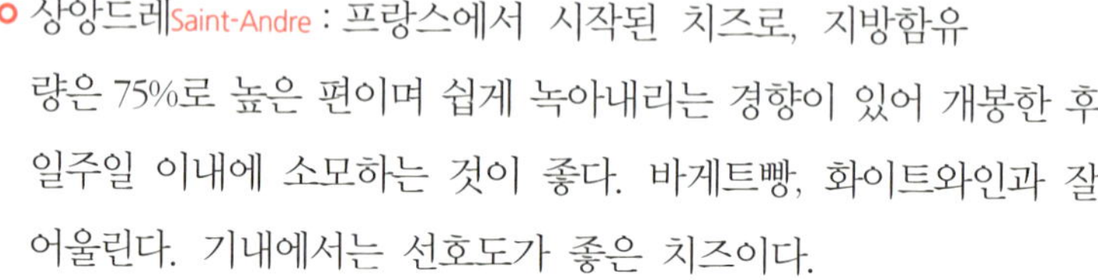

- 상앙드레Saint-Andre : 프랑스에서 시작된 치즈로, 지방함유량은 75%로 높은 편이며 쉽게 녹아내리는 경향이 있어 개봉한 후 일주일 이내에 소모하는 것이 좋다. 바게트빵, 화이트와인과 잘 어울린다. 기내에서는 선호도가 좋은 치즈이다.

(2) 과일Fruit

식탁에 있어서 과일은 풍성함과 신선함을 가져다주며 대부분 단맛과 향을 가지고 있으므로, 생으로 먹는 것이 보통이다.

(3) 스위트 디쉬Sweet Dish

단맛을 내며 시각적인 측면이 강조되어 색깔, 장식 등이 화려하고 섬세하게 만들어지며 아이스크림, 파이, 푸딩, 무스 등의 다양한 종류가 있다.

6) In-Between Snack

장거리 노선에서는 정규 식사서비스 외에도 간식으로 다양한 스낵(삼각김밥, 피자, 과자류, 케이크류 등)을 첫 번째 식사서비스와 두 번째 식사서비스 사이에 제공한다. 승객이 휴식을 취하는 시간대의 적정시점에 서비스한다.

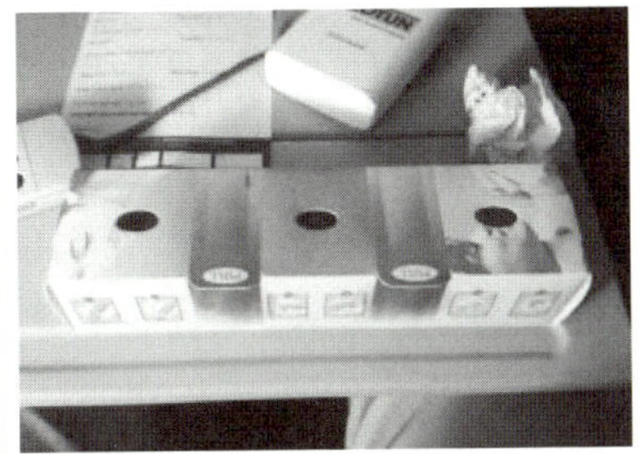

2. 기내 음료서비스

항공기내에서 제공하는 가장 기본적인 서비스가 음료서비스이다. 영어로 음료를 뜻하는 Beverage는, 라틴어로 '마시다'라는 의미인 Bibere에서 따온 말이다. 기내 음료서비스의 절차와 제공되는 음료의 종류는 항공사마다 다르다. 기내 음료서비스는 국제선과 국내선이 다르며, 동일한 국제선이라도 클래스별로 제공되는 음료서비스가 다르게 제공되고 있다. 기내에서 제공되는 음료는 크게 비알코올성 음료와 알코올성 음료로 구분한다.

1) 비알코올성 음료의 종류와 특성

(1) 청량음료Soft Drink

청량음료는 탄산성분이 함유된 음료를 통틀어 지칭하고 있으며, 기내에서 제공되는 대표적인 탄산음료는 콜라Coke, 사이다Sprite, 소다워터Club Soda, 진저엘Ginger Ale, 토닉워터Tonic Water, 다이어트 콜라Diet Coke, 광천수Perrier 등이 있다.

(2) 영양음료Nutritions

인체에 필요한 여러 가지 영양분을 공급해주는 천연과즙이나 유제품을 말한다. 주스류인 오렌지Orange, 파인애플Pineapple, 토마토Tomato, 구아바Guava, 사과주스Apple Juice와 우유Milk가 있다.

(3) 기호음료Fancy taste

기호음료는 카페인을 함유한 음료로써 영양가보다는 그 깊은 맛으로 인하여 생활의 맛과 삶의 여유를 갖게 하는 현대인의 음료이다. 커피와 다양한 차(녹차, 홍차, 오미자차 등)가 있다.

2) 알코올성 음료의 종류와 특성

알코올성 음료는 우리가 술이라고 부르는 종류들이 모두 포함된다. 곡물의 녹말이나 과일의 당분을 발효시켜 만든 가장 오래된 역사를 지닌 양조주(와인, 맥주, 청주), 양조주를 증류하여 알코올 농도를 진하게 만든 증류수(브랜드, 위스키), 증류수에 다른 종류의 술을 혼합하거나 약초 · 식물들의 뿌리, 열매, 과즙, 색소, 향 등을 첨가하여 만든 혼성주(캄파리, 리뀌어)가 있다.

(1) 맥주Beer

알코올 농도가 4~6도로 낮으며 탄수화물, 단백질, 비타민, 미네랄 등 많은 영양분을 함유한다. 기내에는 다양한 종류의 맥주Cass, Max, Hite, Budweiser, Asahi 등가 탑재되어 있다.

(2) 위스키Whisky

대표적인 증류수로 곡물을 발효시킨 양조주를 증류하여 위스키를 만든다. 위스키는 반드시 오크통Oak Barrel에서 숙성을 거쳐야 하며, 숙성기간 중 오크통의 성분이 우러나와 술은 호박색이 되고 향미가 좋아지게 된다. 기내 탑재되는 대표적인 위스키는 시바스리갈Chivas Regal, 글렌리벳Glenlivet, 그랜츠Grant's, 조니워커Johnniewalker 등이 있다.

(3) 브랜디Brandy

사과, 포도 등 과일의 발효액을 증류시킨 것으로서 포도 브랜디, 사과 브랜디 등으로 부를 수 있다. 기내에 Remy X/O가 탑재된다.

(4) 진Gin

증류주인 동시에 혼성주인 진Gin은 증류주에 주니퍼 베리Juniperberry, 노간주나무 열매의 향미를 추출, 혼합하여 제조된다. 처음에는 이뇨효과가 있다고 밝혀진 주니퍼 베리를 알코올에 넣고 증류하여 약용으로 판매하였으나, 그 산뜻한 냄새로 인하여 술로써 애용하게 되었다. 기내에는 런던 드라이 진London Dry Gin이 탑재된다.

(5) 보드카Vodaka

증류주인 보드카Vodaka는 러시아와 폴란드에서 발달된 술로써 귀족들이 즐겨 마셨으며 캐비아, 연어 등과 함께 아페리티프Aperitif, 식전주로도 즐겨 마셨다. 옥수수, 보리, 그리고 감자를 발효시켜 높은 알코올 농도로 증류시킨 후 목탄층에 통과시켜서 알코올에 있는 냄새를 완전히 제거하여 무색무취한 보드카를 만들어낸다. 무색투명하고 냄새도 전혀 없는 특성 때문에 칵테일의 재료로 널리 쓰인다.

(6) 럼Rum

럼Rum은 사탕수수에서 얻은 당밀을 원료로 하여 만든 증류주로, 사탕수수 산지인

중앙아메리카의 서인도제도에서 많이 생산되고 있다. 밝은 색이 나고 향미가 약한 것에서부터 짙은 색의 코를 찌르는 듯한 강한 향미를 가진 것까지 생산지역에 따라 종류가 다양하다. 럼은 특유의 향미를 가지고 있어 칵테일의 재료로 널리 쓰인다.

(7) 캄파리Campari

캄파리Campari는 허브와 향신료, 약초뿌리, 과일껍질, 나무껍질 등을 섞어서 숙성시킨 후 알코올을 조정하고 붉은 색 색소를 첨가하여 만든다. 식욕촉진 효과가 있어서 흔히 식전에 마시는 술로 사용되고 있다.

(8) 리퀴어Liqueur

리퀴어Liqueur는 증류하여 만든 주정에 과실, 과즙, 약초 등의 성분을 넣고 설탕, 포도당, 꿀, 시럽 등 감미료를 넣은 혼성주의 일종으로, 여러 가지 약초, 식물의 뿌리, 꽃, 씨앗 등을 용해하여 향미가 나도록 한 것이다. 리큐어는 식후 커피를 마시기 전에 마시며, 커피를 마신 후에는 브랜디를 마신다.

(9) 칵테일Cocktail

두 가지 이상의 술을 섞거나 또는 과즙 혹은 비알코올성 음료 및 각종 향을 혼합하여 만드는 음료이다. 알코올 도수가 낮아 식욕을 촉진시켜 주어 식전주로 적합하며 맛, 향기, 색채의 조화로 분위기를 창출하는 예술품이라고 할 수 있다.

▶ 대한항공 A380 칵테일 바

3. 와인서비스

와인Wine은 넓은 의미로 과일의 천연주스를 발효시킨 발효주를 의미하는데, 일반적으로 포도로 만든 것을 말하며 병입Bottling 후에도 발효가 계속되는 술로서 '생명이 있는 술'이라고도 불린다. 알칼리성 음료로서 산성식품을 중화시키는 역할을 하여 산성식품인 육식을 주로 하는 서양인들의 식탁에서 빠져서는 안 되는 중요한 존재로 여겨지고 있다. 포도주는 종류에 따라 제맛을 내는 온도가 다르다. 즉 백포도주는 5~7℃, 적포도주는 15℃ 가량이 좋다. 포도주는 옆으로 눕혀서 직사광선과 더운 열을 피해 지하실 등 어두운 곳에 보관하는 것이 좋다.

포도주의 라벨에는 다른 주류와 다르게 빈티지란 연도가 표시되어 있다. '빈티지Vintage'란 포도가 생산된 연도를 뜻하는데, 좋은 포도주에는 보통 포도생산 연도인 빈티지가 표시되어 있다.

해마다 기후조건이 달라지기 때문에 포도품질은 매년 차이가 생기게 마련이다. 봄에는 서리피해가 없어야 하며, 포도가 자라는 기간 내내 햇볕을 많이 받고 비도 적어야 한다. 특히 수확기에는 일조량이 풍부하고 밤낮의 기온 차이가 클수록 좋다. 이런 기후조건이 잘 갖추어진 해를 풍년Great Vintage이라고 하며, 애호가들은 포도주 산지의 풍년이 든 해를 기억하고 그해 특정한 지역의 포도주를 찾게 된다. 포도주의 빈티지가 중요한 이유는, 포도를 생산한 해마다 날씨 조건이 달라지기 때문에 빈티지에 따라 같은 이름의 포도주라도 가격이 큰 차이가 날 수 있으며, 포도주별로 보관할 수 있는 기간도 달라지기 때문이다. 따라서 포도주마다 포도가 생산된 해인 빈티지를 확인하고 최적의 숙성기간에 마시는 것이 좋다.

1) 와인의 종류

(1) 레드와인Red Wine

암적색에서 담적색까지 포도주를 칭하며, 와인의 붉은 색으로 포도껍질에 있는 붉은 색소를 추출하는 과정에서 씨와 껍질을 그대로 함께 넣어 발효하므로 붉은 색소뿐만 아니라 씨와 껍질의 타닌성분이 함께 추출되므로 떫은맛이 나고, 포도의 과피와 함께 양조하였기 때문에 타닌산 및 미네랄의 함량이 많아 병 내에서는 숙성기간도 길고 오랫동안 저장보관 할 수 있다.

① 레드와인 품종

○ 까베르네 소비뇽Cabernet Sauvignon

까베르네 소비뇽의 와인은 타닌이 강하고 풀바디의 와인이라 남성적이라고 평가된다. 이 품종은 덥고 온화한 기후를 선호하며, 배수가 잘되고 통풍이 잘되는 자갈, 모래밭의 토질을 선호한다. 세계적으로 가장 많이 재배되는 품종으로, 프랑스 보르도지방의 매독Medoc지역이 원산지이다. 미국 캘리포니아, 칠래, 호주 등 다른 여러 국가에서도 재배된다.

○ 메를로Merlot

메를로는 부드럽고 과일향이 풍부하며 까베르네 소비뇽Cabernet Sauvignon보다 타닌Tannin성분이 적은 적포도 품종이다. 주로 까베르네 소비뇽CabernetSauvignon과 블렌딩Blending을 한다. 메를로Merlot의 특징은 서양자두와 체리의 향이 나며 초콜릿, 바닐라, 민트의 향도 조금씩 난다.

○ 피노 누아Pinot Noir

프랑스 부르고뉴 레드와인의 명성을 가져온 포도 품종이다. 우아하고 섬세한 와인을 만들어낸다. 생산량이 적은 품종이며, 배수가 잘되는 토양에서 잘 자란다. 가볍고 상큼한 산미가 인상적이며, 매끄러운 타닌이 주는 부드러운 질감을 가지고 있다.

○ 시라Syrah

시라는 프랑스 론Rhone지역의 대표적인 품종이며, 제비꽃 향과 진한 색의 힘찬 포도주는 숙성을 거치면 후추향과 야생고기향을 띤다. 호주에서는 이 품종으로 '쉬라즈Shriaz'라는 와인을 생산하고 있다.

(2) 화이트와인White Wine

청포도를 원료로 쓰기는 하지만, 흑포도 과피를 벗겨 양조한 후 무색투명의 병에 넣는다. 레드와인에 비하여 당분의 함량이 적어 숙성기간이 짧고 와인의 보존 수명과 관계되는 타닌산의 함량도 적어서 양조한 술의 질과 색이 퇴화현상이 빨리 오므로 저장 · 보관할 수 있는 기간도 단축되는 단점도 있다. 화이트와인의 일반적인 알코올 농도는 10~13% 정도이며, 8도 정도는 반드시 차게 해서 마신다.

① 화이트와인 품종

o 샤르도네Chardonnay

프랑스 부르고뉴와 상파뉴 지역이 원산지로서 전 세계 와인 산지에서 가장 많이 재배되는 대표적인 화이트와인 품종이다. 샤르도네 품종으로 만든 와인은 진한맛Full Body이며, 알코올 함량은 적당히 높고, 과일향이 풍부하며, 적당한 산도를 가지고 있다.

o 리슬링Riesling

독일에서 제일 많이 재배되는 화이트와인의 대표적인 품종이다. 전 세계적으로도 재배되어 프랑스의 알자스Alsace지방, 이탈리아, 캘리포니아, 호주, 뉴질랜드, 남아프리카공화국 등에서 많이 생산한다. 산도는 높으며 꽃향기를 포함하는 상큼한 향을 가지고 있다.

o 쇼비뇽 블랑Sauvignon Blanc

프랑스 루아르 지방이 원산지이며, 개성 있는 향미로 인기가 높은 화이트 품종으로 신선하고 산도가 높은 깔끔한 와인을 만든다. 이 품종은 산지에 따른 와인 맛의 차이가 가장 적고, 대체로 싱그러운 풀과 허브향 등이 나며 자몽, 모과, 라임 등의 시고 쌉쌀한 느낌이 난다.

(3) 로제와인Rose Wine

레드와인과 화이트와인의 중간색을 띠고 있는 연한 핑크색의 와인을 로제Rose라고 부른다. 레드와 화이트와인을 절반씩 혼합하거나 혹은 흑포도를 과피와 함께 즙을 짜는 도중 원하는 색에 이르렀을 때 과피를 제거한 채 과즙만을 가지고 와인을 만든다. 보존기간이 짧으면서 오래 숙성하지 않고 마시는 것이 특성이며, 맛은 화이트와인에 가깝다.

(4) 발포성 와인Sparkling Wine

발포성 와인Sparkling Wine이란, 이미 만들어진 포도주에 당과 효모를 첨가하여 다시 한 번 발효시켜 탄산가스를 생성, 거품을 내게 한 발포성 와인을 말한다. 프랑스 상파뉴 지방에서 생산되는 샴페인Champagne이 대명사처럼 쓰이며, 독일에서는 젝트Sekt, 이탈리아에서는 스푸만테Spumante라고 불린다. 알코올 도수는 9~14%이다.

(5) 강화와인Fortified Wine

알코올 도수를 높이기 위해 발효과정이나 발효 후 알코올 도수가 높은 증류주를 배합한 것으로 셰리와인Sherry Wine과 포트와인Port Wine이 있다. 알코올 도수는 8~12% 내 · 외이다.

2) 프랑스 와인 명산지

(1) 보르도Bordeaux

프랑스 남서부, 대서양과 면해 있는 보르도 지역에서는 프랑스 AOCAppellation d'Origine Contrôlée : 원산지통제명칭 와인 생산의 1/4을 차지하고 있는 주요 와인 생산지역이다. 날씨는 대체적으로 온화한 기후이며, 여름에는 덥고 겨울은 혹한이 드물다.

보르도 와인에 사용하는 포도품종은 까베르네 소비뇽Cabernet Sauvignon, 까베르네 프랑Cabernet Franc, 메를로Merlot가 적포도주용이며, 쎄미용Sémillon, 소비뇽Sauvignon이 백포도주를 만드는데 사용된다. 까베르네Cabernet는 타닌이 강한 맛을 가지고 있어 여러 해 숙성시키면 좋은 맛을 낼 수 있다. 그리고 메를로Merlot는 숙성이 빠르고 부드러운 맛을 내는데 사용한다.

(2) 부르고뉴Bourgogne

영어로는 버건디Burgundy라고 불리는 부르고뉴는 프랑스 동북부 내륙에 위치하고 있다. 해발 고도가 220m에 달하고, 겨울에는 서리가 내릴 정도로 춥고, 여름에는 더운 날이 많으며 밤낮의 일교차가 심하다. 부르고뉴를 대표하는 적포도 품종은 피노누아이며, 샤르도네는 부르고뉴를 상징하는 대표적인 화이트 품종이다.

▶ 폴세잔의 <카드놀이 하는 사람들>

(3) 샹파뉴Champagne

프랑스 북동부의 역사문화 지역인 샹파뉴는 샴페인으로 유명한 곳이다. 샴페인은 샹파뉴Champagne 지방의 지명에서 유래한 것으로 철자까지 똑같이 쓴다. 샹파뉴 지방에서 나는 포도주라는 뜻으로, 이 지방 이름을 붙여서 쓰던 것이 그대로 술 이름으로 굳어진 것이다. 샹파뉴 지역은 프랑스 와인 생산량의 2.5%를 차지하며, 전 세계 스파클링 와인의 10%를 차지하고 있다.

(4) 알사스Alsace

알사스는 독일과 국경을 맞댄 프랑스 북부 내륙지방으로, 기후조건이 서늘하여 포도 재배기간이 짧다. 작은 규모의 여러 농장에서 포도가 대량으로 재배되는데, 세계적으로 유명한 리슬링Riesling과 게부르츠트라미너Gewurztraminer 백포도주가 생산되고 있다.

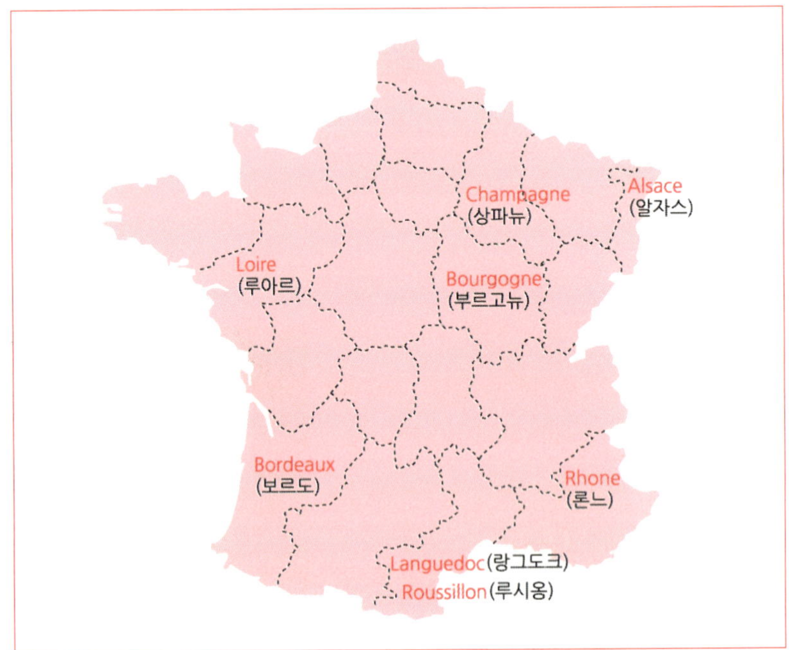

3) 와인 용어

(1) 샤또 와인Chateau Wine

샤또Chateau는 원래 중세의 성을 의미한다. 와인과 관련해서는 특정한 포도주 양조장을 뜻한다.

(2) 와인 시음Wine Tasting

와인을 마시기 전에 와인의 색, 향, 맛을 시음하는 절차를 거치는데, 이를 와인 시음Wine Tasting이라 한다. 와인은 시각, 후각, 미각을 통하여 와인을 평가하게 된다.

(3) 와인 브리딩Wine Breathing

브리딩Breathing이란, 와인병을 미리 오픈하여 공기와의 접촉을 통해 와인의 맛을 부드럽게 해주는 과정이다.

(4) 빈티지Vntage

빈티지Vntage란, 포도의 수확년도를 가리키는 말로 와인의 라벨에 표시되어 있다. 풍작으로 질이 좋은 포도가 생산된 해에는 우수한 품질의 포도주가 생산된다.

(5) 보졸레누보 와인Beaujolais Nouveau Wine

프랑스 부르고뉴의 보졸레 지역에서 생산되는 와인으로, 그 해 수확한 햇와인을 말한다. 늦여름 수확한 포도를 이용하여 생산하며 매년 11월 셋째 주 목요일에 전 세계에 동시에 출시되고, 이 시기에 맞추어 기내에 탑재되어 서비스된다. 깊은 맛은 없지만 신선하고 아삭한 맛을 내는 가메품종의 포도를 4~6주 동안 단기숙성을 거쳐 11월에 내놓는다. 숙성을 빨리하기 위해 발효통에 압축 탄산가스를 넣는 것이 특징이다.

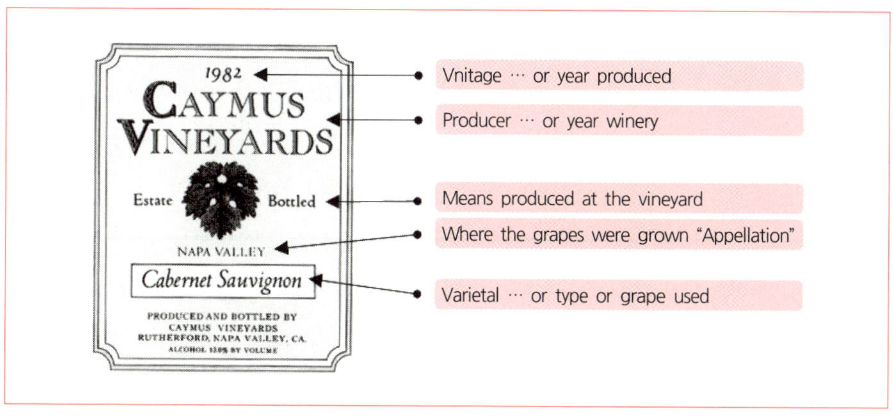

와인서비스 요령

- 기내에 탑재되어 제공되는 와인을 승객이 직접 보고 선택할 수 있도록 와인 라벨을 앞으로 하여 승객에게 보여준다.
- 승객이 선뜻 와인을 선택하지 않으면 승무원이 권유한다.
- 선택한 와인을 글라스의 1/4~1/3 정도 따라 시음을 권유한다.
- 만족여부를 확인한 후 글라스의 2/3 이하로 따른다.

4. 기내 방송

기내 방송In-Flight Announcement은 승무원과 승객 간의 커뮤니케이션 시스템의 하나로 운영되고 있다. 기내 방송의 효과를 높이기 위해 항공사는 모든 승무원을 대상으로 방송 훈련을 실시하고 방송자격 제도를 운영하고 있다. 기내 방송은 최상급의 방송 자격을 가지고 있는 승무원이 담당한다. 기내 방송은 승무원이 직접 실시하는 경우와, 방송문이 프로그램에 입력되어 승무원이 해당 방송문을 찾아 작동하면 자동으로 사전에 녹음된 방송이 나오는 Pre Recorded Announcement ModulePRAM이 있다.

1) 기내 방송 목적 및 유형

기내 방송의 주된 목적은 어떤 사안에 대한 정보를 시의적절하게 승객에게 신속하게 알려주기 위한 것이다. 기내 방송의 유형으로는 크게 5가지로 분류하여 말할 수 있다. 첫 번째는, 승객의 안전과 보안을 위한 기내 방송이다. 기내 방송은 안전을 위한 장비로 보아도 무방하다. 따라서 객실승무원은 항공기 출발 전 지상점검에서 반드시 기내 방송 작동여부를 확인해야 한다. 두 번째는, 비상탈출과 같은 비상상황에서 승객들이 신속하게 탈출을 도모하기 위해 효율적으로 통제하는 수단으로 활용된다. 또한 기내흡연 및 기내난동 등을 제어하기 위한 수단으로도 활용한다. 세 번째는, 항공기 지연 등 비정상 상황 시에 시의적절한 방송을 통해 승객의 불안감과 궁금증을 해소하기 위한 정보전달 기능을 가지고 있다. 네 번째, 승객의 탑승을 환영하는 방송 및 여행에 필요한 정보에 대해 승객에게 전달하는 기능이다. 마지막으로는, 어느 승객을 찾아야 할 경우 및 기내 환자발생 시 기내에 의료진을 찾아야 할 경우 사용되는 호출Paging 기능이 있다.

기내 방송의 유형은 다음과 같다.

- 승객 안전 및 보안에 관한 안내(터뷸런스, 기내흡연, 기내난동 등)
- 비상사태 발생 시 신속한 탈출을 위한 안내(비상사태 유형 등)

- 항공기 운항상태 안내(지연, 회항, 이륙 및 착륙 등)
- 승객 탑승 환영 및 여행정보
- 승객 호출Paging(의료진 등)

2) 기내 방송의 책임

기내 방송의 최종적인 책임은 객실사무장에게 있으며, 이차적인 책임은 방송 담당 승무원에게 있다. 객실사무장은 해당편 탑승 승무원 중 최상위 방송 자격을 갖춘 승무원에게 방송 담당 임무를 부여하며, 방송자격이 동일한 승무원이 2명 이상일 때에는 방송 능력 등을 고려하여 객실사무장이 지정한다. 방송 담당승무원은 방송문을 정확하게 할 수 있도록 해당편 비행 전에 충분한 연습을 한다. 기내에서는 방송을 할 시점에 바로 방송을 할 수 있도록 항시 마음의 준비를 하고 있어야 한다.

다음은 기내 방송의 대표적인 오류사례이다.

- 목적지 공항을 틀리게 방송한다.
- 도착날짜 또는 시간을 틀리게 방송한다.
- 비행편수Flight No를 잘못 방송한다.

3) 방송 문안

- 객실승무원은 방송 문안에 의거하여 방송을 실시하여야 하며, 방송문 안에 없는 기내 상황이 발생하여 방송을 해야 할 경우에는 방송 책자에 있는 방송 문안을 기본으로 활용하여 적절하게 방송을 한다.
- 항공기 운항과 관련한 방송은 기본적으로 기장이 실시하나, 기장이 안전 운항을 위해 방송을 할 여건이 충분치 않을 경우에는 기장은 객실사무장에 위임하여 방송토록 할 수 있다(예 : 지연, 회항, 공중대기, Go-Around 등).
- 방송 중 공항 명칭은 '공항 공식명칭'을 사용한다.

4) 항공기 출발 및 이륙 지연 안내방송

항공기 출발 및 이륙 지연 안내방송은 기장의 책임 아래 객실사무장이 실시하는 것을 원칙으로 한다. 방송 실시 전 객실사무장은 기장으로부터 방송에 필요한 지연 정보(지연사유, 지연시간) 등을 전달받는다.

출발 지연 방송은 출발 예정시간보다 10분이 경과한 시점에 최초로 한다. 이후 계속 지연이 될 경우에는 매 15분이 경과한 시점에 기장에게 진행상황을 알아보고 기장과 협의하여 방송을 실시한다.

5) 기내 방송 언어 및 순서

기내 방송 언어는 노선에 따라 2~3개 언어를 사용하며, 순서는 한국어 - 영어 - 현지어(해당 노선 언어) 순으로 방송함을 원칙으로 한다. 국내선의 경우에는 한국어 - 영어 순으로 기내 방송을 한다.

방송문에 수록되지 않은 비상상황 발생 시의 기내 방송에서 현지어는 해당편에 R/S 승무원이 있으면, R/S 승무원을 통해 현지어 방송을 한다. R/S 승무원이 없을 경우에는 해당 언어가 가능한 승무원 또는 기내에 탑승한 항공사 직원에게 위임을 한다.

제 2외국어 방송 우선순위는 다음과 같다.

- 현지 여승무원
- PRAMPre-Recorded Announcement Module
- 해당 언어 방송자격 승무원

6) 기내 방송 모니터링

모든 객실승무원은 기내 방송에 대한 모니터링을 실시하는 임무를 갖는다. 방송 담당승무원은 기내에 탑승하여 PA Test를 하고, 각 승무원은 모니터링 한 결과(방송 음질 및 청취 상태)를 방송 담당승무원에게 알려준다. 방송 담당승무원은 모니터링 결과를 바탕으로 마이크와 입술과의 간격 조정 및 성량의 강 · 약을 조절하는 등 필요한 조치를 하여 적정 볼륨을 유지토록 한다. 필요시 PA시스템에 문제가 있을 경우에는 객실정비사에게 의뢰하여 조치를 취한다.

기내 방송 모니터링은 비행기가 운항 중일 때에도 지속적으로 실시한다. 기내 방송은 지상에서와 운항 중일 때 소음 등의 차이가 있을 수 있다는 것을 감안하여, 모든 승객이 좌석에서 잘 들리는지에 대한 모니터링을 한다. 모니터링 결과는 이상 유무에 관계없이 반드시 방송 담당승무원에게 알려준다.

기내 방송 모니터링은 운항승무원에 의한 기내 방송도 공통적으로 하여 기장의 방송에 문제가 있을 경우에는 즉시 인터폰을 통해 알려준다. 객실사무장은 모니터링한 결과 방송 담당승무원이 잘못 안내방송 사실을 인지하였을 때는 즉시 정정방송을 할 수 있도록 관리에 책임을 갖는다.

7) PA용 Handset 점검 및 사용법

- 기내 탑승하여 Pre-Flight Check 시 PA Test 방송을 실시하여 볼륨이나 잡음 발생 여부 등의 성능을 미리 파악하고, 자신의 목소리와 조화를 이룰 수 있도록 한다.
- 수화기Handset과 입술과의 사이는 1cm 내 · 외가 적당하며, 방송문 책자를 보며 읽기 위해 고개를 너무 숙이지 않도록 하며, 송화기에 입술이 정면으로 향하도록 하여 음량 및 명료도가 양질의 상태가 유지되도록 한다.

8) Flight No 읽는 법

(1) 한국어

- 숫자를 한 자리 단위로 끊어 읽으며, '0'은 공으로 읽는다.

(예) 125편 일 이 오 편 백이십오편(×)

704편 칠 공 사 편 칠백사편(×)

002편 공 공 이 편 영영이편(×)

(2) 영어

- 숫자를 한 자리 단위로 끊어 읽으며 '0'은 'Zero'로 읽는다(단, O가 중간에 있을 때는 알파벳 'O' [OU]로 읽어도 된다).

  (예) 615편 Six One Five

  907편 Nine O Seven

  801편 Eight O One 또는 Eight Zero One

  002편 Zero Zero Two 또는 Zero O Two

9) 영어 날짜 및 시간 읽는 법

- 영어의 날짜는 '월+날짜' 순으로 읽으며, 날짜는 서수로 읽는다.

  (예) 1월 1일 January First January One(×)

  3월 22일 March Twenty Second

  March Twenty Two(×)

  6월 31일 July Thirty First

  July Thirty One(×)

- 시간 읽기는 시간과 분 단위를 구분하여 읽는다.

  24시 단위가 아닌 12시 단위로 읽는다.

  12시 제외한 매 시각은 O'Clock을 삽입하여 읽는다.

  (예) 밤 12시 Twelve Midnight / 낮 12시 Twelve Noon

  오전 2시 Two O'Clock a.m. / 오후 3시 Three O'Clock p.m.

- 1분부터 9분까지는 중간에 O를 넣어 읽는다. 이 때 'O'는 Zero로 읽지 않고 [ou]로 읽는다.

  (예) 밤 12 : 01분 Twelve Ou One a.m.

  낮 12 : 05분 Twelve Ou Five p.m.

- 15분, 30분, 45분은 Quater, Half, Past(After) to로 읽지 않는다.

(예) 오전 2시 15분 Two Fifteen a.m.

오후 10시 45분 Ten Forty-five p.m.

기내 방송 이야기

2002년 당시 남북분단 이후 처음으로 제주도민 253명이 전세기로 북한 여행길에 나섰다. 이날 승객들은 지나가는 승무원을 붙잡고 간절하게 무언가를 요구했다. 비행기가 북한 상공에 들어가는 순간을 방송해 달라는 주문이었다. 남에서 북으로 넘는 그 순간을 놓치고 싶지 않은 심정이었으리라.

드디어 비행기가 북한 상공에 들어간다는 기내 방송이 나왔다. 일순 기내는 흥분과 설렘이 감돌았다. 모두들 창가에 붙어 지상에 펼쳐진 북한 땅을 보며 감회에 젖어들었다. 분단 저편의 땅을 찾아가는 승객들 마음을 뭉클하게 만든 것은 기내 방송의 힘이었다.

자료 | 진성현 저, 비행스케치

Cabin Operation
Management

CHAPTER 08

객실승무원의 대화기법

Cabin Operation
M a n a g e m e n t

객실승무원의 대화기법

1. 기내 대화의 중요성

항공여행을 하는 고객은 다양한 계층으로 되어 있고, 국적이 다르며 기대치가 다르다. 문제는 이러한 고객들이 좌석에 앉아 자유롭게 움직이지도 못하고, 하고 싶은 행동을 자유롭게 할 수 없는 공간의 제약이 존재하고 있다는 것이다. 항공사가 규정하고 있는 수많은 제약들이 고객을 불편하게 한다.

승객을 불편하게 하는 대부분의 규정은 안전 관련 규정들이다. 안전은 사람의 생명을 지키는 고차원적인 사안이지만, 승객에게는 여전히 불편하게 작용하고 있다. 더구나 안전이 중요하다는 인식론에 있어서는 승객 누구나 부정할 수는 없는 것이지만, 그것이 자신에게 적용될 때는 불편한 속내를 감추지 못하는 것이 항공기내에서 끊임없이 벌어지고 있는 현상이다.

항공여행을 자주 하는 고객일지라도 그 많은 항공 안전과 서비스 규정에 대해 세세히 알지는 못한다. 더구나 항공여행에 익숙하지 않은 승객은 승무원의 언행에 대해 이해를 못하는 경우가 많다. 기내에서 승무원이 이행하는 모든 서비스 절차는 항공사가 수립한 규정과 절차에 의거해서 이루어진다. 승객과 승무원이 부딪히는 마찰과 갈등이 이러한 규정과 절차를 모를 수밖에 없는 승객이 하고 싶은 대로 기내에서 행동하는 것을 승무원은 항공사의 규정과 절차를 가지고 제지하는 과정에서 빚어진다.

항공사의 기내 안전 규정과 절차만 하더라도 그 가짓수가 한 권의 책 분량이 넘는다. 여기에 서비스 규정까지 더하면 경험 있는 승무원일지라도 모두 알기가 쉽지 않다. 특히 기내서비스에 관련한 규정은 속성상 항공사마다 다르며, 상황에 따라 개정되는 경우가 많아 승객의 입장에서 보면 서비스가 일관성이 없어 보일 수 있다.

이러한 규정과 절차가 복잡하게 존재하는 항공기내는 불편할 수밖에 없는 구조적인 환경을 가지고 있다. 이러한 기내 환경에서 승객을 안전하고 쾌적하게 모셔야 하는 것이 승무원의 책무이다.

따라서 승무원이 기내에서 발휘해야 하는 가장 중요한 요소가 기내 대화이다. 기내 대화는 일반적인 환경과 상황에서 이루어지는 대화와는 다른 차원에서 특별하게 취급되어야 할 사안이다. 왜냐하면, 앞에서 언급한 것과 같이 승객은 이미 불편할 수밖에 없는 부자연스러운 항공기의 환경 속에 있다는 것이 그 첫 번째 이유이다. 그 다음은, 승객은 기내에 존재하는 수많은 제약 요건인 기내 규정과 절차에 대해 알고 있지를 못하다는 것이다. 승무원의 상황에 맞는 시의적절한 대화가 필요한 이유가 여기에 있다. 세 번째는, 승무원은 그러한 승객들의 개개인에 대한 입장을 세세하게 알고 있지 못하다. 승무원은 기내 대화를 함에 있어서 보다 세심하고 배려하는 자세를 먼저 갖고 있어야 한다.

기내 대화가 중요한 이유는 다음과 같다.

- 항공기내는 수많은 안전과 서비스 규정과 절차가 있다.
- 승객은 항공기내의 모든 규정과 절차를 알지 못한다.
- 승무원은 승객 개개인의 기대치를 알지 못한다.

기내 대화는 두 가지 관점에서 접근해야 한다. 승객의 관점과 승무원의 관점에서 기내 대화는 이뤄져야 마찰과 갈등을 방지할 수 있다. 먼저 승객의 관점에서 기내라는 특수한 환경에서 기내 대화가 얼마나 중요한지를 알 수가 있다.

> ‘승객은 항공여행에 익숙하지가 않다. 비행기에 탑승하여 지정된 좌석을 찾아가는 것부터 불편이 시작된다. 승객이 원하는 좌석이 아니다. 승무원에게 바꿔달라고 하니 지금은 안 된다며 기다려달라는 말만 듣는다. 짐은 어디에 놓아야 하는 걸까. 편한 대로 좌석 앞에 놓으니 승무원이 거기에는 놓을 수가 없다고 제지한다. 일단

> 좌석에 앉았다. 좌석 앞 공간이 너무 좁아 등받이를 뒤로 젖혔다. 그러자 뒤 승객이 승무원을 시켜서 등받이를 세우라고 한다. 기내 잡지를 보려고 Tray Table을 펴니, 승무원이 Tray Table을 다시 원위치하라라고 말한다. 기내 창문으로 바깥 햇살이 들어와 창문을 닫으니 이번에도 어김없이 승무원이 오더니 창문을 열어둬야 한다고 말한다. 비행기가 움직이며 활주로로 향했다. 승객은 화장실을 이용하려 좌석에서 일어나니, 어느새 승무원이 다가와 지금은 움직일 수 없으니 좌석에 다시 앉으라고 엄하게 말한다.'

비행기가 이륙을 하기도 전에 승객은 자신이 하려고 했던 모든 행동들이 승무원의 제지로 인해 이룰 수가 없었다. 승객은 생각했다. 승무원이 왜 자신이 하려고 했던 행동들에 대해 제지를 해야 하는지 알 수가 없었다. 이 모든 행동들이 기내 안전에 위배된다고 하는 것이다. 언제는 고객의 입장이라고 항공사가 그렇게 광고를 하더니, 실제 기내에서는 전혀 다르게 항공사 입장에서만 승무원들이 행동하는 것이 이해가 되지 않았다. 이제 겨우 항공기에 탑승해서 일어난 일들인데, 앞으로 장시간 기내에 있어야 하면서 어떠한 것들로 자신에게 대할지 승객은 벌써 불편과 불안이 가득하다. 한 가지 예를 들어본 승객의 관점에서 본 기내상황이다.

> '승객이 탑승하면서 좌석에 대해 불편을 말한다. 원하는 좌석이 아니니 바꿔달란다. 승무원이 탑승이 종료되면 바꿀 수 있는 좌석을 알아봐드리겠다고 말하자, 승객은 막무가내로 지금 당장 바꿔달라고 한다. 승객의 좌석 앞에 짐이 놓여 있어 승무원이 짐을 기내선반Overhead Bin에 올려주실 것을 안내하였다. 승객은 알았다는 말만 하고 그대로 앉아있다. 승무원이 재차 짐을 올려 줄 것을 말하자, 금세 화난 표정으로 돌변한다. 승객이 좌석 등받이를 뒤로 젖히자, 뒤 손님이 좌석으로 들어가기가 불편해 세워달라고 승무원을 통해 요청하자, 승객은 내 좌석을 내 맘대로 못하냐고 역성을 낸다. Tray Table과 창문에 대해서는 기내안전을 위한 것이라고 승객에게 안내해드리니 마지못해 응하였다. 화장실에 가려는 승객에게 지금은 이륙을 해야 하는 순간이니 불편하더라도 이륙 후에 사용하시라고 안내하자, 급하다며 승무원의 제지에도 불구하고 화장실을 가야한다고 좌석에 다시 앉기를 거부한다.'

승객과 승무원은 기내에서 발생하는 같은 상황에서도 서로 다른 관점을 가지고 있다. 여기서는 누구의 관점이 옳은가 하는 것을 논하는 것은 의미가 없다. 승객이 하려는 행동들을 승무원은 어떤 기준으로 왜 제지할 수밖에 없었던 것인지를 알아야 한다. 중요한 것은 항공사와 승무원이 항공여행에 익숙하지 않은 승객과 항공 규정들이 복잡하여 인지하지 못하는 승객에게 무엇이 진정한 고객의 입장에서 승무원의 행동인지를 잘 규명해야 하는 것이다. 이 과정에 승객을 가르쳐서는 안 될 것이며, 규정을 앞세워서도 안 된다. 객실승무원은 승객의 관점에서 승객을 응대하는 자세를 가져야 한다. 항공사와 승무원의 관점이 아닌 승객의 관점에서 규정과 절차를 이행해야 하는 것이 궁극적으로 고객의 입장을 배려하는 것이라는 진실함이 관철될 수가 있다.

결국은 승객의 불편과 불안을 가져다주는 기내에서 승무원의 행동이 고객의 입장에서 비롯된다는 것을 인식시켜 줄 수 있는 것은 올바른 기내 대화밖에 없다. 올 바른 기내 대화는 항공사나 승무원의 관점이 아닌 승객의 관점에서 접근해야 한다. 기내 대화는 너무 길어서도 안 되고, 설명 위주로 치우쳐서도 안 된다. 기내 대화는 승객의 입장에서 승무원이 자신의 입장을 먼저 알아주고 있고, 자신의 상황에 대해 승무원이 공감하고 있다는 것을 느끼게 해주는 것이 관건이다. 올바른 기내 대화는 고객의 입장에서 시작되고 배려하는 것이다.

객실승무원이 승객과의 기내 대화에서 실수를 일으키는 밑바탕에는 서비스를 마치기까지 시간이 없어 쫓기듯이 바쁘게 일을 하는 과정에서 발생하는 것이 가장 흔하다. 바쁘게 기내에서 움직이는 승무원은 승객에게 차분하게 응대하지 못하는 경우가 많다. 객실승무원은 바쁜 업무 속에서도 승객에게 응대할 시에는 차분하게 승객과의 대화에 집중해야 한다.

(1) 올바른 기내 대화 기본 원칙

- 승객의 관점에서 대화한다.
- 승객에게 공감한다.
- 승객의 입장을 배려한다.

(2) 객실승무원의 기내 대화 실패 원인

- 바쁘게 행동한다(무시당하는 느낌을 준다).
- 지레짐작으로 듣는다(엉뚱한 일을 초래한다).
- 규정을 앞세운다(가르치려 한다).

2. 기내 대화의 테크닉

기내에서의 대화는 여러 유형이 있다. 객실승무원이 마주치는 승객의 유형에 따라서도 대화법이 달라질 수 있으며, 승객과 마주치는 상황에 따라서도 적절한 대화법을 구사해야 하는 경우가 있다. 항공여행이 일상화되고 서비스 수준이 높아진 현대 사회에서의 기내 대화는 점점 높은 수준의 대화기법이 필요한 시점에 와있다. 객실승무원은 항공기내의 전문지식을 바탕으로 고도의 대화법을 구사하여 의식수준이 높아진 오늘날의 고객을 응대하는 데에 문제가 없도록 해야 한다.

1) 상대 고객을 먼저 알려고 한다

① 대화의 상대가 되는 승객이 어떤 성향인지 파악한다.
② 승객의 첫 대화에 승객의 감정을 읽는다.
③ 승객에 맞는 대화를 구사한다.

2) 대화의 목소리 톤을 잘 유지한다

① 대화의 목소리는 너무 크지 않게 한다. 목소리가 크면 듣는 승객이 자칫 무안을 당한다고 생각할 수 있으며, 주변 승객에게는 소음으로 작용한다.
② 대화의 목소리는 밝고 자신감 있게 한다. 명료한 목소리는 승객이 승무원의 말에 믿음을 갖게 하며, 그 결과 서비스만족도가 높아진다.
③ 속삭이는 대화서비스Whisper Service : 부드럽고 포근한 느낌의 대화는 인간미가 있

는 감성서비스가 될 수 있다. 속삭이는 대화는 자신만을 위해주고 자신을 특별히 대해준다는 심리적인 효과를 기내 대화에서도 적용하여 활용한다. 특히 속삭이는 대화서비스는 승무원이 매우 곤란한 사정이 있어 승객의 양해를 구할 때와, 안전 규정으로 승객을 제지하여 승객이 불편을 느끼게 되는 상황에서 구사하면 효과가 좋다.

④ 속삭이는 대화서비스Whisper Service 구사시점

- 승무원이 승객에게 양해를 구해야 하는 곤란한 상황일 때
  (예) 기내식서비스 시 승객이 원하는 식사Meal가 없어 다른 것으로 권할 때, 낮은 목소리로 대화를 시도하면 효과가 있다.
- 승무원이 안전 규정으로 승객을 제지해야 하는 상황일 때
  (예) 기내에서 휴대폰으로 통화를 하는 승객에게, 낮은 목소리로 휴대폰 전원을 꺼달라고 말하여 승객이 무안을 느끼지 않도록 한다.

3) 부정적인 느낌을 주는 대화는 삼간다

① '없습니다.' '안 됩니다'라는 부정적인 대화는 단도직입적으로 하지 않는다. 승객은 자신이 원하는 요구사항에 대해 승무원이 단정적으로 없다고 한다면, 현실은 받아들이면서도 감정은 상할 수 있다. 또한 안전 규정을 내세워 승객의 행동을 제지할 때 안 된다는 승무원의 말투는 자신을 무시하거나 강압적이라는 느낌을 받게 된다.

② 단도직입적인 대화보다 '청유형' 또는 '권유형' 대화법을 구사한다.

- "좌석 등받이를 세워 주시겠습니까?"
- "해산물은 어떠시겠습니까?"
- "그럼 뜨거운 녹차를 드릴까요?"

4) 대화의 시작은 정중하고 예의 있는 언어를 먼저 구사한다

대화의 시작을 정중하면서 예의를 표하는 언어를 구사하면 듣는 사람의 입장에서

편안한 마음을 가지고 들어주게 된다. 영어식으로 한다면 'Please' 또는 'Excuse me'와 같은 표현이 될 것이다. 우리나라 말로는 '미안합니다' 또는 '실례합니다'와 같은 대화를 먼저 구사하는 것이 상대방의 기분을 배려하는 자세가 된다.

- "미안합니다. 여기에 서 계시면 곤란합니다."
- "실례합니다. 먼저 지나가겠습니다."

5) 복명복창을 한다

복명복창이란, 상급자가 내린 명령과 지시를 되풀이해서 말하는 것으로, 이를 통해서 명령과 지시가 정확하게 전달되었는지 다시 확인하는 것이다. 기내에서 복명복창을 하는 것은 상사와 부하의 관계가 아닌 고객을 모시는 승무원이 고객의 요청 사항을 잊지 않고 들어주는 서비스 행위를 정확하게 하기 위한 것이다.

기내에서는 한 사람의 승무원이 수십 명의 승객을 혼자서 감당하는 구조로 서비스가 진행되고 있다. 그러다보니 승객의 요구사항을 잊어버리거나 잘못 알아듣는 사례가 많이 발생하고 있다. 이러한 현상을 개선하기 위한 수단으로 객실승무원은 승객과 대화 시 복명복창을 하는 것이다. 객실승무원은 승객의 요구사항을 다시 한 번 확인하는 차원에서 승객이 말한 내용을 되풀이하여 승객에게 말한다. 객실승무원의 복명복창은 주문받은 사항이 정확한지 여부를 승객에게 확인을 받는 것과 같은 효과와 동시에 객실승무원에 대한 신뢰감을 갖게 하는 효과도 있다.

- (사례 1) 손님 : "비빔밥 주세요."
  승무원 : "네, 비빔밥 드리겠습니다."
- (사례 2) 손님 : "뜨거운 물 한 잔 주세요."
  승무원 : "네, 뜨거운 물 갖다드리겠습니다."

6) 평소 자신의 말투를 사용하지 않는다

서비스교육을 받은 승무원일지라도 기내에서 바쁘고 당황하는 상황에서는 자신도 모르게 승객과의 대화 시 평소 자신의 말투가 나오는 경우가 있다. 승무원 개인의 성향에 따라 사투리가 나오거나 반토막 말투가 나온다든지, 성격에 따라서는 경망스러운 속어의 말투가 나오는 실수를 범하기도 한다.

기내 대화는 표준어와 경어를 쓰는 것이 원칙이며 속어, 은어, 반토막 말, 유아적인 어투 등은 사용하지 않는다. 특히 어린이 승객에게도 경어를 사용하며 정중한 표현을 한다.

7) 불필요한 외국어 사용은 지양한다

일반적으로도 사용하지 않는 항공사에서만 통하는 외국어는 승객에게 사용하지 않도록 한다. 항공사 승객의 특성이 다국적인 상황이지만, 우리나라 승객을 대할 때는 우리말로 순화된 언어를 구사한다. 항공사에서 사용되는 외국어는 일반 승객이 들었을 시 이해하지 못할 수 있어 혼선을 빚을 수가 있다. 과도한 외국어 사용은 듣는 사람에 따라 과잉서비스로 보여져 기내 대화로서는 부적합하다.

기내 대화 외국어 순화용어

외국어	순화된 용어
Aisle에 두면 안 됩니다.	통로에 두면 안 됩니다.
Boarding Time은~	탑승시간은~
다른 Crew가 도와줄 겁니다.	다른 승무원이 도와줄 겁니다.
Delay 되고 있습니다.	지연되고 있습니다.
Gate가 어딥니까?	탑승구가 어딥니까?
E/D Card를 드리겠습니다.	출입국신고서를 드리겠습니다.
Connection FLT 때문에	연결편 때문에
Extra FLT가 있습니다.	특별기편이 있습니다.
Departure Time이~	출발시간이~

외국어	순화된 용어
Seat Number가 몇 번입니까?	좌석번호가 몇 번입니까?
Overhead Bin이 있습니다.	기내선반이 있습니다.
좌석이 Full입니다.	좌석이 만석입니다.
Child Giveaway를 드립니다.	어린이 기념품을 드립니다.
Meal 서비스입니다.	기내식 서비스입니다.
Over booking 때문에	초과예약 때문에
Passport를 보여주시면	여권을 보여주시면
Door Close합니다.	출입문을 닫습니다.

Cabin Operation
M a n a g e m e n t

CHAPTER 09

고객서비스와 승객응대 기법

Cabin Operation
Management

고객서비스와 승객응대 기법

1. 승객 유형별 응대

1) 유아승객

항공기내에서 가장 다루기가 어려운 승객은 유아승객이라 할 수 있다. 비행 중에 유아승객에 대해 따뜻한 관심을 보이지 않으면 동반승객에게까지 불편을 줄 수 있다. 유아 동반 승객은 객실승무원이 탑승 시부터 관심을 가져주기를 바라며, 많은 도움을 원하고 있어 만족감에 대한 기대치가 매우 높은 편이다.

유아승객은 좌석을 점유하지는 않으나, 유아용 침대로 불리는 베시넷Bassinet을 항공사로부터 제공받는다. 따라서 베시넷을 장착할 수 있는 좌석은 지정되어 있다. 베시넷은 항공사마다 모양과 규격에 차이가 있으며, 유아승객은 베시넷 사용에 안전을 위해 몸무게와 신장이 베시넷 규격에 맞지 않으면 사용할 수가 없다.

항공사별 베시넷 규격

항공사	몸무게	키
대한항공	11kg	76cm
아시아나항공	14kg	76cm
중국남방항공	11kg	70cm
델타항공	9kg	78cm
퀀타스항공	11kg	71cm
에어캐나다	12kg	N/A

(1) 기준

유아승객의 적용 범위는 생후 7일부터 2살 미만이다.

(2) 좌석 배정 제한지침

- 항공사는 유아동반 승객이 유아용 구명복을 요구할 경우에는 제공할 수 있으며, 제공했을 때에는 착륙 후 회수하여 원위치에 보관한다.
- 항공사는 유아를 포함한 승객의 숫자와 제공되는 산소마스크의 수를 고려하여 좌석 배정을 해야 한다.
- 객실승무원은 유아동반 승객이 원래 배정받은 좌석에서 이동하여 착석하였을 경우, 기종별 산소마스크 장착 숫자를 참고하여 필요 시 적절한 좌석으로 안내한다.

(3) 유아승객 응대기법

- 객실승무원은 유아동반 승객이 기내에 탑승하는 순간부터 적극 응대하는 자세를 갖는다.
- 유아동반 승객의 짐을 들어주며 좌석안내를 한다(하기 시에도 동일함).
- 유아동반 승객 담당승무원은 자기소개를 하고 도움이 필요한 것에 대해 문의하고, 지상에서 조치 가능한 것은 즉시 해결한다.
- 비행 중의 난기류Turbulence 등 안전사항에 대해 안내한다.
- 베시넷Bassinet은 이륙 직후 제공됨을 안내한다.
- 비행 중에 난기류 발생 시는 베시넷의 유아를 동반자가 직접 안아주도록 안내한다.
- 기내식 서비스 시점에 특히 관심을 갖고, 유아와 동반 승객이 식사를 취식하는데 어려움이 없도록 배려한다.
- 입국서류 작성을 도와준다.
- 유아가 우는 상황이 발생할 시에는 적극적으로 동반 승객에게 도움을 준다.

  【주】 우는 아이를 안아줄 때는 먼저 동반 승객에게 허락을 구한다.
- 비행 중간에 유아와 동반 승객의 상태를 살핀다.
- Approaching 시점에 동반 승객에게 미리 하기인사를 한다.

2) 비동반 소아UM : Unaccompanied Minor

UM은 성인 동반인 없이 혼자 여행을 하는 비동반 소아UM를 의미한다. 항공사는 UM에 대한 철저한 관리체계를 갖추고 있다. 항공사는 UM이 공항에 보호자와 함께 와서 처음 UM을 보호자로부터 넘겨받는 순간부터 목적지에 도착하여 보호자에게 인계할 때까지 UM의 항공여행에 대한 책임을 갖는다.

(1) UM 기준

항공사마다 UM 적용 나이가 다를 수 있으며, 보통은 국제선의 경우 5세에서 12세 미만으로 하고 있다. 국내선은 5세에서 13세 미만으로 한다. 객실사무장은 운송직원으로부터 목적지 국가 입국에 필요한 서류와 여권이 들어있는 UM Envelop을 전해 받는다. 객실사무장은 UM의 안전하고 편안한 여행을 위해 담당승무원을 지정할 수 있다.

(2) 좌석 배정

UM은 직항편Nonstop Flight 비행기에서만 탑승 가능토록 하는 항공사가 대부분이나, 일부 항공사는 비행기를 갈아타지 않는 조건에서의 환승편에 탑승을 허용하고 있다. 일부 항공사는 UM의 안전한 여행을 보장하기 위해 UM 좌석 옆을 블록Block 조치하여, 가급적이면 성인 승객이 동석할 수 없도록 좌석을 제한하고 있다. 그리고 UM은 비상구열 좌석에 배정될 수 없다.

(3) UM 응대기법

- 객실승무원은 UM을 데리고 온 지상직원으로부터 UM의 여권, 입국서류 등 입국에 필요한 서류와 함께 UM을 넘겨받고 인수인계서에 서명을 한다.

  【주】 서류에는 UM의 성명, 나이, 여정, 좌석번호, 목적지 공항, 보호자 연락처 등의 정보가 수록되어 있다. UM은 반드시 UM 스티커 또는 배지를 부착하고 있어야 한다.

- UM 담당승무원은 UM을 좌석까지 안내하고 짐 정리를 도와준다.

- 담당승무원은 자신을 소개하고, 가까운 화장실 위치와 사용법을 안내한다.
- CHML 요청 사실을 확인하고, 좌석벨트 착용법, 좌석 작동법, 기내영화 및 게임 이용법, 콜 버튼 위치 등 안전과 기내 편의설비를 안내한다.
- 목적지에 도착하여 하기할 시, 혼자서 내려서는 안 되는 것을 알려주고, 담당승무원이 데리러 올 때까지 좌석에서 기다리도록 안내한다.
- 담당승무원은 UM이 기내식 및 여러 서비스를 받을 수 있도록 수시로 불편한 점이 있는지 돌봐준다.
- 목적지에 도착하면 담당승무원은 UM의 소지품을 정확히 챙겨 UM과 함께 일반석 승객들보다 먼저 하기하여 지상직원에게 확실하게 넘겨준다.

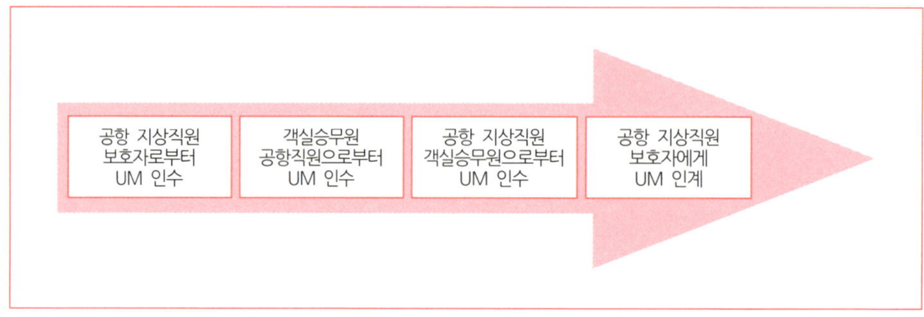

3) 장애인 승객

항공사는 승객의 신체장애로 인해 승무원 또는 다른 승객의 기분을 상하게 하거나 혐오감을 주고 불편을 끼치거나 또는 끼칠 것이라는 이유만으로 장애인 승객의 운송에 차별을 하여서는 안 되며, 장애인 승객의 탑승 인원수를 제한하지 않는다.

(1) 일반적 정의

육체적 · 정신적 장애가 있어 비상사태 발생으로 항공기로부터 탈출하기 위해서는 타인의 도움이 절대적으로 필요한 상태에 있는 것을 의미한다.

(2) 장애인 승객의 분류

① 정신적 장애 승객 : 객실 안전 규정을 이해하지 못하거나 적절한 반응을 보이지 못하는 승객이다.

② 신체적 장애 승객

- 청각 장애 승객 : 승무원의 구두 지시를 듣지 못하여 신속한 비상탈출을 위해 타인의 도움이 필요한 승객이다.
- 시각 장애 승객 : 사물을 보지 못해 신속한 비상탈출을 위한 타인의 도움이 필요한 승객으로, 인도견과 함께 탑승할 경우 인도견을 승객 발밑에 위치하게 한다.
- 보행 장애 승객 : 자력으로 이동이 불가능하여 신속한 비상탈출을 위해 타인의 도움이 필요한 승객이다.
- Stretcher 승객 : 좌석에 앉지 못하고 들것Stretcher에 누운 채로만 여행이 가능한 환자 승객이다.

(3) 장애 승객 개별브리핑 방식

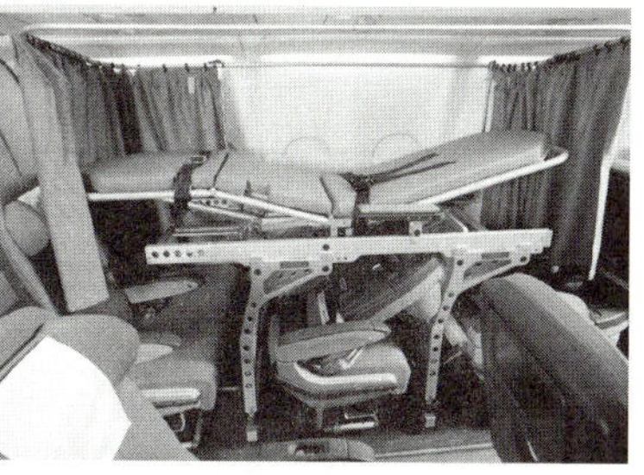

① 시각 장애인Blind : 비상탈출구 위치를 안내한다. 구명복 위치를 직접 손으로 만져 알게 해준다.

② 청각 장애인Deaf : 안전카드Safety Card를 제공하여 읽도록 안내한다.

③ 정신적 장애자Mentally Impaired : 승객이 이해가 되도록 적절하게 중요한 안전정보를 전달한다.

④ 들것Stretcher 승객 : 들것 승객의 보호자에게 대신하여 비상구 위치와 중요한 안전정보를 전달한다.

(4) 장애인 보조동물Service Animals

- 시각 또는 청각 장애인을 보조하도록 특별히 훈련된 인도견 등은 항공기 동반 탑승이 가능하다.

- 장애인과 보조동물은 비상구 열 좌석에 배정될 수 없으며, 비상탈출구를 막아서도 안 된다.
- 장애인 보조동물이 기내에 배회하도록 방치해서는 안 되며, 좌석을 점유할 수 없다.
- 장애인 보조동물은 Pet로 취급하지 않으며 기내 반입 가능 마리 수에 제한이 없다.
- 장애인 보조동물 탑승 시 수하물요금이 적용되지 않는다.
- 인도견은 기내에서 물 이외의 음식물은 제공되지 않는다.

(5) 장애인차별금지법Americans with Disabilities Act : ADA

미국은 항공여행을 하는 장애인들의 권익을 보호하기 위해 1990년에 장애를 이유로 인권에 반하여 차별하는 것을 금지하는 법률을 도입하였다. 이 법에 근거하여 미국교통부는 2008년에 Air Carrier Access Act을 제정하였고, 이 법률에 '항공여행 장애인 차별금지Nondiscrimination on the Basis of Disability in Air Travel' 조항을 만들었다. 처음에는 미국의 자국 항공사들에게 적용하였던 것을, 이듬해 2009년 5월부터 미국으로 들어오고 나가는 모든 외국항공사들도 이 법을 준수하도록 개정하였다.

이 법에 따라 항공사는 장애인 승객을 장애라는 이유로 탑승을 거절하여서는 안 되며, 장애인 승객에게 과도하게 특별한 도움을 주는 등 유별나게 대하여 결과적으로 다른 승객과 차별되어 보이는 행위를 규제하는 것이다. 또한 이 법에 대해 항공사 직원을 대상으로 교육을 받아야 한다는 조항도 포함하고 있다.

① 항공여행 장애인 차별금지 주요 내용

- 항공사는 육체적 · 정신적 장애를 이유로 항공기 탑승을 거절해서는 안 된다.
- 기내 통로 좌석의 절반은 좌석 팔걸이가 들어 올려지게 움직이는 팔걸이가 장착되어야 한다.Movable Armrest

- 기내에 최소한 한 개의 접히는 휠체어를 보관할 만한 공간이 있는 코트룸이 있어야 한다.
- 기내에 장애인 승객이 접근할 수 있고, 사용할 수 있는 화장실이 있어야 한다.
- 기내에 장애인 승객이 화장실 등으로 이동하는데 사용되는 기내 전용휠체어On Board Wheelchair를 탑재하여야 한다.
- 탑승 및 하기할 시 장애인 승객을 업거나 부축하지 않도록 한다. 식사 시에는 먹여주는 행위를 해서는 안 되며, 화장실 안에까지 들어가 도움을 주는 행위도 하여서는 안 된다.
- 장애인 승객이 탑승하고 좌석에 앉을 수 있도록 휠체어를 제공한다.

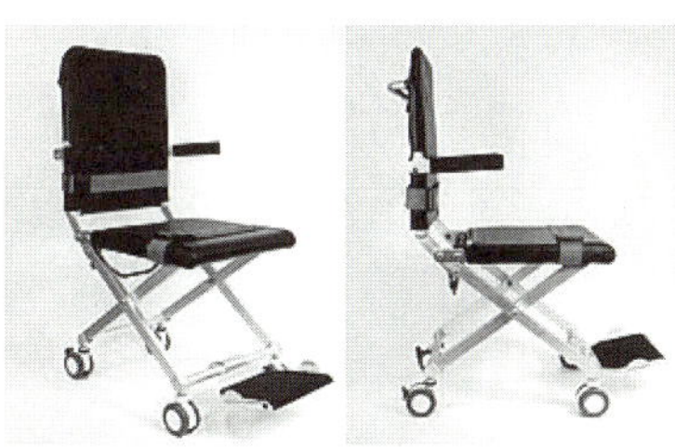

- 장애인 승객의 항공기 탑승은 장애인 승객 전용 리프트카 및 전용 램프 등을 이용하도록 한다. 항공사 직원이 계단을 이용하여 장애인 승객을 업거나 들어올려 탑승을 하는 것은 권고하지 않는다.
- 장애인 승객서비스 시에는 승객의 동의 없이 거들어주는 것은 금한다.
- 항공기 운항과 관련하여 다른 승객들에게 제공된 정보들, 즉 항공기 지연 및 회항, 목적지 날씨, 도착 예정시간, 기내안전 사항 등은 장애인 승객에게도 동일하게 개별적으로 제공한다.

② 객실승무원 교육 및 유의사항

- 미주노선 비행근무 승무원은 객실브리핑 시 「장애인차별금지법」에 대해 교육을 받는다.
- 기내에 장애인 승객 전용 휠체어On Board Wheelchair가 탑재되어 있는지 확인한다(미탑재 시 정비사에게 통보하여 탑재토록 조치한다).
- 장애인 승객 좌석안내 시 승객의 동의 없이 업거나 드는 행위는 해서는 안 된다.
- 기내 안전사항에 대해 개별브리핑을 한다. 이때에는 주위의 시선을 끌지 않도록 하며, 브리핑 내용을 이해하였는지 묻지 않는다.

2. 승객 호출 응대

항공기내에서 좌석에 앉아 있는 승객이 필요에 의해서 승무원에게 무엇인가를 요청할 때 가장 많이 사용하는 것이 승무원 호출 버튼이다. 객실승무원 입장에서는 시도 때도 없이 울려대는 승객 호출음 소리가 가장 신경 쓰이는 것 중에 하나이다. 승객은 승무원이 호출에 즉각 응대해 주기를 기대하고 있다. 그런 기대를 충족시키기 위해 승무원은 기내에서 승객 호출에 대해서만큼은 각별하게 신경을 쓰며 응대하고 있다. 그러함에도 불구하고 여전히 승객으로부터 가장 많이 불만이 제기되는 것이 승무원이 승객 호출에 반응하지 않는다는 것이다.

승객 호출 버튼Passenger Call Button은 좌석마다 비치되어 있는 AVOD용 핸드셋에 부착되어 있다. B737과 같은 소형 기종은 승객 좌석 위에 호출 버튼이 있다.

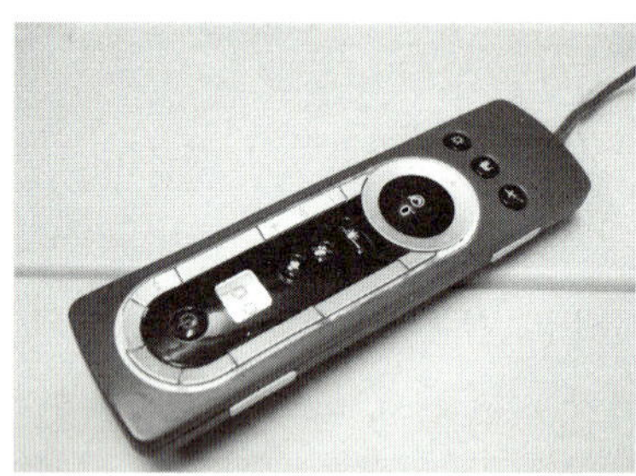

(1) 승객 호출 응대기법

- 승객에게 필요한 것이 무엇인지 먼저 문의한다(호출하였는지 문의부터 하면 무례하다고 생각한다).

  (예) "손님, 필요한 것이 있으십니까?"

  "손님, 무엇을 도와드릴까요?"

- 승객의 요구사항을 경청한 뒤 신속하게 해결하여 준다.

【주】 승객 호출 버튼 불빛(Light)은 승객의 요구사항을 다 들어준 뒤 천천히 끈다. 이유는 승객은 승무원이 오자마자 자기의 이야기를 먼저 들어주지 않고 아무 말 없이 승무원이 불빛부터 끄면 승무원이 귀찮아하는 것으로 보거나 불성실하다고 오해할 수가 있다.

(2) 승객 호출에 승무원이 신속하게 응대하지 못하는 경우

- 항공기 이 · 착륙 시 승객 호출은 안전상 응대할 수 없다.
- Severe Turbulence로 승무원이 Jumpseat에 착석하는 경우에는승무원의 안전을 위해 즉시 응대가 어렵다.

▶ 승객 호출표시창

- 모든 승무원이 동시에 서비스를 진행하는 음료서비스 또는 기내 식사서비스 시점에는 승객 호출음 소리를 듣지 못하는 경우가 있다.
- 승객 호출 버튼이 있는 AVOD용 핸드셋에는 독서등 버튼, 승무원 호출 버튼 등과 같이 있어 승객이 잘못 누르는 경우가 많다.

3. 고객불만 대처기법

항공사의 고객 불만은 승객의 증대와 함께 증가하는 추세에 있다. 따라서 항공사마다 고객서비스 전담부서를 두어 전사적으로 대응하고 있으며, 객실본부는 고객불만 전담직원을 운영하고 있다.

항공사 객실담당 부서는 고객불만을 어떻게 관리하고 제어할 수 있는가에 중점을 두고 있다. 항공사는 고객불만 최소화를 위해 과감한 투자를 통한 전 기종의 좌석 고급화 및 AVOD 설치를 추진하며 기내식의 다양화 및 품질 개선에도 노력하고 있다. 이러한 기내 설비 및 기내식 등 물적 서비스와 더불어 객실승무원의 인적 서비스가 함께 어우러져 최상의 고객서비스를 달성하는 것이 항공사가 추구하는 목표이기도 하다. 그러한 노력에도 불구하고 객실승무원에 의한 고객불만은 끊임없이 발생되고 있는 실정이다.

고객불만 발생의 원인은 다양한 형태로 나타나고 있다. 항공여행의 일상화 및 인터넷의 발달로 승객의 서비스 기대 수준이 높아지고, 항공여행의 지식수준이 때로는

객실승무원을 능가하는 현상까지 벌어지고 있다. 또한 항공기의 첨단화로 인한 승객들의 기내 설비에 대한 관심이 고조되고 있어 항공기에 대한 객실승무원의 전문성이 더욱 요구되고 있는 시대에 들어서게 되었다. 변화되고 있는 내부, 외부 환경에 대한 정확한 인식을 바탕으로 한층 개선된 고객서비스가 이뤄질 수 있도록 객실승무원의 의지와 노력이 그 어느 때보다 요구되고 있다.

1) 고객불만 대처방안

고객불만 예방을 위해서 승무원은 항상 숙지하고 갖추어야 할 기본 원칙에 대해서 스스로 정착될 때까지 끊임없이 반복하는 습관을 갖는다. 미국 GE사의 전 CEO 잭웰치는 어떤 일을 추진할 때 직원에게 10번 이상을 반복해서 주지하여야 비로소 이행하게 된다고 말했다. 반복학습이 그만큼 중요한 것이다.

(1) 고객불만 예방을 위한 10대 기본원칙

① 대화의 벽 차단Open Talking Policy : 승무원들 간에 자유롭게 승객서비스 정보를 항상 공유한다.

② 맞춤서비스 구현Know Your Passenger : 서비스를 담당한 구역의 승객에 대한 특성을 잘 파악한다.

③ 솔선수범 및 희생정신Put Others First : 승객 나아가 동료승무원을 먼저 배려하는 마음을 갖도록 한다.

④ Missing 근절Check, Check, Check : 완벽한 서비스는 체크Check를 정확히 하는 자세에 달려 있다.

⑤ 첫인상First Impression : 첫인상은 서비스에 미치는 영향이 가장 크다. 승객 탑승 시부터 관심을 표명한다.

⑥ 소음주의Don't Make Noise : 기내 어디에서나 떠들거나 소음이 나지 않도록 조심한다.

⑦ 마음이 따뜻한 서비스Warm Holding Baby : 유·소아 동반 승객에게는 진심어린 마음으로 대한다.

⑧ 경청Keep Listening : 승객과 대화 시에는 끝까지 진지한 자세로 승객의 말씀에 경청하도록 한다. 승무원이 들어주는 것만으로 불만이 해결될 수 있다.

⑨ 일사일언Talking Before Doing : 어떤 서비스를 제공하거나 행동을 취할 때에는 행동에 앞서 먼저 무엇을 하려는지 말씀을 드리는 자세를 견지한다. 말없이 행동하는 것은 오해를 불러일으킨다.

⑩ 대안을 제시Propose Alternative : 승객의 요구를 들어줄 수 없는 상황에서 대안을 제시하는 노력을 취하도록 한다. 한 번에 거절하거나 안 된다고 할 시 승객은 무안을 당할 수도 있음을 주의한다.

(2) 대안Alternative서비스 유형

- Avod 고장 승객에게 기내에 탑재된 잡지 등 간행물을 제공한다.
- 승객용 베개 및 담요가 부족할 시 승무원용 베개 및 담요를 제공한다.
- 승객 좌석에 음료수가 쏟아져 젖은 좌석에 앉을 수 없을 때, 담요 또는 린넨을 좌석에 깔아준다.
- 원하는 기내식을 취식하지 못한 승객에게 승무원용 식사를 제공하거나 상위 클래스의 식자재를 활용하여 승객 취향에 맞는 먹을거리를 만들어 제공한다.

2) 고객불만 사례 교육

항공사는 승객의 고객불만 사례를 객실승무원의 서비스 교육훈련 자료로 적극 활용하고 있다. 일정기간 발생한 고객불만 유형을 분석하고 대응책을 마련하여 객실승무원에게 동일한 불만이 재발되지 않도록 강조하고 있다. 항공사는 Crewnet를 통해 가장 최근에 발생되는 고객불만 사례를 실시간으로 공지하여, 객실승무원이 고객불만 동향을 미리 파악하고 비행근무 시 비슷한 불만 유형에 대처할 수 있는 능력을 갖도록 하고 있다.

항공사의 객실조직은 객실브리핑을 고객불만을 대비한 교육을 실시하는 수단으로도 활용하고 있다. 객실조직의 사무실 관리자는 비행근무에 나서는 객실사무장을 대상으로 회사 경영층에서 강조하고 있는 사항을 전달하며, 객실사무장은 이 내용들을 객실브리핑 시 모든 승무원에게 교육을 통해 전파하는 역할을 수행하고 있다.

객실브리핑 시 고객불만 관련 진행사항은 다음과 같다.

- 객실브리핑 시 고객불만 사례를 교육자료로 활용한다.
- 승무원에게 최근 발생한 고객불만 사례를 발표토록 한다.
- 고객불만 사례와 관련한 회사정책 및 지시를 공유한다.

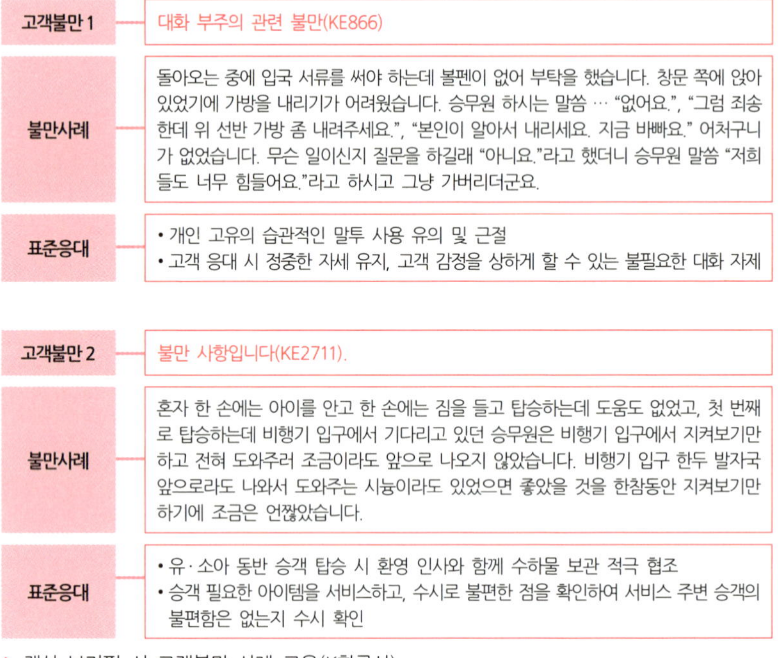

고객불만 1	대화 부주의 관련 불만(KE866)
불만사례	돌아오는 중에 입국 서류를 써야 하는데 볼펜이 없어 부탁을 했습니다. 창문 쪽에 앉아 있었기에 가방을 내리기가 어려웠습니다. 승무원 하시는 말씀 … "없어요.", "그럼 죄송한데 위 선반 가방 좀 내려주세요.", "본인이 알아서 내리세요. 지금 바빠요." 어처구니가 없었습니다. 무슨 일이신지 질문을 하길래 "아니요."라고 했더니 승무원 말씀 "저희들도 너무 힘들어요."라고 하시고 그냥 가버리더군요.
표준응대	• 개인 고유의 습관적인 말투 사용 유의 및 근절 • 고객 응대 시 정중한 자세 유지, 고객 감정을 상하게 할 수 있는 불필요한 대화 자제

고객불만 2	불만 사항입니다(KE2711).
불만사례	혼자 한 손에는 아이를 안고 한 손에는 짐을 들고 탑승하는데 도움도 없었고, 첫 번째로 탑승하는데 비행기 입구에서 기다리고 있던 승무원은 비행기 입구에서 지켜보기만 하고 전혀 도와주러 조금이라도 앞으로 나오지 않았습니다. 비행기 입구 한두 발자국 앞으로라도 나와서 도와주는 시늉이라도 있었으면 좋았을 것을 한참동안 지켜보기만 하기에 조금은 언짢았습니다.
표준응대	• 유·소아 동반 승객 탑승 시 환영 인사와 함께 수하물 보관 적극 협조 • 승객 필요한 아이템을 서비스하고, 수시로 불편한 점을 확인하여 서비스 주변 승객의 불편함은 없는지 수시 확인

▶ 객실 브리핑 시 고객불만 사례 교육(K항공사)

3) 승객별 특성에 따른 응대 철저

기내에서 불만을 제기하는 승객을 유형별로 나누어 기술적으로 대응하는 것이 보다 효과적이다. 고객마다 유형에 따라 다양한 요구와 주문을 하며 기대치도 제각기 다르다. 고객 유형별 불만을 분석하면 공통된 불만 내용을 알 수가 있다. 고객 유형별로 나누어 고객 유형에 맞게 불만의 원인을 미리 알고 응대하면 고객의 기대치를 충족하는 효과를 볼 수 있다.

(1) 유형별 승객 응대

- SPCL Care Passenger(UM / WCHR / 상용고객 등) : 담당승무원은 탑승 시부터 자기소개를 하고, 안전 및 필요한 서비스 사항에 대해 안내를 해드리고, 비행 중에는 지속적으로 관심을 갖는다.
- 젊은 여성 승객 : 밝은 표정과 올바른 대화를 하며 무시하는 듯한 인상을 주지 않도록 한다. 또한 젊은 여성 주변의 노약자 승객에게는 특히 관심 있는 서비스를 하도록 노력한다.
- 유아동반 승객 : 탑승 시부터 관심을 가지고 자기소개를 하고, 수시로 대화를 하며 필요한 사항에 대해 미리 챙겨주도록 한다.
- 상위클래스 승객 : 서비스 절차에 대해 철저히 준수하고, 서비스 내용에 대해서도 전문적인 지식을 갖추고 응대한다. 호칭서비스에 유념한다.
- 나이 어린 학생 승객 : 반드시 경어를 사용하며, 가르치려거나 무시하는 듯한 행동은 하지 않도록 주의한다.
- 겔리 주변 좌석 승객 : 비행 중에 겔리에서 소음이 날 수 있으며, 겔리를 승무원이 수시로 드나들게 되어 불편을 끼칠 수 있음을 미리 안내하고, 특별히 불편이 나지 않도록 조심하며 최선을 다하겠다고 말씀드린다.

(2) 승객 불만 특정 노선

- 출발편Outbound보다 입국편Inbound에서 고객불만율이 높은 편이다.
- 야간비행 노선보다 낮비행 노선에서 고객불만 발생소지가 높다.
- 장거리 노선 비행보다 단거리 노선 비행에서 고객불만이 많이 나온다.
- 장거리 노선 중에서는 유럽 노선이 고객불만 발생률이 높게 나타난다.

(3) 불만 제기 높은 승객 분포

- 20대 여성 승객과 30대 남성 승객층
- 유아동반 승객
- 비즈니스 승객
- 승무원 호출 승객

【주】 불만제기 빈도수가 높은 승객이 반대로 승무원의 서비스 칭송을 하는 경우도 높은 편이다.

(4) 대표적인 불만사례 유형

- 기다려도 갖다 주지 않는다.Order Missing
- 여러 번 호출을 해도 오지 않는다.Call Missing
- 식사를 나만 빼고 주지 않는다.Meal Skip
- 원하는 식사를 못 먹었다.Not Choice
- 주문한 SPML이 탑재되지 않았다.No SPML
- 애기 울음소리에 잠을 못 잤다.Baby Screaming
- 일행과 떨어져 앉았다.Seat Seperated
- 승무원 태도가 기분 나쁘다.Crew Attitude

4) 객실승무원은 무형의 서비스 주체

고객은 항공기라는 교통수단을 이용해서 원하는 목적지까지 안전하고 편안하게 여행하기를 기대한다. 고객이 항공사를 선택하는 기준에는 다양한 요소가 있다. 항공노선, 항공운임, 운항시간대, 항공기종, 항공사 안전수준, 기내서비스, 기내좌석 등이 있다. 이러한 요소들은 정형화된 항공사가 제공하는 서비스 유형이다.

고객은 정형화된 요소들을 기준으로 항공사를 선택하면서도 항공여행에 대한 최종적인 평가는 항공사에 종사하는 객실승무원 및 지상직원들과 부딪히면서 갖게 되는 감정에 의해 결정된다. 그 중에서도 객실승무원과 연관되는 고객의 감성은 오래 지속되고 항공사서비스 평가에 크게 영향을 미치게 된다. 객실승무원은 항공사의 여러 직종의 직원들 중 고객과 가장 최일선에서 항공기라는 제한된 공간에서 장시간 접촉을 하는 특성으로 인하여 고객에게 미치는 서비스 영향력이 크다 할 수 있다.

이처럼 객실승무원에 의한 인간적인 서비스를 통해 감성과 이미지를 갖게 하는 것을 무형의 서비스라 할 수 있다. 사람에 의해 이뤄지는 인간적인 무형의 서비스는 정형화된 서비스 유형과 달리 상황에 따라 변하며, 상대적으로 다양한 서비스가 연출되며, 시점에 관계없이 나타나기도 한다. 따라서 객실승무원은 고객에 대한 특징, 성향, 신분 등을 종합적으로 판단하여 고객의 기대를 충족하는 기술적Skilled인 서비스 감각과 경험을 가지고 있어야 한다. 이는 항공지식의 수준을 뛰어넘어 고객에 대한 서비스 마인드를 지녀야 하는 이유이기도 하다.

고객은 정형화된 항공사서비스 유형을 보고 선택하였다하더라도 항공사 소속의 직원, 특히 객실승무원으로부터 무형의 서비스에 실망을 하게 되면 항공사 전체의 이미지와 서비스 수준은 떨어지게 되며, 고객은 다음 항공여행 시 다른 항공사를 선택하게 된다.

5) 항공서비스의 특성

정형화된 서비스는 일정 기간 변함이 없이 고정적으로 운영되는 항공사 고유의 서비스 유형을 일컫는다. 대표적인 것으로 항공노선, 항공운임, 항공기종, 운항시간대, 기내서비스, 기내좌석 등이 있다.

무형의 서비스는 일정한 형식 없이 사람에 의한 인간적인 서비스에 의해 상황과 여건에 따라 변화하며, 상대적이며 시점에 관계없이 연출되는 서비스를 말한다. 대표적인 것으로 기내의 객실승무원의 공감능력과 감성지능, 응대자세 등이다.

고객은 항공사가 제공하는 여러 유형의 서비스를 직접 겪으면서 평가를 하게 된다. 이러한 고객이 바라보는 관점에서 서비스를 바라보고 평가하는 것이 중요하다. 즉 고객은 자신이 경험한 서비스가 자신의 기대와 일치할 경우 고객은 기억에 남을 정도의 만족감을 갖게 될 것이다. 서비스 결과가 고객이 기대했던 것과 다르게 나타날 경우에는, 서비스 품질이 기대보다 낮거나 높다는 이유 때문에 어떤 형태로든 고객은 기억에 오래 남을 것이다.

고객이 서비스를 평가하는 것에는 두 가지 요소가 있다. 그것은 고객이 경험하는 과정과 결과이다. 서비스 만족을 이끌어내기 위해서는 이 두 가지 고객 평가 요소인 과정과 결과 모두가 좋아야 한다. 고객으로부터 서비스가 훌륭하다는 평가를 받으려면 과정과 결과라는 두 가지 요소를 충족해야 한다. 어느 한 가지라도 고객의 기대에 미치지 못하면 고객의 평가는 낮을 것이며, 항공사서비스는 실패하게 된다.

이러한 두 가지 요소를 요약하여 정리하면 다음과 같다.

- 기내식은 아주 좋았지만(결과), 좌석이 좁아 식사하는데 불편했다(과정).
- 객실승무원이 친절하게 대해주었는데도(경험), 일행과 좌석을 떨어져 앉아 불편했다(결과).
- 항공기가 쾌적하여 편안하였지만(경험), 원하는 기내식을 제공받지 못했다(결과).

이처럼 고객의 만족과 충성심을 얻는 데는 서비스에 임하는 태도가 서비스 결과만큼이나 중요하다. 서비스 만족의 성공을 위해서는 이 두 가지 모두를 해결할 수 있어야 한다.

객실승무원은 고객의 기대치가 고객이 서비스를 경험하는 과정에 낮게 나타나 불편한 감정을 가지고 있다면, 이에 대한 서비스 회복을 위한 조치를 취하여야 한다. 서비스 회복은 때에 따라서는 고객의 불만을 칭송으로 바꾸고 심지어 고객이 감동을 하는 기회를 갖게 한다. 이처럼 서비스 회복을 위한 객실승무원이 취하여야 하는 기술적인 응대 자세는 다양한 서비스 경험과 실체적인 서비스 결과로 얻어진다.

항공기의 특성상 고객은 객실승무원과 장시간 마주하며 이런 저런 서비스를 계속 제공받게 된다. 고객은 한 순간의 불만족한 기분이 시간이 흐르면서 계속되는 승무원의 진실한 응대자세로 인해 서서히 감정을 긍정적인 방향으로 변하게 되는 경향이 있다. 따라서 객실승무원은 지속적으로 고객을 대하면서 서비스 회복을 위한 노력을 한다면, 결과는 고객의 서비스 평가가 부정에서 긍정으로 전환될 수 있다.

6) 서비스 회복을 위한 자세

(1) 진실하게 사과하라

상황이 어떻게 벌어지든 고객이 듣고 싶은 말은 서비스 제공자의 진심 어린 사과이다. 누구의 잘못을 가리기보다 문제해결을 하는 것이 우선적으로 중요하다. 서비스에 문제가 생기면 고객의 관점에서 바라보고, 문제 발생에 대해 사실을 인정하는 것이 문제 해결의 첫걸음이다. 공손하고 진실한 사과 한 마디는 문제해결을 하는 중요한 첫 단추가 된다.

사과는 고객을 응대한 직접 당사자인 승무원이 먼저 하는 것이 옳다. 만약에 해당 승무원의 사과가 있기 전에 다른 사람이 대신하는 것은, 고객은 사과로 받아들이지 않고 오히려 문제를 확대할 수도 있다. 서비스 책임자인 객실사무장 또는 부사무장이 해당승무원을 관리하는 입장에서 최종적으로 고객의 불편을 인지하고 있음을 알리며, 책임자로서 사과하는 자세를 취하는 것이 서비스 회복에 매우 중요한 요소가 된다.

(2) 경청하고 공감하라

고객은 자신을 가르치려는 서비스 제공자의 태도를 혐오한다. 특히 항공기의 특성상 제한적 요소가 많이 있다 보니, 서비스 제공자 본의가 아니게 고객에게 불편을 끼치는 언행이 있게 된다. 이러한 제한적 요소를 잘 알지 못하는 고객에게 가르치려는 듯한 자세는 문제 해결에 도움이 되질 않는다.

고객은 자신의 불편사항에 대해 경청해 주는 것만이라도 문제 해결이 될 수도 있다. 경청하고 공감하면, 고객은 마음을 가라앉히고 속마음을 꺼내게 되며 자신들이 진심으로 보살피는 마음을 가진 사람과 이야기하고 있다고 느낀다. 객실승무원은 항공사 규정을 먼저 이야기하기보다는 고객의 마음을 먼저 알려고 노력해야 한다.

(3) 문제를 신속히 해결하라

경청한 후에는 정확히 무엇이 문제가 되는지 파악이 되므로, 객실승무원은 고객으로부터 받은 정보와 제안을 바탕으로 문제 해결을 위해 나아갈 수 있다. 통상적으로 이 시점에서 고객이 원하는 것은 자신들이 원했던 것을 신속히 제공받는 것이다.

고객은 기다리는 것에 익숙하지가 않다. 해결이 예상보다 길어질 경우, 객실승무원은 고객에게 중간에 진행상황에 대해 알려줄 필요가 있다. 고객과의 지속적인 소통은 문제 해결에 큰 도움이 된다.

(4) 대안을 제시하라

고객의 요구사항에 물리적으로 들어줄 수 없는 상황인 경우에는, 대체할 수 있는 적절한 대안을 제시하는 것도 서비스 회복에 좋은 영향을 미친다. 예를 들어, 승객이 베개를 더 추가로 원할 경우, 남아있는 베개가 없다면 승무원용 베개를 제공하는 대안을 가지고 있어야 한다. 어떠한 경우이든 고객의 요구가 충족될 수 없는 상황에서 객실승무원은 부정적으로 응대하지 않고, 대안을 제시하는 노력하는 자세를 보여준다면 고객의 눈에는 자신을 위해 최선을 다하는 모습으로 보여주게 된다.

(5) 뒷마무리를 잘하라

고객과의 문제 해결을 마무리한 후에도 객실승무원은 목적지에 도착할 때까지 고객이 또 다른 문제로 불편을 겪을 수 있는 소지가 있으므로 지속적으로 관심을 가지고 관찰하여 더 이상의 불편사항이 나오지 않도록 한다. 목적지에 도착할 즈음에는 객실승무원은 고객에게 불편사항에 대해 다시 한 번 미안함을 표하고, 앞으로 더 개선된 서비스를 약속하여 고객으로부터 긍정적인 반응을 이끌어낸다.

7) 객실승무원의 서비스 마인드

항공서비스는 목적지까지 정해진 비행시간 동안에 한정하여 승객에게 서비스를 제공하는 특성이 있다. 항공서비스의 성공 여부는 한정된 비행시간에 맞춰 항공사가 어떠한 내용으로 계획을 가지고 준비하느냐에 달려 있다. 짧은 비행시간에 과도한 서비스 물량은 오히려 서비스를 비행시간 내에 종료하지 못하는 결과를 초래할 수 있고, 비행시간이 긴 노선에서는 서비스 물량을 부족하게 준비한다면 역시 고객의 서비스 불만이 가중될 것이다. 항공사는 비행시간에 맞춰 서비스 계획을 세우는데 전문적이고 세밀한 전략이 있어야 한다.

항공사가 수립한 서비스 계획에 맞춰 객실승무원은 질서 있고 조화롭게 서비스를 제공해야 한다. 승무원 간 협조가 이뤄지지 않고 서비스 진행이 어긋나면 서비스 계획은 실패로 이어지게 된다. 준비된 서비스가 원활하게 승객에게 제공되지 않으면 고객의 불편 및 불만은 가중된다. 이러한 과정에서 객실승무원은 한 차원 높은 서비스 마인드를 가지고 있어야 한다. 객실승무원의 서비스 마인드는 먼저 항공사가 수립한 노선별 서비스 계획에 대한 충분한 인식과 서비스 테크닉을 가지고 있는 것을 우선으로 한다. 항공서비스의 특성을 정확하게 알고 있지 못한 서비스 마인드는 고객에게 감동과 만족을 줄 수가 없다는 것이 항공사서비스의 또 다른 특징이다.

어느 분야에서나 적용되는 일반화된 서비스 마인드가 객실승무원에게도 중요한 요소이기는 하나, 항공서비스의 특성을 잘 인식하고 있다면 객실승무원이 가져야 할 서비스 마인드는 다른 차원에서 취급되어야 한다. 객실승무원은 항공사 소속 직원으로서의 입장과 자신의 항공사를 이용하는 고객의 입장 등 양쪽 모두의 입장에서 상황에 따라 적절하게 취할 수 있는 유연성을 가지고 있어야 한다. 한 예로, 항공사는 서비스를 담당하는 객실승무원에게 항상 고객의 입장에서 서비스할 것을 요구하고 있다. 만일에 고객의 입장이 항공기라는 특수한 환경 때문에 들어줄 수 없는 상황이라면 승무원은 어떠한 입장에서 대응을 해야 하는가. 이러한 유형의 고객과의 문제는 끊임없이 일어나고 있으며, 유연하지 못한 승무원의 응대는 고객의 항공사에 대한 이미지를 떨어뜨리게 하는 요인이 되고 있다. 그러므로 다음과 같은 마음자세가 필요하다.

- 감정을 관리한다 : 서비스 완성을 위해 자기 스스로 통제하는 감정의 조절은 서비스 자세의 기본이다.
- 대화의 원칙을 준수한다 : 긍정적인 표현과 부드럽고 명확하게 말하며 나지막한 목소리로 짧게 말한다.

(예) 부정적 인식을 주는 대화는 금지한다("안 됩니다. / 없습니다.").

- 경청하며 공감한다 : 승객이 말하는 내용을 끝까지 듣고 응대하며 미리 짐작하여 행동하지 않는다.

C H A P T E R 10

객실승무원의 근무평가 및 심사

Cabin Operation
Management

객실승무원의 근무평가 및 심사

객실승무원은 항공사에서 근무하는 동안 여러 가지 유형의 근무평가와 심사를 받게 된다. 근무평가는 조직이 어떤 행위와 가치를 중시하는지에 대한 정보를 종업원들에게 제공한다. 근무평가는 조직이 중시하는 가치를 평가요소로 선정함으로써 조직문화를 형성하고 이를 강화하는 역할을 수행한다.

항공사의 근무평가에는 인턴 신분에서 정규직으로 전환하기 위한 신입승무원 평가, 승격을 위한 평가, 호봉승급을 위한 평가, 연봉등급 판정을 위한 평가 등 다양한 평가들이 있다.

항공사 승무원의 평가는 업무성과 결과를 측정하는데 어려움이 있다. 서비스라는 무형의 업무를 수행하는 직종의 특성상 평가를 하는데 필요한 수치적 평가자료를 확보할 수가 없다. 따라서 객실승무원 평가는 정량평가방식보다는 정성평가방식이 더 지배적으로 작용되고 있다. 또한 평가에 있어 비행기에서 함께 근무하는 경우가 아닌, 사무실 관리자가 현장의 승무원을 평가하는 데에는 어려움이 존재하고 있다. 따라서 평가의 공정성과 객관성 등이 결여될 소지가 높은 것이다. 그렇기 때문에 승무원의 평가에는 비행기라는 현장에서 직접 관리 감독하는 객실사무장의 평가를 비중있게 다루고 있으며, 객실사무장의 평가 코멘트는 사무실 관리자에 의해 중요한 평가자료로 활용되고 있다. 평가 시점은 항공사마다 다를 수 있으나, 보통은 분기별 평가를 하여 일 년에 두 번 평가를 받게 된다.

평가는 성과 평가와 업적 평가로 구분하여 실시한다. 성과 평가는 주로 정량 평가방식으로 구성되어 있으며, 팀제의 경우 팀원 전체의 평가를 팀이 공동으로 똑같이 적용받는다는 것이 특징이다. 즉 팀원 한 사람의 평가가 팀 전체에 미치는 영향이 크다 할 수 있다. 역량 평가는 정성평가방식으로 승무원 개개인의 업무 장점과 단점 등을 주요 골자로 한 개인별 평가를 한다. 이 두 가지 평가를 합산하여 승무원의 근무평가 등급을 결정한다.

1. 객실승무원 평가 특징

(1) 현장 평가와 사무실 평가의 이원화

- 현장 평가 : 객실사무장
- 사무실 평가 : 소속 객실팀의 관리자

(2) 현장 평가자의 차별성

- 비행스케줄에 따라 평가자가 매번 바뀐다.

(3) 현장 평가의 모호성

- 정성평가로 평가자마다 기준이 다를 수 있다.

(4) 현장 평가의 단면성

- 한 번의 비행근무를 바탕으로 평가한다.

(5) 현장 평가 회복기회 부족

- 동일한 평가자를 두 번 이상 만나기가 어렵다.

2. 객실승무원 평가 절차

객실승무원 평가는 주로 3단계로 이뤄져 진행된다. 제일 먼저 비행기에서 같이 근무하며 관리감독 업무를 책임지는 객실사무장에 의한 1차 평가를 실시한다. 다음에 객실사무장의 평가를 참고하여 사무실 관리자가 2차 평가를 한다. 이 때 평승무원의 평가는 제외하는 항공사가 있다. 왜냐하면, 평가를 하여야 할 평승무원 대상이 너무 많아 사무실 관리자가 일일이 개인의 성과와 역량을 직접 알기가 곤란하기 때문이다. 따라서 사무실 관리자는 부사무장급 이상 객실관리자급만을 대상으로 평가를 한다. 3차 평가는 객실담당 임원에 의한 평가이다. 객실담당 임원의 평가 대상은 사무장급 이상으로 제한하고 있다. 이 역시 객실담당 임원이 사무장급 이하의 승무원들을 공정하게 평가할 만큼 그들의 업무태도를 자세히 알기가 어렵기 때문이다.

이렇게 3단계에 걸친 평가를 종합하여 객실승무원의 평가등급을 결정하게 된다. 객실승무원의 평가는 직급에 따른 과다한 인원수의 문제로, 평가를 위임하는 형식을 취하고 있는 것이 다른 일반부서 평가와 매우 다른 모습이다.

객실승무원 평가 형식은 다음과 같다.

- 1단계 : 객실사무장에 의한 평가(비행기 동승 승무원)
- 2단계 : 사무실 관리팀장에 의한 평가(평승무원 제외한 부사무장 직급 이상)
- 3단계 : 객실담당 임원에 의한 평가(사무장급 이상)

3. 객실승무원 평가 방식

객실승무원의 평가는 업적성과와 역량을 동시에 평가하며, 업적성과 평가는 평가항목에 따른 실적 위주의 데이터를 지표로 활용한 정량 평가를 따르고 있고, 역량평가는 승무원 개개인에 대한 능력위주의 평가항목을 두고 정성평가를 하는 방식으로 이뤄지고 있다. 객실승무원은 이러한 두 가지 방식을 혼합하여 결정되는 근무평가 등급을 분기별로 받고 있다.

객실승무원은 한 비행기에 탑승하여 근무함에 있어서 평소 성향을 모르는 승무원들끼리 조합하여 하나의 팀을 이루고 비행근무를 하는 특성을 가지고 있다. 같은 항공사 승무원이라도 이질적인 요소의 개인적 특성을 지닌 승무원들이 하나로 모여 팀워크를 발휘하기란 쉽지가 않다. 이러한 문제점을 개선하기 위해 한 비행기에 모여 공동의 비행근무를 하여 얻어지는 성과는 똑같이 공유하고 평가에 적용받게 함으로써 동승 비행한 승무원들 사이에 협동심과 일치된 목표의식을 가질 수가 있게 된다. 업적성과 평가의 목적은 단일 비행기에서의 승무원들 사이에 팀워크를 형성하여 고객만족서비스 성과를 이끌어내기 위한 것이라 할 수 있다.

성과 평가가 비행기에서 발휘되는 승무원 공동의 서비스 업적을 단체로 반영하는 것이라면, 역량 평가는 승무원 개개인의 서비스 능력을 평가하는 것이라 할 수 있다. 역량이란 무언가를 할 수 있는 능력을 의미하며, 이는 기능적으로 정의되는 용어이다. 따라서 역량 평가 항목은 승무원 개인이 가지고 있는 성향을 파악할 수 있는 것들을 중심으로 구성되어 있다. 개인적 평가를 기반으로 하는 역량 평가와 집단을 평가하는 성과 평가가 상대적으로 평가 결과가 일관성이 없이 나타나는 모순된 현상이 있다. 이러한 모순을 개선하기 위해서는 한 사람의 객실승무원 평가는 단기간의 평가 위주에서, 장기간의 다양하고 다수의 종합적인 평가를 반영하는 것이 오히려 평가의 신뢰성을 높여나가는 방안이 될 수 있다.

1) 성과 평가 항목

- 팀 성과 점수(팀제의 경우)
- 고객 칭송과 불만 발생률
- 영어 및 방송자격 취득률
- 병가, 공상 발생률
- 근태 발생률
- 회사기여도 실적
- 자기개발 실적

2) 역량 평가 항목

- 의사표현과 업무지식Communication Skill
- 서비스매너, 업무처리 정확도, 고객감동 서비스정신
- 책임감, 적극성, 조직적응력, 자기관리, 조직충성도

업적성과 평가와 역량 평가의 장 · 단점 비교

구 분	장 점	단 점	비 고
업적성과 평가	• 팀워크 증진효과 • 업무긴장감 조성 • 부서목표 달성	• 평가공정성 결여 • 단편적 평가 • 피평가자 구성 의존	• 팀원구성의 작위성
역량 평가	• 성취감 달성 • 자기개발 증진 • 개인목표 달성	• 주관적 평가 • 선입견 작용	• 인간관계 치중

(1) 이미지 평가

객실승무원 근무의 특성상 다른 직종에서 찾아볼 수 없는 것이 이미지 평가이다. 객실승무원은 회사가 지정해 주는 비행스케줄에 따라 근무하는 특성을 가지고 있다. 비행스케줄에 따라 비행기에서 같이 근무할 동료승무원은 이전에는 알지 못했던 처음으로 만나 하나의 팀을 이루고 비행에서 근무를 하게 된다.

객실승무원 개개인은 각자가 지니고 있는 성격, 비행경험, 비행지식, 비행경력 등이 제각기 달라, 상대 승무원을 알지 못하고 비행근무를 같이 하기 때문에 팀워크를 무엇보다도 중시한다. 팀워크에서 가장 필요로 하는 것이 리더십, 희생정신, 솔선수범, 인화성, 적극성, 협동심과 같은 품성이 있고, 다음에는 인사, 표정, 미소, 말투, 자세, 유니폼, 건강미처럼 외형적으로 보여주는 이미지가 있다.

객실승무원은 비행경력에 따라 기내에서 발휘되는 능력과 성과가 다르게 나타나게 된다. 근무 수준에 맞는 역할을 충실히 해낼 때 올바른 평가를 받게 된다. 비행경력의 차이에도 불구하고 가장 기본적으로 평가에 반영되는 것이 이미지 평가라는 것을 인식해야 한다.

객실승무원의 이미지 평가는 비행근무를 위해 서로가 처음 만나게 되는 순간부터 시작된다. 예를 들어, 신입승무원의 이미지 평가 경우를 알아보자. 신입승무원은 무엇보다도 자신의 이미지를 제대로 보여주기 위해 객실브리핑 준비를 철저히 하는 것이다. 객실브리핑은 모든 승무원이 비행 근무에 앞서 처음으로 만나는 공식적인 업무의 시작이다. 신입승무원이 객실브리핑에서 자신이 기내에서 수행해야 할 근무 내용에 대해 정확히 알고 있고, 비행노선에 맞는 특징된 비행정보를 잘 알고 있다면, 처음 만나는 객실사무장 및 경력승무원으로부터 자신의 이미지를 높게 평가받을 수 있을 것이다. 또한 먼저 인사하고 밝은 표정과 반듯한 자세를 갖추고 정확하고 또렷한 말투를 사용한다면, 주위의 동료승무원들로부터 높은 이미지 평가를 받을 수가 있다.

이미지 평가는 객실승무원으로 근무하는 동안 계속적으로 영향을 미치고 있으며, 경력과 직급이 오를수록 이미지 평가가 더욱 크게 반영되고 있다. 경력이 많은 객실승무원에게 필요한 이미지 평가에 반영되는 것은 후배승무원에 대한 지도력이다. 기내에서 자신의 주어진 일에만 충실한 것이 아니라, 후배승무원들에게 멘토 역할을 하며 지도하는 모습을 보여주는 한편, 객실사무장 및 부사무장을 보좌할 수 있는 능력과 자세를 갖추고 실행하는 것이 이미지 평가에 긍정적으로 작용될 수 있다.

객실사무장급 승무원의 경우, 이미지 평가에 제일 높게 반영되는 것은 리더십이다. 객실사무장이 갖춰야 할 리더십은 탁월한 객실브리핑 진행과, 풍부하면서 전문적인 항공지식, 기내에서의 올바르고 합리적인 의사결정 능력, 회사를 대표하는 경영자급 사고력 등을 발휘하는 모습을 보여줄 때 이미지 평가는 높게 받을 수가 있다.

객실승무원은 이미지 평가의 특성에 대해 정확히 인식하고 자신의 비행근무 수준에 맞는 이미지를 갖추고 있을 때 평가는 긍정적으로 나타날 수 있다. 이미지 평가는 평가 항목에 기술되어 있지 않지만, 객실승무원 성과 평가와 업적 평가에 가장 근간으로 반영되고 있다는 것에 주목해야 한다. 이미지 평가는 피평가자가 평가에 반영하는 기준과 잣대로 활용되고 있어, 일명 '보이지 않는 평가Hidden Evaluation'라 부를 수가 있다.

(2) 문제 해결능력 평가

항공기내에는 국가와 문화, 언어 그리고 사회적 배경이 다른 다양한 승객들이 있다. 항공기라는 제한된 공간과 비행시간 속에서 다양한 승객의 기대치를 충족하고 만족감을 이끌어내는 것은 고도의 고객응대 전문성이 있어야 한다. 객실승무원은 비행 근무를 할 때마다 매번 다른 승객들을 응대해야 하고, 그때마다 승객이 원하는 내용과 상황도 매번 달라 똑같은 방식으로 응대를 하지 못하는 특성을 가지고 있다. 즉 객실승무원은 승객 개개인의 요구에 맞는 응대를 하여야 하는 능력과 마음가짐을 가지고 있어야 한다.

승객의 요구가 비행기에서 주어진 여건과 맞지 않을 때에는 외부의 도움을 받을 수 없어 기내에서 해결을 해야 한다. 예를 들어보자. 비즈니스 클래스의 연로하신 승객이 기내식으로 죽을 먹을 수 있냐고 요청을 하였다. 공교롭게도 지금 이 비행노선에서는 기내식으로 죽이 제공되지 않고 있다. 따라서 기내에는 어디에도 죽이 실려 있지가 않다. 승객은 몸이 안 좋아 다른 음식을 먹기가 어렵다고 호소하였다. 비즈니스 담당승무원은 기내식으로 죽이 제공되지 않는다고 알리고, 그러면서 준비된 메뉴 중에서 다른 음식을 드시면 안 되느냐고 응대했다. 승객은 자신의 처지를 이해해 주지 않는 승무원의 응대 태도에 기분이 언짢았다. 승객은 처음에는 죽을 먹을 수 없게 된 것에 대해서 불편을 갖기 시작하더니, 시간이 흐를수록 그렇게 응대한 승무원의 표정과 말투까지 못마땅한 감정을 갖게 되었다.

승객은 객실사무장을 만나기 원했다. 객실사무장은 승객의 말을 경청하고 나서 승객의 마음을 살피었다. 객실사무장은 승객을 응대한 승무원의 문제 해결능력에 대해 의구심을 갖게 되었다. 승객의 처지와 호소에 대해 주어진 서비스 여건만을 앞세운 나머지, 원만히 해결하지 못하고 오히려 승객의 불편과 불만을 일으킨 것에 대해 승무원이 보여준 능력과 자질의 수준에 대해 깊이 생각하게 하였다. 이 날 객실사무장과 비즈니스 담당승무원은 처음 만나 서로를 알지 못한 가운데 비행근무를 하고 있었다.

이 같은 서비스 사례들은 기내에서 언제든 발생되고 있으며, 점차 비행기에서의 승객 요구사항은 다양하고 복잡해 가고 있다. 때로는 승객의 요구를 어떠한 방식으로도 해결할 수 없을 정도의 상황까지 일어나는 것이 객실승무원이 직면한 비행근무의 실체이다. 이러한 상황 속에서 객실승무원에게 요구되는 능력이 문제해결 능력이며, 이것 또한 평가에 중요하게 적용되고 있다.

(3) 객실승무원 근태 평가

항공사는 객실승무원의 비행스케줄에 의한 근무의 특성을 감안한 근태사항을 평가에 반영하고 있다. 객실승무원의 근무형태상 가장 중요하게 여기는 것이 비행근무

시작점의 시간 관리이다. 항공사는 모든 비행편의 대외적으로 공시한 출발시간에 대한 정시성을 중요하게 취급하고 있기 때문에, 항공기 정시성에 영향을 미치는 요소들을 사전에 관리하는 체제를 갖추고 있다. 항공기 정시성에 영향을 미치는 여러 사항 중의 하나가 객실승무원의 시간 관리이다. 항공사는 객실승무원의 시간 관리를 위해 객실브리핑 단계부터 시간을 정하여 운영하고 있다. 객실승무원은 비행근무를 위해 회사에 출근하는 시간을 정확히 준수해야 하며, 이를 위반하였을 시는 벌점을 부과하여 평가에 반영하고 있다.

객실승무원의 근태에는 비행 결근Missed Flight, 브리핑 지각Late Show-up, 브리핑 불참Missed Briefing, 대기근무 위반Missed Stand-by, 교육 불참 등이 있다. 항공사는 객실승무원의 근태를 중요시하여 과다위반 시에는 인턴과정의 신입승무원은 정규직 전환 심사에 영향을 미치어 정규직 전환을 허용하지 않는 결과를 가져다준다. 일반 객실승무원의 경우에는 근태사항은 진급사정에 반영하여 진급을 못하게 되는 결정적 요인으로 작용하기도 한다. 객실승무원은 근태에 관한 회사 규정을 위반하지 않도록 시간 관리에 철저하면서도 세밀한 근무자세와 인식을 갖추고 있어야 한다.

비행스케줄에 의한 근무 규정을 위반한 객실승무원의 경우, 그 원인을 알아보면 비행스케줄표를 잘못 읽어 착각한데서 비롯된 사례들이 많다. 예를 들면, 비행날짜를 잘못 봤다든지, 브리핑 시각을 잘못 계산해서 비행지각을 하였다든지 또는 스케줄표에 약정된 스케줄 코드를 잘 인식하지 못하고 착각하여 근무 규정을 위반하게 되는 사례가 많다. 이러한 근태사항은 비행근무 경력이 짧은 신입승무원 계층에서 많이 발생하고 있다.

3) SKD표 Reading법

- 스케줄표의 비행 출발시간을 정확히 읽는다.
  - 스케줄표에 오전, 오후로 나누어 표기하지 않고 있다는 것을 유의한다.
- 브리핑 시각은 국제선, 국내선으로 구별하여 출발시간에서 잘 계산한다.
  - 스케줄표에 브리핑시각을 미리 기재해 둔다.

- 비행출발 요일을 정확히 알고 있다.
- 비행근무 편수를 잘 확인하며, 목적지를 파악한다.
  - 스케줄표에 목적지 3LTR를 기재해 둔다.
- 스케줄 코드를 잘 확인하다.
  - DDay Off : 비행 휴무
  - PDO : 보상 휴무
  - ATDO : 비행근무 후 휴무
  - STBYStand By : 대기근무
  - TRTraining : 교육

4. 객실승무원 심사 종류

1) 신입승무원 정규직 전환 심사

항공사는 신규 채용된 승무원을 2년의 인턴과정을 거쳐, 정규직으로 전환하는 인사시스템을 갖추고 있다. 정규직 전환을 위해 인턴승무원은 반기별로 비행 근무에 대한 평가를 받으며, 2년이 도래하는 시점에는 최종적으로는 정규직 전환 평가심사를 받아 이를 근거로 정규직으로의 여부를 판단한다.

2) 승격 심사

객실승무원은 일정한 근무 연한을 경과하게 되면 단계별로 직급이 상향되는 기회를 갖게 된다. 한 단계 위로 직급을 부여하기 위해 심사하는 것을 승격심사라 한다. 객실승무원의 직급체계는 항공사마다 차이가 있으며, 대체적으로 항공사에서 지상근무하는 일반직과의 공정성을 기하기 위해 직급의 명칭만 다를 뿐 일반직과 동일하게 운영하고 있다. 승격심사는 반기별 근무평가를 바탕으로 이뤄지고 있으며, 경우에 따라서는 승격시험을 치러 시험점수를 반영하기도 한다.

3) 호봉 심사

객실승무원 중에 연봉시스템을 적용받지 않는 계층에 대해서는 1년 단위로 호봉 심사를 적용한다. 과거에는 호봉 심사는 연공서열제로 평가 없이 근무연한에 따라 자동적으로 호봉을 상향 조정해 왔다. 최근에는 호봉 부여에도 성과 위주의 개념이 도입되어 성과에 따른 평가를 하도록 변경되었고, 호봉의 범위도 0호봉부터 4호봉으로 확대하였다. 성과 위주의 호봉 심사는 상대 평가로 이뤄지며, 고평가를 받은 사람은 최고 4호봉까지 받게 하여 이른바 호봉에도 경쟁체제가 이루어졌다.

4) 팀장, 부팀장 현장 객실관리자 임명 심사

기내에서 근무하는 객실승무원의 직업의 특성상 기내 현장을 관리하고 감독하며 기내평가를 하는 현장관리자의 필요성으로, 비행기에서 최종적인 책임을 갖는 팀장과 팀장을 보좌하여 주로 일반석에 대한 책임을 갖는 부팀장을 임명하는 심사를 말한다. 객실관리자의 임명은 객실본부를 책임지는 본부장의 권한으로 이루어지고 있다.

5) 서비스 우수표창 심사

객실승무원의 근무 의욕을 고취하고 애사심을 강화하는 차원에서 분기별 또는 1년 단위로 최고의 서비스 실적을 이뤄낸 객실승무원을 대상으로 심사를 통하여 표창을 수여한다. 서비스 우수표창은 승격심사에 반영하여 객실승무원으로 하여금 서비스에 전력을 다할 수 있도록 동기부여를 하는 긍정적인 효과가 있다.

C H A P T E R 11

현장부서의 업무 이해

Cabin Operation
M a n a g e m e n t

현장부서의 업무 이해

여객기 한 대를 띄우기 위해서는 항공사 조직에서 각 분야의 수많은 전문 인력들이 필요하다. 항공사들은 항공기 운항에 직접적으로 관여하는 부서들을 공항에 배치하는데, 이러한 부서들을 일명 현장부서라 지칭한다. 공항에 위치하여 항공기와 승객을 대상으로 업무를 보는 현장부서로는 운항, 객실, 정비, 운송, 화물, 기내식 등이 있다. 객실승무원의 입장에서 이러한 현장부서와의 업무 교류와 상호 업무에 대한 이해, 협조 등이 긴밀하게 이루어져야 한다. 객실승무원과 현장의 타부서와의 관계는 상호의존적으로 협력하고 존중하는 분위기가 유지되는 것이 무엇보다도 중요하다.

1. 운항승무부서

- 운항부서에는 운항승무팀, 운항계획팀, 운항기술팀, 운항지원팀 등이 있다.
- 운항승무원은 비행근무에 앞서 운항관리사로부터 제반적인 운항정보를 브리핑 받는다.
- 항공기 지휘체계에 있어 기장이 최고책임자 역할을 한다.
  - 기장 다음으로는 부기장이 지휘책임을 갖는다.
- 비행 전 합동브리핑을 주관하며, 운항 관련 정보를 제공한다.
- 항공기내에서 발생되는 모든 안전 관련 사항에 대해 기장에게 보고한다.
  - 승객탑승 허가, 항공기 Door Close, 기내 보안점검 결과, 환자 발생, 기내 난동, 승객탑승 거절, 기내 비상장비 사용 허가, 화재 발생 등

(1) 운항승무원과 업무 협조

① 운항승무원과 원만하게 협조하며 근무한다.

② 운항승무원의 업무를 이해하고, 안전운항 규정을 준수한다.

③ 기내 지휘계통을 준수한다.

④ 상대방의 업무를 이해하려는 자세를 갖는다.

2. 정비부서

- 항공기 정비는 크게 운항정비와 객실정비로 구분한다.
- 운항정비사는 조종실 내부의 기기 및 항공기 엔진 등을 전문으로 취급하며, 운항승무원과 업무협조를 한다.
- 객실정비사는 기내설비에 관하여 객실승무원과 업무협조를 한다.
- 기내 좌석, AVOD, 기내 방송, 겔리장비, 기내 비상장비, 기내 응급장비, 기내 조명, 기내 화장실 등에 관해서는 객실정비사로부터 업무 협조를 받는다.
- 객실승무원은 기내 설비 및 장비에 이상이 있을 경우, 객실정비사의 도움을 요청한다.
- 객실사무장은 항공기에 탑승하면 제일 먼저 객실정비사로부터 기내에 고장 난 설비에 대한 정보를 받는다.
- 기내 고장 난 설비를 고치는데 승객 탑승 전에 마무리가 되지 않을 시에는 기장에게 보고하며, 운송직원과는 승객 탑승 시점을 재조정한다.
- 객실승무원은 비행 중에 발생된 고장 난 설비 및 장비들에 대해 객실사무장에게 보고하며, 객실사무장은 Cabin Log에 기재하고, 항공기 도착 후에는 객실정비사에게 고장 부문을 알려준다.

(1) 정비사와 업무 협조

① 비행 전 기내 설비문제 발견 시 즉시 통보하여 조치될 수 있도록 한다.

② 정비사와 기내 설비 이상 유무에 대한 정보를 교환한다.

③ 정비사와 의견교환을 지속적으로 유지한다.

3. 운송부서

- 운송부서는 공항에서 출발과 도착 승객을 대상으로 서비스를 제공한다.
- 객실승무원은 승객에 관련한 정보를 운송직원으로부터 받는다.
- 운송직원은 객실승무원에게 특별승객현황Special Handling Request : SHR을 승객 탑승 전에 제공한다.
- 운송직원은 입국서류를 기내에 탑재토록 제공한다.
- 운송직원은 승객 탑승시점을 객실사무장에게 통보받는다.
- 운송직원은 기내 좌석 관련에 불만인 승객을 조율하도록 한다.
  - Seat Together 조치(일행 승객과 함께 앉을 수 있도록 좌석 재배정)
  - 이중좌석Dupe Seat 재조정
  - 기내 좌석 업그레이드 요청 승객
- 운송직원은 특별 승객을 객실승무원에게 인계한다.
  - UM 승객, Deportee 승객, INAD 승객, 병약자 승객 등

【주 1】 추방자(Deportee)는 합법, 불법을 막론하고 일단 입국한 후, 일정기간 경과한 시점에서 주재국 당국에 의해 강제추방 명령을 받은 승객을 말한다.

【주 2】 INAD(Inadmissible) 승객은 비자 미소지, 여권유효기간 경과, 비자 목적 이외의 입국 시도 등 입국에 결격 사유로 인하여 여행 도착지 및 경유지 국가에서 입국 및 환승이 거절된 승객을 말한다.

- 운송직원은 항공기 지연 및 회항 등 비정상 상황 시 공항에서 승객을 조율하도록 한다.
- 운송직원은 Dead Heading Crew에게 좌석을 배정하며, 탑승권을 제공한다.
- 객실승무원은 기내에서 발생된 승객의 특이 정보를 운송직원에게 제공한다.
- 객실승무원은 도착공항에서 환승할 시간이 짧아 도움을 요청하는 환승 승객을 운송직원에게 인계한다.

(1) 운송직원과 업무 협조

① 탑승객에 대한 특이사항 및 필요정보를 교환한다.

② 좌석 배정에 문제발견 시 운송직원의 도움을 받는다.

③ 상대방에 대한 업무를 이해하려는 자세를 갖는다.

④ 정시운항을 위한 승객 탑승시점에 대해 상호 협력을 한다.

⑤ 승객 변동사항 발생 시 즉시 운송직원에게 통보하여 조치를 받는다.

⑥ 운송직원의 비협조적인 경우, 객실사무장에게 보고 및 조치를 받는다.

4. 기내식부서

- 기내식부서는 케이터링Catering센터를 운영하며, 기내식을 제조하고 기내판매품을 관리하며 기내에서 사용되는 각종 서비스물품이 기내에 탑재되도록 관리한다.
- 기내에 승무원이 사용할 서비스 기물을 탑재한다.
- 승객과 승무원용 식사를 승객과 승무원 수에 맞춰 탑재한다.
- 겔리Galley에 서비스 주류 및 음료수를 탑재한다.
- 기내 상위클래스 승객 및 유·소아용 증정품Giveaway을 규정에 맞게 탑재한다.
- 기내면세품 종류와 탑재량을 상호 확인한다.
- 객실승무원은 모든 서비스물품과 기내식 탑재량에 대해 기내식 관리자Supervisor와 상호 확인한다.

(1) 기내식 탑재 직원과 협조

① 해당 비행편에 맞는 기내식과 탑재량을 상호 확인한다.

② 클래스별 기물과 기용품에 대한 탑재 여부를 확인한다.

③ 클래스별로 필요한 서비스용품 탑재 위치에 대해 확인한다.

④ 부족한 서비스용품에 대해서는 보충할 것으로 요청한다.

⑤ 탑재 규정에 맞지 않을 시는 객실사무장에게 보고하여 조치를 취한다.

⑥ 탑재가 정확하게 완료되면 인수인계서에 서명을 한다.

A P P E N D I X

부 록

Cabin Operation
M a n a g e m e n t

【기내 일반석 객실승무원 업무 가이드】

시 점	주요사항	세부내용
비행 준비	휴대품 준비물	• 여권, ID Card, 승무원 등록증, 안전매뉴얼 지참 ☞ 출발 전 필히 육안으로 확인
	Duty 확인	• Crewnet를 통해 Duty 및 Jumpseat 확인
	비행정보 학습	• FLT INFO 확인(출 · 도착시각, 입국서류, 서비스절차) • 최근 주요 지시 공지사항 및 불만사례 숙지 • 승객 예약, 기내식 메뉴, SPML 주문내역 등
	브리핑	• 노선별 특기사항 • 해당편 기내서비스 특기사항 • 기종별 특기사항
승객 탑승 전	비상 / 보안장비 점검	• 담당구역 비상장비 수량, 위치 및 이상 유무 확인 • 보안장비 점검 • 기내 화장실 점검
	설비 점검	• 좌석점검(작동상태, 이물질 및 청결상태 확인) • IFE시스템 작동 확인(AVOD) • 기내 방송상태 점검
	서비스물품 탑재 확인	• MEAL Check(승객 수에 맞춘 탑재량 확인) • 서비스 기물(바스켓,Tongs, Tray Mat 등) • SVC아이템(고추장, 생수, 땅콩, 커피팩, 타월린넨, 와인오프너, 오븐장갑 등) • 서비스 품목(헤드폰, Amenity Kid, Giveaway 등)
승객 탑승	탑승인사 및 좌석 안내	• 탑승권의 출발일자, 편명 확인 • 음주만취 및 환자승객 파악 • 유아동반 승객, 노약자 승객 적극적인 좌석안내 • 비상구열 좌석 승객 대상 협조사항 안내 • 통로가 막히지 않도록 신속한 좌석 안내 • 승객의 짐은 규정된 장소에 보관 안내
이륙 전	Door Mode 변경 및 안전점검	• 기내선반 닫힘 상태 확인 • 승객 좌석벨트 착용 확인 • 사무장 지시에 따라 Door Mode Armed 위치 변경 • All Attendant Call 응답 • 이동물질 Locking & Latching
	Welcome 방송	• 담당구역 전방에 위치하여 환영방송에 맞춰 승객인사
	Safety Demo	• UM, 장애인승객, 노약자에게는 개별브리핑 실시 • 승객 좌석 위 천정에 부착된 모니터 Demo 상영 후 원위치
	안전업무	• 승객 좌석벨트 착용, 좌석 등받이 원위치 • 겔리 Locking & Latching • 오버헤드 빈 닫힘상태 확인 • 화장실 승객 유무 확인

시 점	주요사항	세부내용
이륙 후	객실점검	• 기내온도 점검(24±1℃) • 베시넷 장착 및 유 · 소아동반승객 응대
	겔리브리핑	• 승객탑승 시 인지된 특이승객 정보 공유 • Zone별 SPCL PAX 정보 공유 • SVC 아이템 위치 확인 • SPML 서비스방법 확인 • 기내식 구성 재확인 • 담당구역별 승객수 및 Meal Cart 수량 확인
비행 중	PAX Call 응대	• 즉시 응대하여 주문사항 신속 해결 • 승객 좌석번호 및 주문사항 메모
	SPCL PAX Care	• UM, WCHR 및 유 · 소아동반 승객 필요사항 확인 • 입국서류 작성 협조
	기내 쾌적성 유지	• 커튼은 높은 위치를 잡고 천천히 여닫아 펄럭이지 않도록 주의함 • 화장실 청소 및 화장실용품 리필 • 겔리에서 큰 목소리로 떠들지 않으며, 잡담 금지 • 기내 조명 Dim 또는 Night로 조절 • 통로에 버려진 물건 등 수거하여 기내 청결 유지 • 도움이 필요한 승객 파악(특히 몸이 불편한 승객)
	Approaching 착륙 준비	• 헤드폰 수거 및 미회수 서비스 아이템 수거 • Galley 내 유동물질 Locking & Latching • SPCL PAX 하기인사 • 기내면세품, 주류 품목 Sealing 실시 • 보관요청 받은 물건 반환
	Landing 준비	• 좌석벨트 착용, 좌석등받이, 개인용 모니터 원위치 확인
착륙 후	안전업무	• 항공기 정지까지 이석 제지 • Door Mode Disarmed 변경
	승객하기	• UM, 장애인승객, 환자승객 운송직원 인계 • 승객하기순서 준수(EY승객 가로막음) • 화장실 잔류승객 여부 확인
	유실물 점검	• 오버헤드 빈, 좌석주머니 내부 확인 • 발견된 유실물 운송직원에게 인계
	De-Briefing	• 비행 중 특이사항 보고 • 비행 후 반납업무 보고

【객실승무원 고객불만 리스트】

구 분	고객불만 사항
괌 입국서류 규정 숙지	• 괌 입국에 필요한 올바른 서류를 배포하지 않아 공항에서 재작성해야 하는 불편을 야기함
미국 입국서류 규정 숙지	• 학생비자를 소지하고 있는 승객에게 올바른 입국서류를 미제공하여 도착 후 재작성케 함
기내 쾌적성 유지	• 승객 좌석의 Tray Table 및 화장실의 청결상태 점검 및 관리 부족 • 기내잡지가 폐지에 가깝게 찢어진 채 승객좌석 Seat-pocket에 방치함 • 비행 중 화장실에 종이컵과 Paper Towel이 없음 • Galley 출입 시 커튼을 부주의하게 개폐하거나, Galley에서 승무원의 소란스런 대화로 주변 승객 휴식 방해함
승객 호출 응대	• 수차례에 걸친 승객의 서비스 호출(PAX Call)에 대한 불성실한 응대 및 주문사항 Skip
가운데 열 좌석 승객	• 기내의 중간 5열 중 가운데 열 좌석 착석 승객에 대한 서비스공백 발생
좌석변경 요청 승객	• 좌석변경 요청 승객 Handling 시, 양보승객을 불편한 자리로 옮김
유아동반 승객	• 유아를 동반한 채 짐을 Handling하는 승객에게 도움을 주지 않음 • 승객이 동반유아에 대한 객실승무원의 도움을 하였으나 별다른 조치나 신경을 쓰지 않음
UM 승객	• R/S 승무원이 UM 담당 시 의사소통이 어려움 • UM의 소란행동 제지 미흡 • 프레스티지석 UM 승객임에도 불구하고, 다른 일반석 UM과 함께 Handling함으로써 보호자에게 늦게 인계
BSCT 요청 승객	• 유아동반 승객이 BSCT을 요청하였으나 미제공
식음료서비스	• 음료 리필 시 Aisle쪽 승객에게만 의향을 묻고, 안쪽 승객은 음료를 권하지 않고 그냥 지나침 • 승객이 요청한 와인과 땅콩 제공시 Tray를 받치지 않고 서비스 • 기내식 메뉴에 대한 사전 확인이 미흡한 상태로 서비스
취침 승객	• 비행 중 잠시 취침 후 일어났으나, 기내식 및 음료 미제공
SPML	• 승객이 신청한 AVML이 탑재되었음에도 불구하고, 미탑재 된 것으로 잘못 알고 서비스하지 않음
기내설비 IRRE 대처	• 비행 중 천정에서 지속적인 결로현상이 있었으나, 이에 대한 적절한 고객응대 및 대처를 못함
유모차 전달 안내	• 도착 후 유모차 전달 장소에 대한 문의에 정확하게 안내하지 못함
서비스마인드	• 스포츠신문 요청 시 찾아보지도 않고 없다고 응대하거나, 요청한 물 제공시에도 무성의한 태도와 무표정으로 응대 • 무성의한 탑승 환영인사와 물 한 잔 요청에 아무런 말없이 불쑥 가져다주었음 • 비행 중 승객의 요청사항을 제대로 파악하지 않고 요청 내용과 다른 것을 제공 • 서비스 제공시 제공 내역에 대한 안내 및 기물회수 시 승객의 의향 미확인
승객 탑승 시 업무	• 불필요한 서비스 사전준비로 승객 탑승 시 서비스 공백 발생
유니폼 착용	• 유니폼 착용 시 업무 외 목적의 무분별한 공공시설 이용 및 기본예절 미준수로 품위 실추
객실승무원 간 호칭	• '언니,~야' 등의 객실승무원 간 부적절한 호칭 사용으로 승무원 이미지 실추
이미지메이킹	• 비행근무 시 유니폼에 적합한 Hair Do, Make-Up 등 용모 복장규정 미준수 및 해외체재 시 부적절한 의복 착용
승객 호칭 서비스	• 승객의 직위를 알지 못하는 경우의 부적절한 호칭 사용

【국가별 입국서류 작성법】

미국 괌(Guam) 입국서류

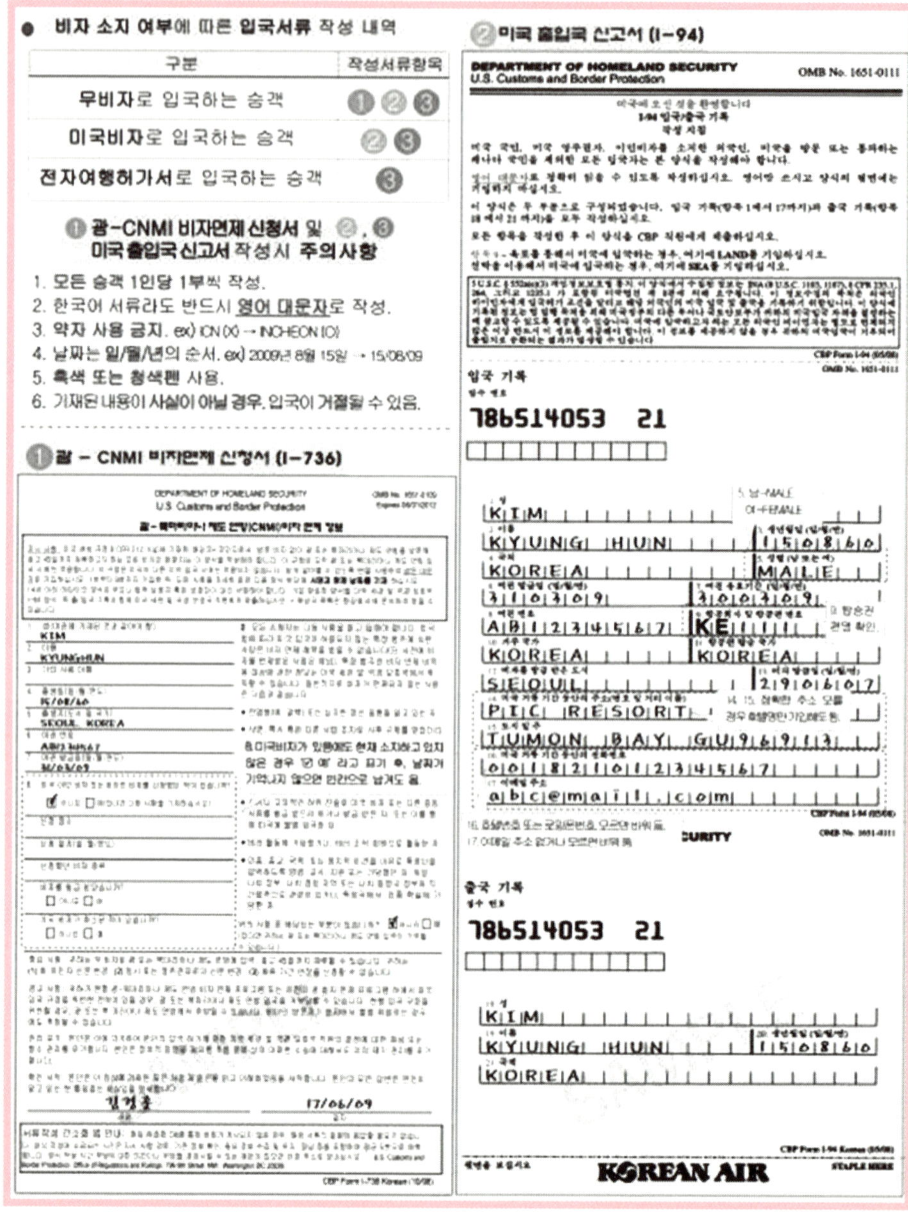

● 비자 소지 여부에 따른 입국서류 작성 내역

구분	작성서류항목
무비자로 입국하는 승객	① ② ③
미국비자로 입국하는 승객	② ③
전자여행허가서로 입국하는 승객	③

① 괌-CNMI 비자면제 신청서 및 ②, ③ 미국출입국신고서 작성시 주의사항

1. 모든 승객 1인당 1부씩 작성.
2. 한국어 서류라도 반드시 영어 대문자로 작성.
3. 약자 사용 금지. ex) ICN (X) → INCHEON (O)
4. 날짜는 일/월/년의 순서. ex) 2009년 8월 15일 → 15/08/09
5. 흑색 또는 청색펜 사용.
6. 기재된 내용이 사실이 아닐 경우, 입국이 거절될 수 있음.

① 괌 – CNMI 비자면제 신청서 (I-736)

DEPARTMENT OF HOMELAND SECURITY
U.S. Customs and Border Protection

1. KIM
2. KYUNGHUN
4. 15/08/60
5. SEOUL, KOREA
6. AB1234567
7. 31/03/09

※미국비자가 있음에도 현재 소지하고 있지 않은 경우 '예'라고 표기 ●, 날짜가 기억나지 않으면 빈칸으로 남겨도 됨.

김경훈 17/06/09

CBP Form I-736 Korean (10/08)

② 미국 출입국 신고서 (I-94)

DEPARTMENT OF HOMELAND SECURITY
U.S. Customs and Border Protection
OMB No. 1651-0111

CBP Form I-94 (05/08)
OMB No. 1651-0111

입국 기록

786514053 21

KIM	5. 남-MALE, 여-FEMALE
KYUNG HUN	150860
KOREA	MALE
310309	300309
AB1234567	KE (9. 항공권 편명 확인)
KOREA	KOREA
SEOUL	290607
PIC RESORT	14, 15. 정확한 주소 모를 경우 호텔명만 기입해도 됨.
TUMON BAY GU96913	
001821012345 67	
abc@mail.com	

16. 호텔번호 또는 국제전화번호 모르면 비워 둠.
17. 이메일 주소 없거나 모르면 비워 둠.

출국 기록

786514053 21

KIM	
KYUNG HUN	150860
KOREA	

KOREAN AIR

③ 괌 세관 신고서 (뒷면)

여행자 정보 양식

하파다이! 미국 괌에 오심을 환영합니다. 아래 질문에 답하시기 위해 몇 분간만 할애해 주십시오. 이 정보는 저희가 괌 방문객들을 이해하고 귀하의 괌 체험을 가능한 최상으로 유지하도록 하기 위한 것입니다. 협조해 주셔서 대단히 감사합니다. 시 유스 마아세 (감사합니다). 즐거운 괌 여행이 되시길 바랍니다.

괌에 도착하는 승객들이 작성. 흑색이나 청색 잉크로 해당되는 타원형을 완전하게 칠하여 답해 주십시오.

올바른 표시: ○ ● ○ ○　**올바르지 않은 표시:** ⊘ ☑ ◐ ⊙

1. 본인은:
   - ○ 귀국하는 괌 거주인입니다 *(문항 10, 11, 13에 답해 주십시오)*
   - ○ 다른 섬의 당일/일박 여행에서 돌아오는 방문객입니다 *(여기서 멈춥니다)*
   - ● 방문객입니다 *(문항 2-13에 답해 주십시오)*
   - ○ 90일을 초과하는 기간 동안 괌에 이주하는 장래 거주인 *(문항 10-13에 답해 주십시오)*

2. 본인이 (우리가) 괌에 머무르는 총 기간은:
   - ○ 단지 몇 시간 경유 (여기서 멈추십시오)
   - ○ 당일 여행
   - ○ 1박　○ 6박　○ 3개월에서 1년
   - ○ 2박　○ 7-10박　○ 1-4년
   - ● 3박　○ 11-15박　○ 5년 초과
   - ○ 4박　○ 16-30박
   - ○ 5박　○ 1-3개월

3. 본인의 마지막 괌 여행은:
   - ○ 올해였음　○ 2년 전이었음　● 이전에 괌에 온 적이 없었음
   - ○ 작년이었음　○ 2년이 넘는 기간 전이었음

4. 본인의 이번 괌 여행은:
   - ● 첫번째임　○ 세번째임　○ 다섯번째임
   - ○ 두번째임　○ 네번째임　○ 여섯번째 이상임

5. 괌에서 체류를 계획하고 있는 장소는:
   - ● 호텔/모텔　○ 콘도
   - ○ 친구 혹은 친척　○ 군 막사
   - ○ 선상 (선박)　○ 기타 (명시하십시오): ____

6. 여행 유형:
   - ● 여행사 패키지　○ 인터넷
   - ○ 그룹 (인센티브, 회사 주관, 스포츠용, 기타)　○ 무료 독립 여행 (FIT)
   - ○ 개인적으로 주선한 투어 (여행사를 통하지 않음, 마일리지 적립 프로그램 사용자 포함)

7. 본인/우리의 여행은:
   - ○ 혼자 하는 여행입니다
   - ○ 친구, 지인, 다른 사람들과 사적 그룹으로 하는 여행입니다 인원 수를 명시해 주십시오.
     - ○ 2　○ 3　○ 4　○ 5명 이상
   - ● 가족 여행입니다:
     - ● 남편과 아내　○ 어머니와 딸
     - ○ 남편, 아내, 자녀　○ 십대 가족
   - ○ 법인/회사 (동료) 여행입니다
   - ○ 기타 (명시해 주십시오) ____

8. 예약 방법:
   - ● 패키지 투어 (항공 티켓 및 호텔 숙소)
   - 무료 독립 여행자 (FIT)
     - ○ 자가 주선 항공 티켓 및 호텔 숙소
     - ○ 항공 티켓만 지불
     - ○ 호텔 숙소만 지불, 마일리지 티켓 사용
   - ○ 기타(명시해십시오) ____

미국비자가 없는 경우　**미국비자가 있는 경우**

9. 비자 면제 프로그램으로 여행하십니까?
   - ● 예　○ 아니오

10. 이번 괌 여행을 위한 주 목적은 (하나만 기재):
    (귀국 거주인은 방금 끝낸 여행의 목적을 표시)
    - ● 휴가/관광/휴식　○ 신혼여행
    - ○ 골프　○ 결혼 및 신혼여행
    - ○ 드라이빙　○ 회의/컨퍼런스
    - ○ 사업 여행　○ 고용
    - ○ 인센티브 여행　○ 정부
    - ○ 회사 후원 직원 여행　○ 쇼핑
    - ○ 친구 및 친척 방문　○ 수학여행
    - ○ 모험 여행　○ 군대
    - ○ 의료　○ 기타 (명시해 주십시오): ____
    - ○ 스포츠 관련 여행
    - ○ 학교 출석
    - ○ 교육 CPA 테스트
    - ○ 영어 투어
    - ○ 결혼

11. 본인의 직업은:
    - ● 자영업　○ 기술 근로자
    - ○ 회사 고용인: 임원　○ 가사
    - ○ 회사 고용인: 관리직　○ 은퇴
    - ○ 회사 고용인: 기타　○ 학생
    - ○ 공무원: 고위급　○ 실업자
    - ○ 공무원: 관리직　○ 기타(명시해 주십시오): ____
    - ○ 공무원: 기타/군대
    - ○ 교사
    - ○ 전문인/스페셜리스트 (의사, 변호사, 간호사 등)

12. 연간 가계 수입 (세금 공제 전) 미화:
    - ○ 수입이 없음　● 3600만 1원~4800만원 사이
    - ○ 1200만원 미만　○ 4800만 1원~6000만원 사이
    - ○ 1200만 1원~2400만원 사이　○ 6000만 1원~7200만원 사이
    - ○ 2400만 1원~3600만원 사이　○ 7200만 ...

13. 이 양식에 적용되는 각 사람의 성별 및 ...

1번 문항 기재순으로 체크

	본인	이 양식에 적용되는 ... 사람들					
남	본인	두 번째	세 번째	네 번째	다섯 번째	여섯 번째	일곱 번째
0-2 세	○	○	○	○	○	○	○
3-11 세	○	○	○	○	○	○	○
12-18 세	○	○	○	○	○	○	○
19-29 세	○	○	○	○	○	○	○
30-39 세	○	○	○	○	○	○	○
40-49 세	○	○	○	○	○	○	○
50-59 세	●	○	○	○	○	○	○
60-64 세	○	○	○	○	○	○	○
65세 이상	○	○	○	○	○	○	○
여	본인	두 번째	세 번째	네 번째	다섯 번째	여섯 번째	일곱 번째
0-2 세	○	○	○	○	○	○	○
3-11 세	○	○	○	○	○	○	○
12-18 세	○	○	○	○	○	○	○
19-29 세	○	○	○	○	○	○	○
30-39 세	○	○	○	○	○	○	○
40-49 세	○	●	○	○	○	○	○
50-59 세	○	○	○	○	○	○	○
60-64 세	○	○	○	○	○	○	○
65세 이상	○	○	○	○	○	○	○

필리핀 마닐라 입국서류 작성 요령

✓ 필리핀 출/입국신고서 작성법

- ◆ 유소아 포함 1인당 1장 작성
- ◆ 영어 대문자로 작성 (Black, Blue ink only)

✓ 작성 예시

REPUBLIC OF THE PHILIPPINES
DEPARTMENT OF JUSTICE
BUREAU OF IMMIGRATION

ARRIVAL CARD

Fill this card in English with blue or black pen and in CAPITAL letters.

1 LAST NAME
D A E H A N

2 FIRST NAME
K I M

3 MIDDLE NAME

4 CONTACT NUMBER AND/OR E-MAIL ADDRESS
a b c @ g m a i l . c o m

5 PASSPORT / TRAVEL DOCUMENT NUMBER
M 1 2 3 4 5 6 7 8

9 FLIGHT / VOYAGE NUMBER
K E 6 2 1

6 COUNTRY OF FIRST DEPARTURE
K O R E A

10 PURPOSE OF TRAVEL (check one only)
- ☑ PLEASURE / VACATION
- ☐ OVERSEAS FILIPINO WORKER
- ☐ FRIENDS / RELATIVES
- ☐ RETURNING RESIDENT
- ☐ CONVENTION / CONFERENCE
- ☐ WORK / EMPLOYMENT
- ☐ EDUCATION / TRAINING
- ☐ BUSINESS / PROFESSIONAL
- ☐ OFFICIAL MISSION
- ☐ RELIGION / PILGRIMAGE
- ☐ HEALTH / MEDICAL
- ☐ OTHERS ________

7 COUNTRY OF RESIDENCE
K O R E A

8 OCCUPATION / WORK
T E A C H E R

11 SIGNATURE OF PASSENGER
KIM DAEHAN

FOR OFFICIAL USE ONLY

싱가포르 입국서류 작성 요령

✓ 싱가포르 출/입국신고서 작성법

♦ 외국인만 1인당 1매 작성(유소아도 각각 1매 작성) // 싱가포르 국적 및 영주권자는 작성 불요

♦ 해당란에 "✓" 체크 , 영어 대문자로 작성 (Black, Blue ink only)

✓ 작성 예시

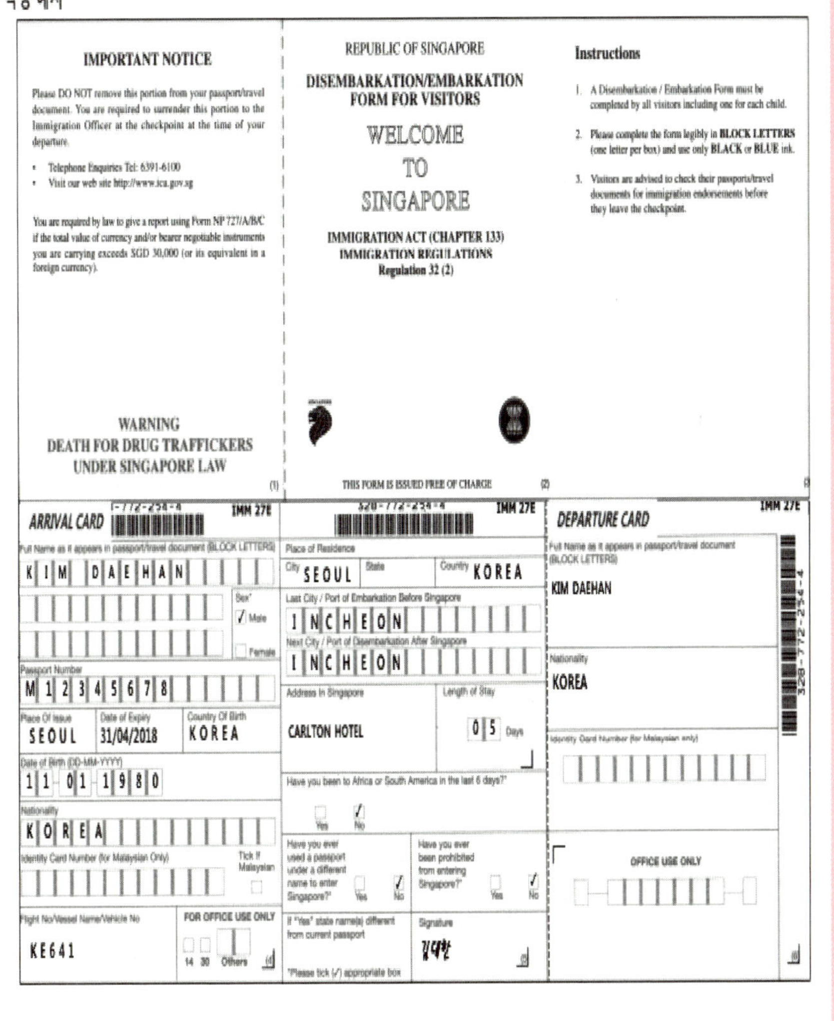

IMPORTANT NOTICE

Please DO NOT remove this portion from your passport/travel document. You are required to surrender this portion to the Immigration Officer at the checkpoint at the time of your departure.

- Telephone Enquiries Tel: 6391-6100
- Visit our web site http://www.ica.gov.sg

You are required by law to give a report using Form NP 727/A/B/C if the total value of currency and/or bearer negotiable instruments you are carrying exceeds SGD 30,000 (or its equivalent in a foreign currency).

WARNING
DEATH FOR DRUG TRAFFICKERS
UNDER SINGAPORE LAW

(1)

REPUBLIC OF SINGAPORE

DISEMBARKATION/EMBARKATION FORM FOR VISITORS

WELCOME
TO
SINGAPORE

IMMIGRATION ACT (CHAPTER 133)
IMMIGRATION REGULATIONS
Regulation 32 (2)

THIS FORM IS ISSUED FREE OF CHARGE (2)

Instructions

1. A Disembarkation / Embarkation Form must be completed by all visitors including one for each child.
2. Please complete the form legibly in **BLOCK LETTERS** (one letter per box) and use only **BLACK** or **BLUE** ink.
3. Visitors are advised to check their passports/travel documents for immigration endorsements before they leave the checkpoint.

ARRIVAL CARD IMM 27E

Full Name as it appears in passport/travel document (BLOCK LETTERS): KIM DAEHAN

Sex*: ✓ Male / Female

Passport Number: M12345678

Place Of Issue: SEOUL | Date of Expiry: 31/04/2018 | Country Of Birth: KOREA

Date of Birth (DD-MM-YYYY): 11-01-1980

Nationality: KOREA

Identity Card Number (for Malaysian Only) | Tick if Malaysian

Flight No/Vessel Name/Vehicle No: KE641

FOR OFFICE USE ONLY: 14 30 Others

IMM 27E

Place of Residence: City SEOUL | State | Country KOREA

Last City / Port of Embarkation Before Singapore: INCHEON

Next City / Port of Disembarkation After Singapore: INCHEON

Address in Singapore: CARLTON HOTEL

Length of Stay: 05 Days

Have you been to Africa or South America in the last 6 days?*: Yes / ✓ No

Have you ever used a passport under a different name to enter Singapore?*: Yes / ✓ No

Have you ever been prohibited from entering Singapore?*: Yes / ✓ No

If "Yes" state name(s) different from current passport

Signature: 김대한

*Please tick (✓) appropriate box

DEPARTURE CARD IMM 27E

Full Name as it appears in passport/travel document (BLOCK LETTERS): KIM DAEHAN

Nationality: KOREA

Identity Card Number (for Malaysian only)

OFFICE USE ONLY

328-772-254-4

대만 입국서류 작성 요령

✓ 대만 출/입국카드 작성법

◆ 영문 대문자로 작성

◆ "RESIDENTIAL ADDRESS IN TAIWAN" : 연락 가능한 정확한 주소(체류하는 호텔명 또는 주소 기재)

✓ 작성 예시

1 8 0 0 6 4 9 1 9 2

入國登記表
ARRIVAL CARD

姓 Family Name: KIM	護照號碼 Passport No.: M12345678
名 Given Name: DAEHAN	
出生日期 Date of Birth: 1973 年 Year 03 月 Month 28 日 Day	國籍 Nationality: KOREA
性別 Sex: ☑ 男 Male ☐ 女 Female	航班/船名 Flight / Vessel No.: KE 691 / 職業 Occupation: BUSINESSMAN

簽證種類 Visa Type
☐ 外交 Diplomatic ☐ 禮遇 Courtesy ☐ 居留 Resident ☐ 停留 Visitor
☑ 免簽證 Visa-Exempt ☐ 落地 Landing ☐ 其他 Others

入出境證/簽證號碼 Entry Permit / Visa No.
비자 소지 승객만 작성

居住地 Home Address
1370 GANGSEO-GU, GONGHANG-DONG, SEOUL

來臺住址 Residential Address in Taiwan
SUN WORLD DYNASTY HOTEL

旅行目的 Purpose of Visit
☐ 1.商務 Business ☐ 5.求學 Study
☑ 2.觀光 Sightseeing ☐ 6.展覽 Exhibition
☐ 3.探親 Visit Relative ☐ 7.醫療 Medical Care
☐ 4.會議 Conference ☐ 8.其他 Others

公務用欄 Official Use Only

旅客簽名 Signature
김대한

WELCOME TO ROC (TAIWAN)
歡迎光臨台灣

복수여권을 소지한 한국인은 30일까지 무비자로 체류 가능

영국 입국서류 작성 요령

✓ **영국 입국카드 작성법**

◆ 특이사항 없음

✓ **작성 예시**

Home Office
UK Border Agency
LANDING CARD
Immigration Act 1971

Please complete clearly in English and BLOCK CAPITALS
영문 대문자로 정확히 작성해 주세요.

Family name 성
K I M

First name(s) 이름
DAEHAN

Sex 성별
☑ M ☐ F

Date of birth 생년월일
0 1 1 2 1 9 8 0

Town and country of birth 출생 국가, 도시
KOREA, SEOUL

Nationality 국적
KOREA

Occupation 직업, 직장명
TEACHER

Contact address in the UK (in full) 영국내 상세 주소
RENAISSANCE LONDON HEATHROW HOTEL

Passport no. 여권 번호
M12345678

Place of issue 여권 발행 국가
KOREA

Length of stay in the UK 영국내 체류 기간
5 DAYS

Port of last departure 최종 출발지
INCHEON

Arrival flight/train number/ship name 입국 비행기 편명/기차 편명/선 명
KE907

Signature 서명
김대한

IF YOU BREAK UK LAWS YOU COULD FACE IMPRISONMENT AND REMOVAL
만약 영국법을 어길시 구속되거나 추방 될 수 있습니다.

CAT	-16	CODE	NAT	POL

For official use

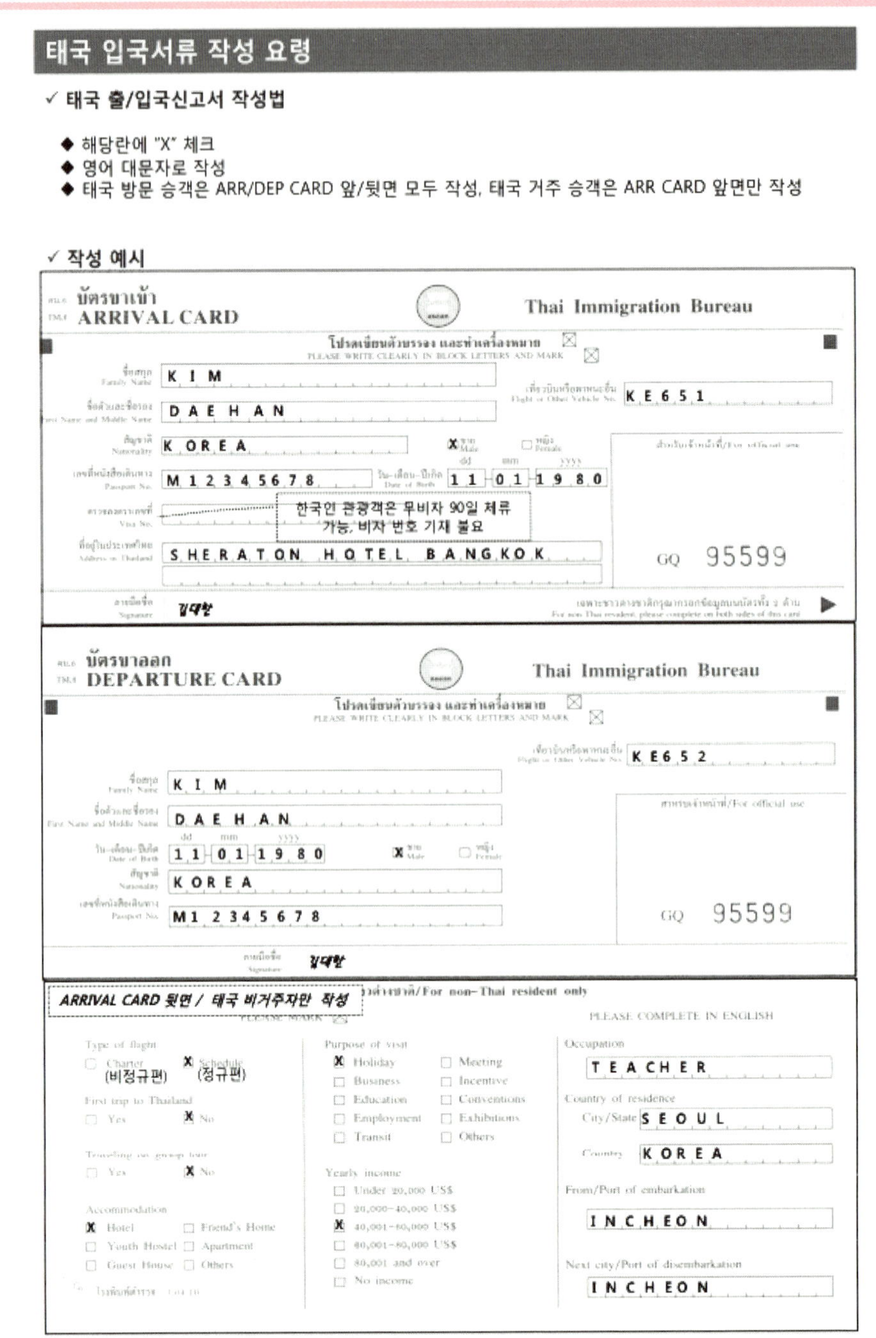

태국 입국서류 작성 요령

✓ **태국 출/입국신고서 작성법**

- ◆ 해당란에 "X" 체크
- ◆ 영어 대문자로 작성
- ◆ 태국 방문 승객은 ARR/DEP CARD 앞/뒷면 모두 작성, 태국 거주 승객은 ARR CARD 앞면만 작성

✓ **작성 예시**

ARRIVAL CARD — Thai Immigration Bureau

PLEASE WRITE CLEARLY IN BLOCK LETTERS AND MARK ☒

- Family Name: K I M
- First Name and Middle Name: D A E H A N
- Nationality: K O R E A
- ☒ Male ☐ Female
- Passport No.: M 1 2 3 4 5 6 7 8
- Date of Birth (dd mm yyyy): 1 1 0 1 1 9 8 0
- Flight or Other Vehicle No.: K E 6 5 1
- Visa No.: 한국인 관광객은 무비자 90일 체류 가능, 비자 번호 기재 불요
- Address in Thailand: S H E R A T O N H O T E L B A N G K O K
- Signature: 김대한
- For official use: GQ 95599

DEPARTURE CARD — Thai Immigration Bureau

PLEASE WRITE CLEARLY IN BLOCK LETTERS AND MARK ☒

- Flight or Other Vehicle No.: K E 6 5 2
- Family Name: K I M
- First Name and Middle Name: D A E H A N
- Date of Birth (dd mm yyyy): 1 1 0 1 1 9 8 0
- ☒ Male ☐ Female
- Nationality: K O R E A
- Passport No.: M 1 2 3 4 5 6 7 8
- Signature: 김대한
- For official use: GQ 95599

ARRIVAL CARD 뒷면 / 태국 비거주자만 작성 — For non-Thai resident only

PLEASE COMPLETE IN ENGLISH

- Type of flight: ☐ Charter (비정규편) ☒ Schedule (정규편)
- First trip to Thailand: ☐ Yes ☒ No
- Traveling on group tour: ☐ Yes ☒ No
- Accommodation: ☒ Hotel ☐ Friend's Home ☐ Youth Hostel ☐ Apartment ☐ Guest House ☐ Others
- Purpose of visit: ☒ Holiday ☐ Meeting ☐ Business ☐ Incentive ☐ Education ☐ Conventions ☐ Employment ☐ Exhibitions ☐ Transit ☐ Others
- Yearly income: ☐ Under 20,000 US$ ☐ 20,000-40,000 US$ ☒ 40,001-60,000 US$ ☐ 60,001-80,000 US$ ☐ 80,001 and over ☐ No income
- Occupation: T E A C H E R
- Country of residence: City/State S E O U L, Country K O R E A
- From/Port of embarkation: I N C H E O N
- Next city/Port of disembarkation: I N C H E O N

【국가별 C.I.Q Information】

호 주

FINAL UPDATE : 2013.07.23

Australia PAX & CREW C.I.Q. REGULATIONS

▣ 승객

Ⅰ. PAX IMMIGRATION

DOCUMENT	FOR WHOM	DETAILS
PASSPORT	All PAX	
ARR CARD	All PAX Except INTL T/S	■ 세관/검역사항 포함 ■ 영어 대문자 ■ 유/소아 포함 1 인당 1 매 ■ 승객 국적에 맞는 언어 양식 배포 (영어 질문 답변 못하는 경우, 해당 언어로 재작성)
EXPRESS PATH INVITATION	FR/PR & EY MMC/MP/T2	■ SYD 도착편 배포 철저

Ⅱ. PAX CUSTOMS

◎ 세관 일반 규정

1. 허용 한도를 초과한 품목에 대해서는 정식관세를 지불하여야 하나 관세 또는 상품 소비세, GST 를 합산한 금액이 AUD50 미만일 경우에는 면세조치 될 수도 있음
2. AUD 10,000 이상을 휴대하고 있는 경우 반드시 신고
3. 면세기준 (거주자 및 비거주자 동일 적용)
   - 최대 용량이 2,250 ㎖ 를 넘지 않는 술
   - 담배 50 개비 또는 토바코 50g
   - 담배 주류는 18 세 이상부터 가능
   - 18 세 미만의 여객이 동반 보호자 없이 단독으로 여행하는 경우, 18 세 이상 여객의 기준이 적용됨
   - 선물 : 18 세 이상인 경우 AUD 900 / 18 세 미만 AUD 450
4. 반입 금지 품목
   - 무기류: 화기(FIREARMS), 날이 자동으로 튀어 나오는 칼, 속에 칼이 든 지팡이 등
   - 외설물: 비디오테잎, 필름, CD-ROM, RECORD, 출판물 등
   - 불법 의약품 및 관련 장구

◎ 통관 일반 절차(Flow)

1. 세관 통과 FLOW
   - 1 차 : 세관 직원이 입국 심사대에 배정되어 VISA 확인 및 세관 신고서 기재 사항에 의거 무검사 통관 또는 개봉
   - 2 차 : Custom Area 에서 세관 직원이 세관 신고서 기재 사항, 승객, 위탁 수하물 등을 감안해 개봉 검사 필요시 검역으로 인계

III. PAX QUARANTINE

◎ 기내환자 발견 시 반드시 신고하세요 !

- 호주 검역당국(AQIS : AUSTRALIAN QUARANTINE AND INSPECTION SERVICE)은 고열, 피부 발진, 구토, 설사, 출혈, 혼절, 호흡곤란 등의 증상을 보이는 승객 발견 시 반드시 최소 비행도착 30 분전까지 보고하도록 규정
- 이를 위반하는 경우 벌금 부과

◎ 신고 방법

- Company Radio 를 이용하여 Ground Handling Company (Menzies Aviation)에 기내 환자 발생 통보
- 타 승객 착석 상태에서 환자만 기내 앞쪽으로 안내

◎ 유의 및 권고 사항

- 황열병 (YELLOW FEVER) 관련 : 6 일 이내에 오염지역을 통과 또는 출발한 여객은 예방 접종 확인서를 소지해야 함. (단, 1 세 미만의 유아 및 AIRPORT T/S 여객은 면제됨)
- 기내 음식 반출 금지
- 음식물, 동/식물 및 나무로 만들어진 제품은 반드시 모두 신고
- 신고필요 여부가 판단이 되지 않는 품목 역시 반드시 신고 후, 검역관에게 문의토록 안내
- 신고하고 싶지 않은 물품은 공항 터미널에 비치되어 있는 수거 통에 폐기
- 검역신고서는 입국카드 내에 포함되어 있음
- 검역대상물품을 신고하지 않을 경우 벌금이나 법적 조치
- 아래 기재 반입가능 물품 역시 호주 검역사정에 따라 항공사에 통보 없이 변경 가능

◎ 검역관의 판단 하에 결정되는 물품

- 모든 종류의 향료 식물 및 양념 식물 (한약재, 치료제, 강장제, 차 류 포함)
- 건조된 과일/채소류
- 쌀, 비스킷, 케이크, 과자류 (초코렛,사탕,견과류,구운 열매)
- 차, 커피, 쥬스, 기타 음료수
- 대나무 제품, 등가구, 등나무 제품 및 매트 (코코넛 조각품,등나무 줄기로 만든 바구니)
- 생화, 꽃다발, 건조된 화훼 제품
- 솔방울, 화향류 (자연산, 장식용 화환 포함)
- 모든 종류의 종자 (모든 곡류,옥수수,상추 종자 불가)
- 짚으로 만든 포장 물, 수공예품
- 모든 목제제품,목제가공품,목제 수공예품, 골동품, 생가죽 제품
- 조개 껍데기, 산호 (장신구와 기념품 포함) : 산호는 멸종생물 보호법에 의해 반입 금지
- 동물의 깃털, 뼈, 뿔, 치아 (청결하며,피나 피부조직,배설물,흙이 묻어있지 않아야 함)
- 피부 조직, 가죽, 털 (전문가에 의해 반드시 가공,처리되어야 함)
- 박제동물(전문가에 의해 제작되었다는 증명서 첨부하여야 함)
- 가공 양모 및 동물의 머리털(양털은 반드시 청결히 가공처리 되어야 함)
- 의식용 성수
- 사용한 동물관련 장비 (가축병원 장비, 약품, 육류 절단장비, 마구, 말안장, 동물집, 새장)
- 사용한 스포츠 및 캠핑장비, 흙, 식물원료에 오염된 신발, 등산화

필리핀

구분	필요 대상	세부 사항
◆ PASSPORT	■ 모든 승객	■ 여권유효기간 6개월 이상 남아 있어야 함
◆ 출/입국서류	■ 모든 승객 ✧ INTL T/S 제외	■ 유소아 포함 1인당 1매 ■ 입국서류 재고 부족으로 전체 탑승객의 120% 만 탑재됨.
◆ 세관신고서	■ 필요 승객	■ 세관 DESK에 비치

♣ 참고 사항

II. PAX CUSTOMS

◎ 세관 일반 규정

1. 통화제한
   - ■ USD 10,000 이상 또는 PHP 10,000 이상에 대한 반입/반출은 신고 대상임
     (특히 반출인 경우, 사전 신고 없이는 절대 불가함)
2. 면세 기준
   - ■ 400 CIGARETTES OR 50 CIGARS OR 250 GRAMMES PIPE TOBACCO
   - ■ 주류 2병(각 1리터 이하)
     (단, 상기 물품 외에 box를 개봉하지 않은 신상품에 대해서는 구매금액/상품종류에 상관없이 약 30% 과세함)
3. 반입 금지 물품
   - ■ 총기, 무기, 모의 무기, 화약, 모든 종류의 폭발물
   - ■ 고가의 귀금속, 도박관련 물품
   - ■ 마약, 향정신성 의약품 류 독극물류, 마약류

태 국

♣ 필수 사항

Ⅰ. PAX IMMIGRATION

구분	필요 대상	세부 사항
◆ PASSPORT	■ 모든 승객	
◆ 출/입국서류	■ 전 탑승객 ✧ INTL T/S 만 제외	■ 유 소아 포함 1 인당 1 매 ■ 특히 여행객의 경우 'Address in Thailand' 을 모를 경우에도 반드시 표기 필요(미 작성시 입국사열 거절 및 재 사열 필요에 따른 장시간 소요) - 확인 불가시, 'Crew HTL' 적어도 무방함

♣ 참고 사항

Ⅱ. PAX CUSTOMS

◎ 세관 일반 규정

1. 해외에서 구입한 상품이 총 1 인당 THB 10,000 를 초과할 경우 신고 필요
2. 통화제한
   - ■ 바트 반출: THB 50,000 (동일 여권상 가족당 THB 100,000)
     반입 제한없음
   - ■ 외환 반입/출 :USD 20,000 가치 이상의 외환 반입/출 시 반드시 신고
3. 면세 기준(나이와 상관없이 자신의 여권을 소지한 승객)
   - ■ 담배 200 개피 또는 토바코 또는 시가 250 그램
   - ■ 주류 1 리터
   - ■ 필름 5 롤과 스틸 카메라 1 개 또는 8 또는 16mm 필름 3 롤과 무비 카메라 1 개
4. 반입 금지 물품
   - ■ 금괴: 반입 허가가 없을 경우 도착시 세관 유치 후 출국때 재반출
   - ■ 총기, 무기, 모의 무기, 화약, 모든 종류의 폭발물

베트남

♣ 필수 사항

Ⅰ. PAX IMMIGRATION

구분	필요 대상	세부 사항
◆ PASSPORT	■ 모든 승객	입국신고서 작성불요(10.09.16 부)
◆ 세관신고서	■ 신고 물품 소지 승객	도착 후 세관 DESK 에서 작성

♣ 참고 사항

Ⅱ. PAX CUSTOMS

◎ 세관 일반 규정

1. 면세기준을 초과하여 소지한 경우 세관신고대를 통과하여 신고해야 함.
2. USD 5,000 이상 소지한 경우 신고하며, 입국 시 신고 금액 이내만 출국 시 반출 가능
   (2011/09/01 부로 변경//USD7,000->5,000)
3. 면세 기준(담배, 술, 차, 커피는 18 세 이상 승객에게만 적용)
   - ■ 400 CIGARETTES, OR 100 CIGARS OR 500 GRAMS OF TOBACCO
   - ■ ALCOHOLIC AND NON-ALCOHOLIC BEVERAGES:
     - ① LIQUOR AT 22 VOLUME AND ABOVE: 1,5 LITRES; OR
     - ② LIQUOR BELOW 22 VOLUME: 2 LITRES; OR
     - ③ OTHER ALCOHOLIC (EXCL. WINES) AND SOFT DRINKS: 3LITRES;
   - ■ TEA: MAX. 5 KG
   - ■ COFFEE: MAX. 3 KG
   - ■ VND 5,000,000 이 넘지 않는 개인소지품
4. 반입 금지 물품
   - ■ 총기, 무기, 모의 무기, 화약, 모든 종류의 폭발물

말레이시아

[필수 사항]

Ⅰ. PAX IMMIGRATION

구분	필요 대상	세부 사항
◆ PASSPORT	■ 전 탑승객	
◆ 출/입국서류	■ 모든 내/외국인 불요 ■ 단, TWOV 승객은 도착시 E/D 카드 작성	
◆ 세관신고서	■ 신고 물품이 있는 승객	■ 가족 당 1부 작성 후, 세관신고대에 제출 ■ 세관 신고서 부족 시 도착층 (3층) 입국 심사대 앞에 비치되어있음

[참고 사항]

Ⅱ. PAX CUSTOMS

◎ 세관 일반 규정

- ■ 말레이시아에 마약이나 마취제, 표절된 물품, 금지품들은 절대 반입할 수 없음.
- ■ 모든 수하물은 철저하게 시스템과 개인 수색이 이루어 지고 있음.
- ■ 보편적으로 세관원들은 서류상에 있는 것처럼 까다롭진 않지만 꼭 유출 또는 반입하지 말아야 하는 물품들은 주의 요망.

◎ 통화 제한

- ■ 출/도착시 RM 1,000 이상을 소지할 경우 사전 승인을 받아야 함
- ■ USD 10,000 에 해당하는 외환에 대해, 말레이지아 입국시 반입한 금액 이상을 반출할 경우 사전 승인을 받아야 함 (승객 자진 신고)
- ■ 상기 사항 위반 시 Customs Act 1967 조항에 의거 처벌을 받게 됨

반입	거주/비거주자	RM 1,000	USD10,000 상당액
반출	거주자	RM 1,000	USD 10,000 상당액
	비거주자		입국시 신고 금액

- ■ 면세 기준

궐련, 여송연, 기타 연초류	1 CTN 또는50개 또는 225 g
주 류	1 리터
향 수	적당량

인도네시아

♣ 필수 사항

Ⅰ. PAX IMMIGRATION

구분	필요 대상	세부 사항
◆ PASSPORT	■ 모든 승객	여권 유효기간 6개월 이상이어야 함.
◆ 입/출국서류	■ 입국 외국인 승객 ✧ INTL T/S 제외	■ 유/소아 포함 각 1부씩 작성 ■ 입국서류는 반드시 출국카드부분까지 작성하여야 하며, 입국시 출국카드 부분에 IMM OFFICE 직원의 사인(직인)을 받아야 함으로 임의로 훼손하여서는 안되며, 출국시 재사용해야 함으로 분실하여서는 안됨.
◆ 세관신고서	■ 입국승객 ✧ INTL T/S 제외	■ 가족인 경우 대표로 1부 작성
◆ ARRIVAL VISA	■ 도착비자 신청 승객	■ FEE : USD 25 FOR 30DAYS ■ 도착창 "VISA ON ARRIVAL" 카운터에서 신청

♣ 참고 사항

Ⅱ. PAX CUSTOMS

◎ 세관 일반 규정

1. 화폐 반출/반입 규정
   - ■ Amounts exceeding the equivalent of IDR 100,000,000.- (approx. USD 10,000.-) must be declared.

스위스

♣ 필수 사항

Ⅰ. PAX IMMIGRATION

구분	대상	세부 사항
◆ PASSPORT	■ 모든 승객	■ PASSPORT 에 서명란 반드시 자필 서명 필수 ■ 입국, 세관, 검역 신고서 없음 ■ PASSPORT ONLY

♣ 참고 사항

Ⅱ. PAX CUSTOMS

◎ 세관 일반 규정

1. 담배와 주류 면세 허용치는 17 세 이상의 여행자에게 적용됨 (면세 허용량)
2. 통화 반출입은 제한 없음
3. 면세기준
   - ■ PERSONAL EFFECTS (SUCH AS CLOTHING, UNDER ARTICLES, SPORTS GEAR, 2 CAMERAS AND 2 AMATEUR CINE CAMERAS, A NORMAL QUANTITY OF FILM MATERIAL FOR THE RESPECTIVE CAMERAS, MUSICAL INSTRUMENTS AND OTHER ARTICLES OF GENERAL USE REQUIRED DURING A SOJOURN OR A TRIP).
   - ■ GIFTS (INCL. PERFUME) FOR RESIDENTS OF SWITZERLAND, ABSENT ABROAD AT LEAST 24 HOURS, CAN IMPORT UP TO CHF 200.- (FOR CHILDREN UNDER 17: CHF 100.-) ONLY FOR OWN USE
   - ■ 200 CIGARETTES OR 50 CIGARS OR 250 GRAMMES OF TOBACCO
   - ■ ALCOHOLIC BEVERAGES: 2 LITRES UP TO 15 VOLUME AND 1LITRE OVER 15 VOLUME

◎ 식품 반입 관련 유의 사항

1. 기본적으로 주류를 제외한 모든 식품의 면세 반입은 면세 가격 범위인 CHF 300.- 이내에서 ITEM 당 최대 반입 허용량이 적용되며,개인 소비용을 전제로 함.
2. 육류 및 육 가공품의 경우 해당 국가로부터의 반입은 금지됨
   - ■ 모든 아프리카 국가, 아시아 국가(일본제외-한국도 금지국가에 속함), 남미 국가(칠레 제외), 터키, 러시아,

이탈리아

♣ 필수 사항

Ⅰ. PAX IMMIGRATION

구분	대상	세부 사항
◆ PASSPORT	■ 모든 승객	■ 별도의 입국, 세관, 검역 신고서 없음

♣ 참고 사항

Ⅱ. PAX CUSTOMS

◎ 세관 일반 규정

1. 입국 승객 중 성인인 경우 면세허용범위는 전체 구입가격이 430 EURO 내이며, 만 15 세 미만은 150 EURO 까지 면세
2. 출입국 시 EUR 10,000 이상 일 경우 세관 신고 필수
3. 담배와 주류 면세 허용치는 17 세 이상의 여행자에게 적용됨 (면세 허용량)
4. 면세기준은 NON-EU 국가에서 도착한 승객대상 규정임
5. 면세기준
   - ■ 담배 200 개 OR 시가 50 개 OR 250g 토바코
   - ■ 주류 2L (ALCOHOL 22% 이하) OR 주류 1L (ALCOHOL 22% 이상)
6. 반입 금지 품목
   - ■ 마약(아편, 모르핀, 헤로인, 코카인, 케타민 등), 마취제
   - ■ 향정신성 의약품, 암페타민 및 진정제
   - ■ 화폐, 지폐, 유가증권, 유명 물품등의 모조품 또는 위조품
   - ■ 무기류

◎ 통관 일반 절차(Flow)

1. 세관 통과 FLOW
   - ■ 신고품목이 없으면 Green Line 을 따라, 신고품이 있으면 Red Line 을 따라 입국하며 작성해야할 세관 신고서는 없음.
   - ■ 세관심사대는 입구가 DUTY FREE ZONE(Green)과 DUTY ZONE(Red)으로 나누어져 있고 여행자 스스로의

독 일

♣ 필수 사항

Ⅰ. PAX IMMIGRATION

구분	대상	세부 사항
◆ PASSPORT	■ 모든 승객	■ PASSPORT 에 서명란 반드시 자필 서명 필수 ■ 입국, 세관, 검역 신고서 없음 ■ PASSPORT ONLY

♣ 참고 사항

Ⅱ. PAX CUSTOMS

◎ 세관 일반 규정

1. BOX TYPE 의 BAG 은 개봉 검사하는 경우가 많고 특히 연초류, 주류에 대한 검사가 엄격함.
2. 담배/주류는 17 세 이상, COFFEE 는 15 세 이상 승객에게만 허용
3. 담배 면세 허용량 이상 소지시 벌금 부과
4. 면세 기준
   - ■ 담배 1 보루 또는 CIGARILLOS 100 개비 또는 여송연 50 개 또는 기타 연초류 250g
   - ■ 양주 1 병 (22 도 이상의 주류 1 리터 또는 22 도 이하의 주류 1 리터 또는 WINE 2 리터 및 STILL WINE 4 리터와 맥주 16LITER)
   - ■ 커피 500gram, 향수 50gram (0.25 liter toilette water)
5. 반입금지 품목
   - ■ 무기류
   - ■ 불법 의약품
6. 총기류 통관
   - ■ 총기류 통관 시에는 반드시 사전에 세관에 말해야 하며, 한국에서 받은 서류가 있어야 함.
7. 고가품/악기류의 통과 절차

터 키

♣ 필수 사항

Ⅰ. PAX IMMIGRATION

구분	대상	세부 사항
◆ PASSPORT	■ 모든 승객	■ 입국, 세관, 검역 신고서 없음 ■ PASSPORT ONLY

♣ 참고 사항

Ⅱ. PAX CUSTOMS

◎ 세관 일반 규정

1. 담배, 주류는 18 세 이상 허용
2. 통화제한 : 터키 입국 시 외화 소지에 관한 특별한 제한은 없음.
3. 단, 5,000$상당 이상의 터키통화(리라) 지참 또는 반출 금지
4. 환전영수증: 외화를 터키리라로 환전 시 받는 환전영수증은 보관 해야 함.
5. 터키리라를 외화로 다시 환전하거나 토산품을 국외로 반출 시 정규 루트로 환전한 외화로 구입했다는 증명을 하기 위함
6. 면세 기준

- ■ 200 CIGARETTES AND 5 CIGARILLOS (NOT EXCEEDING 3G EACH) AND 10 CIGARS AND 200 GRAMMES OF TOBACCO (WITH 200 CIGARETTE PAPERS) OR 200 GRAMMES CHEWING TOBACCO OR 200 GRAMMES OF WATER-PIPE TOBACCO OR 50 GRAMMES OF SNUFF TOBACCO;
- ■ 1 BOTTLE OF 1 LITRE OR 2 BOTTLES OF 700 ML./750ML. OF WINE
- ■ 5 BOTTLES OF PERFUME (MAX. 120 ML. EACH)
- ■ MEDICATIONS FOR PERSONAL USE
- ■ GIFTS UP TO THE VALUE OF EUR 300 (EUR 145.- FOR THOSE AGED UNDER 15)
- ■ 1KG OF COFFEE; 1KG OF INSTANT COFFEE; 500G OF TEA; 1KG OF CHOCOLATE; 1KG FOOD MADE OF SUGAR

영 국

♣ 필수 사항

Ⅰ. PAX IMMIGRATION

구분	대상	세부 사항
◆ PASSPORT	■ 모든 승객	
◆ 입국서류	■ NON EU 국가 승객만 입국카드 작성 필요. ■ EU 국가 승객의 경우 작성 불필요함 ■ INTL T/S 작성 불요 * 국내선 T/S 는 작성함	■ 유. 소아도 1 인당 1 부 작성 ■ 별도의 세관. 검역 신고서 없음. ■ EU 가입국 (총 27 개국/2010 년 5 월 현재) ➢ 오스트리아, 벨기에, 불가리아, 키프로스, 체코, 덴마크, 에스토니아, 핀란드, 프랑스, 독일, 그리스, 헝가리, 아일랜드, 이탈리아, 라트비아, 리투아니아, 룩셈부르크, 몰타, 네덜란드, 포르투갈, 루마니아, 슬로바키아, 슬로베니아, 스페인, 스웨덴, 영국, 폴란드
◆ FAST TRACK SVC	■ FR/PR 승객 ■ EY MMC/MP/T2 승객	◆ 서비스 내역 입국 시 FAST TRACK CARD 를 소지한 승객은 별도로 마련된 LANE 을 이용하여 신속한 IMM 진행 ◆ 배포 런던 입국편 기내 배포

♣ 참고 사항

Ⅱ. PAX CUSTOMS

◎ 세관 일반 규정

1. NO CUSTOM FORM: 자진 신고제
2. 담배, 주류는 17 세 이상 승객에게만 허용

오스트리아

♣ 필수 사항

Ⅰ. PAX IMMIGRATION

구분	필요 대상	세부 사항
◆ PASSPORT	■ 모든 승객	■ 입국 세관, 검역 신고서 없음 ■ PASSPORT ONLY

♣ 참고 사항

Ⅱ. PAX CUSTOMS

◎ 세관 일반 규정

1. 일반적으로 입국 승객의 경우 175 유로 이하의 물품은 면세대상
2. 개인별/합산 불가
3. 외국환 신고: 제한 없음
4. 면세기준
   - ■ 담배류(17 세 이상, 유럽 비거주자 기준): 담배 200 개피, 시가 50 개피, Tobacco 250g
   - ■ 규제가 까다로운 편이며 1 보루이상 초과시 보루당 벌금 약 80 유로 이상임
   - ■ 22 도 이상의 주류 1 리터(22 도 이하는 2 리터)와 무발포성 와인 2 리터
   - ■ 추가로 4l 와인 및 16l 맥주
5. 반입 금지 품목
   - ■ 무기류 (출발국가 오스트리아 대사관에서 사전허가 필요)
   - ■ 불법 의약품

◎ 부가세 환급 제도

- ■ EU 비거주자가 당일 한 store 에서 75 유로 이상 물품 구입한 경우, 부가세 (19%)의 상당부분을 출국시 환급
- ■ 절 차
  1. TAX FREE 간판이 있는 shop 에서 물품을 구입하고, refund cheque 를 요청
  2. 위탁 수하물로 탁송할 경우

프랑스

♣ 필수 사항

Ⅰ.PAX IMMIGRATION

구분	필요 대상	세부 사항
◆ PASSPORT	■ ALL PAX	■ 입국, 세관, 검역 신고서 없음 ■ PASSPORT ONLY ■ 입국 및 T/S 시 입국 Stamp 를 생략하는 경우가 많으며, 여권은 100% Scanning 하고 있음 ■ 중국인의 불법입국을 방지하기 위해 특정 FLT 선정하여 불시 Gate Passport Control 실시하고 있음

♣ 참고 사항

Ⅱ. PAX CUSTOMS

◎ 세관 일반 규정

1. 면세기준
   - ➢ EU 국가로부터 도착하는 승객 (17 세 이상) : 궐련 800 개비 or 송연 400 개비 or 여송연 200 개비 o 1kg 담배
   - ➢ EU 이외 국가로부터 도착하는 승객 (17 세 이상) : 궐련 200 개비 or 작은 여송연 100 개비 or 여송 50 개비 or

   250g 담배 한가지 품목만 해당
   - ➢ EU 국가로부터 도착하는 승객 : 22 도 이상 알코올 10 리터 or 22 도 이하 알코올 20 리터 or 90 리 와인(Sparkling 와인 : 60 리터 이하) or 100 리터 맥주
   - ➢ EU 이외 국가로부터 도착하는 승객: 22 도 이상 알코올 1 리터 or 22 도를 넘지 않는 Dessert, Sparkling 와인 or Table 와인 2 리터
   - ➢ EU 국가로부터 도착하는 승객 : 향수 75g, 화장수 0.375 리터
   - ➢ EU 이외 국가로부터 도착하는 승객 : 향수 50g, 화장수 1/4 리터
   - ➢ 금/보석류 : 총 중량이 500g 이내는 허용. 무게 넘는 경우는 개인 보석을 제외하고 신고해야 함
2. 반입 금지 품목
   - ■ 무기류
   - ■ 불법 의약품

◎ 통관 일반 절차(Flow)

1. 세관 통과 FLOW
   - ■ 항공기 하기 -> 입국사열 -> 수하물 수취 -> 세관검사(Random) -> 입국

【승무원의 비행노트】

비행기에는 생각지 못한 일들이 매일 매일 발생하고 있다. 객실승무원의 한 순간의 판단 착오와 방심은 승객에게 고스란히 피해를 주게 된다. 때로는 생각조차하기 힘든 일들이 벌어질 수도 있다. 객실승무원의 기내에서 일으키는 실수와 이를 통해 한 층 더 개선된 서비스를 이끌어 내기 위해 비행할 때마다 조그마한 노트에 그 날 비행에서 실수한 일들을 적었다.

KE654 BKK/ICN HL7533(772Q)

- F/T : 4'+35
- PAX : C 21/Y 293
- SHR에 LFML이 기재되어 있는데, 기내에는 탑재되지 않았다. 이 사실을 Door Close 직전에 알게 되었다. 지상직원에게 확인하니 LFML을 신청한 승객이 필요 없다고 하여 싣지를 않았다는 것이다.
- 개선점
  - 운송직원은 승객이 LFML 취소한 것을 SHR에 반영하여야 했거나, 아니면 승무원에게 사전에 알려줘야 했다.
  - 사무장은 Door를 닫기 전에, Meal CHK 승무원이 SPML에 대해 보고를 안했으면 먼저 알아봐야 했다.

KE085 ICN/JFK HL7615(388S)

- F/T : 13'+00
  - PAX : F 2/C 65/Y 259
- 일반석 기내식 서비스 때 승무원의 실수로 승객에게 미역국을 쏟아 가벼운 화상을 입혔다.

KE052 HNL/ICN HL7553(333Q)

- F/T : 7'+30
- PAX : C 17/Y 159
- 좌석변경 요청 승객이 많아 좌석 재배치에 어려움을 겪었다.
- ICN 폭설로 비행기가 늦게 들어와 1시간 Delay 출발하였다.
- EY에 SPML이 잘못 탑재된 것을 발견하여, 확인하고 추가 탑재하였다.
- 비즈니스 클래스 식사서비스 때 승무원이 다른 승객이 이미 사용한 빈 밥그릇을 승객에게 드려 난처했다(빈 밥그릇 안에는 다른 승객이 사용한 고추장이 들어가 있었다).

KE017 ICN/LAX HL7612(388S)

- F/T : 10'+10
- PAX : F 5/C 47/Y 249
- 중국인 승객과 신입 OJT 승무원이 부딪혀 음료수가 쏟아져 중국인 승객 의복이 손상되었다.
  - 중국인 승객 영어 불가로, 승객 중에 영어를 하는 중국인 승객에게 통역 의뢰하였다.

KE807 ICN/XIY HL8241(73HT)

- F/T : 2'+55
- PAX : C 8/Y 102
- 지상직원이 와서 승객이 다 탑승하였으니 Door를 닫아도 된다고 하였다. 아직 출발시간 5분이 남았고, 기내를 보니 일부 승객이 짐 정리를 하느라 좌석에 착석하지 않은 부산스런 분위기라 승객이 다 앉을 때까지 Door를 닫지 않고 있었다. 그런데 그 때 승객 한 사람(중국인)이 탑승게이트 저쪽에서 휴대폰으로 전화하면서 걸어오고 있었다. 지상직원이 화들짝 놀라더니 승객에게 얼른 비행기에 타라고 재촉하였다. 만약에 승객이 다 탔다고 하여 Door Close 하고 비행기가 출발하였다면, 이 승

객 때문에 가던 비행기를 되돌려 다시 Door를 여는 사태가 발생할 뻔했다.

KE613 ICN/HKG HL7550(333Q)

- F/T : 3'+30
- PAX : F 4/C 9/Y 247
- 항공기 전력공급장치인 APU 고장으로 지상에서 AVOD 작동 안됨.
- 정비사는 항공기 엔진이 가동되면 AVOD 작동될 수 있다고 함.
- 항공기 출발하여, Safety Demo 상영했으나, 상영 도중 화면이 나가 버림.
- 전 승무원에게 인터폰으로 연락하여 Safety Demo 실연 준비 지시함.
- 객실승무원이 직접 Safety Demo 실시함.
- 승객에게 AVOD 고장 안내 방송하고, 재부팅 실시함.
- 이륙 후에 다행히 AVOD 화면이 되살아남.

KE641 ICN/SIN HL7714(772S)

- F/T : 5'+54
- PAX : F 2/C 17/Y 163
- 베시넷에 있던 아기가 놀다가 기내바닥으로 떨어졌다. 아기는 가벼운 상처를 입었고 보호자인 애기엄마는 크게 놀랐다(베시넷 제공시 반드시 안전사항 안내 필요).

KE841 ICN/TAO HL7587(333Q)

- F/T : 1'+10
- PAX : C 4/Y 255
- 일반석 승객이 옆 좌석 중국인 승객에게 심한 냄새가 난다며 좌석을 바꿔줄 것을 강하게 제기하였다. 당일 비행기 좌석이 만석이라 바꿔줄 좌석이 없었다. 승객의 불만이 이만저만하지 않았다.
- 승객에게 죄송함을 표하고, 승객 좌석 주변으로 방향제를 살포하고, 승객에게 Wet Towl을 드려 코를 감싸도록 하는 등 비행 내내 불쾌한 냄새 제거에 주력하였다.

- 도착하여 비행기에서 내릴 때 승객은 오늘 고생 많았다고 오히려 격려해 주며 다음에는 이런 일이 없기를 바란다는 말을 남겼다.

KE898 PVG/ICN HL7764(772K)

- F/T : 1'+35
- PAX : C 11/Y 239
- 비즈니스 겔리 승무원이 고추장 한 박스를 자신이 어디에 두고도 잊어버려 서비스 나가야 하는데 찾는다고 난리가 났다(나중에야 겔리가 아닌 다른 Comp't에서 찾음).
- 승객이 페리에 요청했는데 페리에가 어디에 있는지 몰라 찾는다고 온 카트를 열어보고 좁은 겔리에서 우왕좌왕 하였다.

R E F E R E N C E S

고선희(2015), 항공업무개론, 새로미.

국토교통부 항공정책실(2011), 항공정책론, 백산출판사.

박천우(2015), 항공승무원 자질개발, 백산출판사.

박혜정(2013), 항공객실업무, 백산출판사.

서정만 · 이희라(2016), 항공운송서비스개론, 한올출판사.

진성현(2015), 비행스케치, 광창문화사.

진성현(2016), 항공전문객실용어, 지식인.

허희영(2016), 항공서비스원론, 북넷.

대한항공홈페이지.

아시아나항공홈페이지.

싱가포르항공홈페이지.

웹사이트

www.airbus.com

www.faa.gov

www.iaco.int

www.flyaiana.com

www.koreanair.com

www.boeing.com

www.airtravelinfo.kr

www.iata.org

www.airships.net

www.airconsumer.dot.gov

www.businesstraveller.com

www.huffingtonpost.com

Cabin Operation
Management